निबन्धों की दुनिया

मलयज

निबन्धों की दुनिया

मलयज

प्रधान सम्पादक

निर्मला जैन

सम्पादक

रामेश्वर राय

वाणी प्रकाशन

वाणी प्रकाशन
4695, 21-ए, दरियागंज, नयी दिल्ली 110 002

शाखा
अशोक राजपथ, पटना 800 004

फ़ोन: +91 11 23273167 फ़ैक्स: +91 11 23275710

www.vaniprakashan.in
vaniprakashan@gmail.com

NIBANDHON KI DUNIYA : MALYAJ
Chief Editor : Nirmala Jain
Editor : Rameshwar Rai

ISBN : 978-93-5072-165-0
Literary Essays

प्रथम संस्करण

मूल्य : ₹ 395

ओम ऑफ़सेट, दिल्ली-110093 में मुद्रित

वाणी प्रकाशन का लोगो मक़बूल फ़िदा हुसेन की कूची से

अनुक्रम

भूमिका 7

'सरोज-स्मृति' और निराला 19
तीसरे अज्ञेय की तलाश 30
सतह से ऊपर उठाती रचना 41
बात बोलेगी, पर कब? 53
औसत भारतीयता का कवि 64
डबडबाई आन्तरिकता 69
स्मृति में बन्द रचना 82
नया रचनाकार : अभिव्यक्ति की समस्या 88
सर्जनात्मक लेखन में भाषा का बदलता हुआ रूप 94
काव्यभाषा का इकहरापन 112
पिछले दशक के युवालेखन के बारे में कुछ मूलभूत बातें 117
सर्जनात्मक तनाव और अन्तर्निष्ठा 126
सृजन और चिन्तन 137
बीच धार में संवाद और एकालाप 147
मिथ में बदलता आदमी 165

भूमिका

हिन्दी साहित्य का छठा दशक सृजन और वैचारिक टकरावों की दृष्टि से अभूतपूर्व था। अन्तरराष्ट्रीय राजनीति के स्तर पर यह शीत-युद्ध का और राष्ट्रीय स्तर पर नेहरू-युग से मोहभंग का दौर भी था। प्रगतिशील लेखक संघ और इलाहाबाद के 'परिमल' का वैचारिक टकराव साहित्य के सभी प्रश्नों को सागर की तरह घेरे हुए था। मलयज साहित्य की इसी साहित्यिक पृष्ठभूमि में आये—दो अतिवादी छोरों के बीच एक तनावपूर्ण सन्तुलन की तलाश करते हुए। हिन्दी साहित्य .के शीत-युद्ध के दोनों शिविरों की सीमाओं को मलयज ने द्रष्टा-भाव से देखा—"इस पार और उस पार के लोग निर्णय पर पहुँचे हुए लोग हैं। आज जो हट्टी-कट्टी विचारधाराएँ आदमी को अपने कब्जे में कर लेने के लिए उमड़ी पड़ रही हैं, उनमें से किसी एक को चुनकर वे उनके हवाले हो चुकी हैं। वे प्रबुद्ध लोग हैं। गंतव्य तक वे चाहे न भी पहुँचे हों, पर राह उन्होंने पा ली है—यह पा लेना ही उनके लिए अहम है, उसको खोजना, उसका आविष्कार करना नहीं। ...कोई अन्तर्विरोध उनमें नहीं, कोई दरार उनमें नहीं, न उनकी आत्मसन्तुष्टि में न उनके घोर जुझारूपन में कोई फाँक, न उनके बेबाकपन में कोई सिकुड़न, सब चुस्त-दुरुस्त, सब कुछ मसलहत, रणनीतिक लाघव।...वे सौन्दर्य और आत्मा और मानव-राग को फार्मूलों में ढाल सकते हैं।" अचूक लक्ष्य-भेदन, रणनीतिक लाघव और फार्मूलाबद्धता का ठण्डा पठार हिन्दी आलोचना में फैला हुआ था। इस ठण्डे पठार को संवाद और अनुभव की मानवीय उष्मा की उर्वरा भूमि में बदलने की कोशिश मलयज़ ने की।

मलयज का जन्म 1935 में पूर्वी उत्तर प्रदेश के आजमगढ़ जिले के महुई गाँव में एक निम्नमध्यवर्गीय परिवार में हुआ। आरम्भिक शिक्षा गाँव में हुई। 1963 में इलाहाबाद विश्वविद्यालय से उन्होंने अंग्रेजी में एम.ए. किया। जीविका की तलाश में वे 1964 में दिल्ली आये। परिवार का दिया हुआ नाम 'भरतजी श्रीवास्तव' प्रमाण पत्रों में रह गया। साहित्य में वे मलयज नाम से आये। दिल्ली में मलयज ने केन्द्रीय कृषि और सिंचाई मंत्रालय के विस्तार निदेशालय में अंग्रेजी पत्रिकाओं के सह-सम्पादक के रूप में नौकरी की। 'पूर्वग्रह' के प्रारम्भिक सम्पादक मण्डल

के सदस्य रहे। आकशवाणी के लिए बालोपयोगी नाटक लिखे। विभिन्न पत्र-पत्रिकाओं के लिए स्तम्भ-लेखन और अनुवाद किये। फिल्म, चित्रांकन और फोटोग्राफी में गहरी अभिरुचि ने मलयज की सृजनात्मकता और आलोचकीय विवेक को संस्कारित किया। वे 'परिमल' और नयी कविता आन्दोलन से जुड़े थे। विजयदेवनारायण साही उनके अध्यापक थे। मलयज के लेखन की शुरुआत डायरी और कविता से हुई। उनका पहला काव्य-संग्रह 'ज़ख़्म पर धूल' 1971 में और दूसरा संग्रह 'अपने होने को अप्रकाशित करता हुआ' 1980 में प्रकाशित हुआ। विभिन्न पत्रिकाओं के लिए लिखे गये आलोचनात्मक निबन्धों का संकलन 'कविता से साक्षात्कार' 1979 में छपा।

उनकी कहानियाँ, यात्रा-वृत्तान्त और डायरी के अंशों का मिलाजुला संग्रह 'हँसते हुए मेरा अकेलापन' मरणोपरान्त 1982 में प्रकाशित हुआ। अप्रैल 1982 ई. में मलयज के आकस्मिक निधन के कारण लेखन की अनेक योजनाएँ अधूरी रह गयीं। वे साहित्य अकादमी के लिए रामचन्द्र शुक्ल पर एक पुस्तिका लिख रहे थे। एक निबन्ध-संकलन उन्होंने तैयार कर लिया था जो 1984 में 'संवाद और एकालाप' नाम से छपा। रामचन्द्र शुक्ल पर लिखी गयी अधूरी किताब और बत्तीस वर्षों में लिखी हुई डायरी तीन खण्डों में नामवर सिंह के सम्पादन में क्रमशः 1987 एवं 2000 ई. में प्रकाशित हुई। रामचन्द्र शुक्ल, निर्मल वर्मा और रमेशचन्द्र शाह को छोड़कर मलयज के निबन्धों की चिन्ता और चिन्तन के केन्द्र में कवि और कविता ही हैं। छायावाद के केवल एक कवि-निराला की 'सरोज-स्मृति' पर उन्होंने कलम उठायी। बाकी सारे निबन्ध अज्ञेय, मुक्तिबोध, शमशेर, साही, सर्वेश्वर आदि कवियों पर हैं। अनेक निबन्ध साठोत्तरी हिन्दी कविता की विभिन्न वैचारिक बहसों में हिस्सेदारी के तहत लिखे गये हैं। मलयज के ये निबन्ध बीसवीं सदी के छठे और सातवें दशक में हिन्दी आलोचना के सरोकारों, बहसों एवं संवादों के साक्षी भी हैं और सहभागी भी। इसलिए इन निबन्धों का ऐतिहासिक महत्त्व तो है ही, उनमें रचना और आलोचना के सम्बन्धों की नयी और सार्थक दिशाओं की खोज भी है। यह खोज समकालीन रचनाशीलता और आलोचना के लिए मूल्यवान भी है और विचारणीय भी।

मलयज को केवल सैंतालीस वर्षों का अल्पकालिक जीवन मिला—निम्नमध्यवर्गीय परिवार के संघर्षों और लाइलाज तपेदिक से ग्रस्त जीवन। देह और मन की जर्जरता का अन्तहीन अँधेरा उनकी डायरी में फैला है। अभावग्रस्त पारिवारिक जिन्दगी के तनावों से उपजी अर्थहीनता के बियाबान में मलयज का मन भटकता-टकराता है। इस मन और बियाबान की तस्वीर कैसी है? सत्ताईस वर्ष के मलयज ने 20 अगस्त 1962 को अपनी डायरी में लिखा—"घुन खाया हुआ दिमाग। टूटी हुई ऐनक इस पर लगी हुई है।...मेरे लिए कोई खिड़की नहीं खुली हुई है, सभी दरवाज़े बन्द हैं।

बरामदे में गोश्तखोर कुत्ते इस इन्तज़ार में हैं कि कोई पदचाप सुनाई दे और वे उसे चीर-फाड़ डालें। कमरे के भीतर कमरे। सब पर मकड़ी के जाले और मकड़ियाँ खून की प्यासी। ...मैं इस बात से अपने को अभ्यस्त कर रहा हूँ कि माँस में भीतर तक काँटा घुसा हुआ हो तो उसका दर्द सहते हुए कैसे जिया जाता है।" मलयज के लेखन में 'माँस के भीतर तक घुसे हुए काँटे के दर्द की टीस' सर्वत्र व्याप्त है। जख़्म अकेलापन, एकालाप आदि इसी दर्द के संकेत हैं। ईश्वर पर आस्था न हो, परिवार में उजाड़पन हो और सार्वजनिक जीवन से तालमेल बैठा लेने का चालूपन न हो तो एक संवेदनशील आदमी किस तरह जिए? इस सवाल पर विचार करते हुए मलयज ने 6 सितम्बर, 1959 को अपनी डायरी में लिखा था—"लगता है अपने लेखन के सिवा दुनिया में मेरे लिए कोई और सुख बचा ही नहीं है।" पारिवारिक अशान्ति, आर्थिक अभाव और देह की रुग्णता के बावजूद मलयज ने जो लिखा है, वह उनकी जिजीविषा और चिन्तनशीलता का प्रमाण है। गद्य हो चाहे कविता—उनके सम्पूर्ण लेखन में एक रचनात्मक आवेग मौजूद है। उनकी आलोचना भी शुष्क अकादमिक आवृत्तियों एवं वर्चस्वधर्मी विचारधारात्मक कोलाहल से मुक्त है। दृष्टि का प्रकाश और संवेदना की आर्द्रता मिलकर उनकी आलोचना में शारदीय परिवेश का निर्माण करते हैं। विचारों की मौलिकता और सर्जनात्मक भाषा का दुर्लभ संयोग मलयज के निबन्धों को विचारणीय और पठनीय बनाता है।

कवियों एवं रचनाओं का चुनाव भी एक आलोचक की दृष्टि एवं मूल्य-चेतना का प्रतिबिम्ब होता है। छायावादियों में केवल निराला ने मलयज को आकर्षित किया, लेकिन निराला की शीर्ष कविता 'राम की शक्ति-पूजा' ने नहीं, बल्कि उनकी आत्मकथात्मक कविता 'सरोज-स्मृति' ने। क्या एक बड़े कवि के दुख, संघर्ष एवं अभाव की गाथा में मलयज को अपने जीवन की कहानी दिखी? या जीवन के बीहड़ यथार्थ को रचनात्मक सन्तुलन में बाँध लेने वाली निराला की प्रतिभा ने उन्हें आकर्षित किया? 'राम की शक्ति-पूजा' 'विडम्बना (अन्याय जिधर है उधर शक्ति) और मानवीय संकल्प की अपराजेयता (वह एक और मन रहा राम का जो न थका) के सनातन संघर्ष को जिस महाकाव्यात्मक फलक पर चित्रित करती है, मलयज उससे तादात्म्य स्थापित नहीं कर पाते। 'सरोज-स्मृति' का दुख एक कवि के दुख से अधिक एक औसत भारतीय मनुष्य के संघर्ष और पराजय से उपजा हुआ दुख है जिसके अँधेरे हाहाकार को अपनी अनुभूतियों की खिड़की से देखा-सुना जा सकता है। 'सरोज-स्मृति' का दुख छायावाद के अन्य कवियों से भिन्न है। प्रसाद और महादेवी में तो दुख 'अनुभूति से ऊपर उठकर एक सौन्दर्यात्मक मूल्य का दर्ज़ा प्राप्त कर लेता है, दुख का यह निर्वैयक्तिकरण उसकी खलिश को कम कर देता है जबकि 'सरोज-स्मृति' का दुख 'चट्टान पर टूटती एक पछाड़ की तरह उन्हें (निराला को) यथार्थ-बोध की ठण्डी क्रूर भूमि पर ला पटकता है, यथार्थ

की इस भूमि से मलयज का परिचय बहुत गहरा है। 17 जुलाई, 1963 को मलयज ने डायरी में लिखा—"बाहर कितना भी उड़ा-उड़ा, हल्का-हल्का महसूस करता रहूँ, यहाँ आकर बरबस पत्थर का एक भारी ठोंका मेरे पंखों से बँध जाता है, मैं झटके से जहाँ आकर टकराता हूँ वह मेरे...मकान का ठण्डा फर्श होता है।" मलयज ने 'सरोज-स्मृति' को 'छायावादी दुख की स्व-निर्भर दुनिया से बाहर आने की चीख' की कविता कहा है। इस कविता का विश्लेषण करते हुए मलयज अन्त में कवि-कर्म की त्रासदी को रेखांकित करते हैं—"कवि-कर्म की ट्रेजेडी यह है कि इस जीवन के बाहर भी अन्त नहीं है, शून्य नहीं है, है जीवन के केन्द्र में वापस लौटने की दुर्दमनीय इच्छा। ...जहाँ कविता खत्म होती है वहाँ यथार्थ का नंगा और क्रूर पर मानवीय चेहरा अब भी सामने खड़ा है। यह यथार्थ ही इस कविता के बाद--हर एक कविता के बाद—दूसरी कविता को सम्भव बनाएगा, कवि के कटे-फटे भावतन्त्र के बावजूद।" मलयज के लेखन में संघर्ष और सर्जन का जो अर्थवान तनाव है उसका स्रोत सम्भवतः 'सरोज-स्मृति' जैसी रचना ही रही हो।

हिन्दी आलोचना में प्रगतिवाद के वर्चस्व एवं उत्कर्ष काल में मलयज ने आलोचकीय यात्रा की शुरुआत की। नयी कविता के कवियों एवं कृतियों के साथ प्रगतिवादियों का व्यवहार सामन्तों जैसा था। उनकी आलोचना सज़ा और बख़्शीश देने की सत्ता-ग्रन्थि से ग्रस्त थी। वह ऐसी आलोचना थी जिसमें निष्कर्ष के आधार पर विश्लेषण की प्रथा थी। नमूने के तौर पर रेणु के 'मैला आँचल' और मुक्तिबोध के 'अँधेरे में' का डॉ. रामविलास शर्मा द्वारा किया गया विश्लेषण देखा जा सकता है। वस्तुतः प्रगतिवादी आलोचना रचना की अर्थ-मीमांसा से अधिक रचनाकार को नायक या खलनायक का चरित्र प्रमाण पत्र जारी करने में जुटी थी। विजयदेवनारायण साही ने 'मार्क्सवादी आलोचना की कम्युनिस्ट परिणति' नामक निबन्ध लिखकर प्रगतिवादी आलोचना की साहित्येतर रणनीतियों का खुलासा किया था। साही उस 'परिमल' संस्था के बौद्धिक महारथी थे जो साहित्य को राजनीति के पीछे चलने वाली सच्चाई मानने के खिलाफ थी, जो इस बात पर बल देती थी कि रचना के रूप बन्ध उसकी आत्मा के सत्य को धारण करने का माध्यम है। इतिहास और मानवीय सम्बन्धों में आ रहे परिवर्तन का पहला कम्पन रचना के रूप-विन्यास में लक्षित होता है। भाषा, रूप, रचना-प्रक्रिया में अनुभूति की भूमिका, सामाजिक यथार्थ एवं रचनात्मक यथार्थ के सम्बन्ध—जैसे मुद्दों पर प्रगतिवाद से 'परिमल' की असहमतियाँ बहुत तीखी थीं। विश्वविद्यालयों में आलोचना की काव्यशास्त्रीय धारा मरणासन्न थी जिसमें मूल्यांकन के औजार सैकड़ों वर्ष पुराने थे जो जीवन और रचना की सम्बन्ध-मीमांसा के लिए पूरी तरह अप्रासंगिक हो चुके थे। आलोचना की दो ही धाराएँ—प्रगतिवादी एवं प्रगतिवाद विरोधी (जिसे आधुनिकतावादी या नयी समीक्षा भी कहा गया) सक्रिय थीं। प्रगतिवादी आलोचना रचना को

सामाजिक यथार्थ और क्रान्तिकारिता की तराजू पर सामान की तरह तौल रही थी और परिमलीय आलोचना में रचना के रूप-विन्यास पर अत्यधिक बल था। क्या आलोचना की कोई तीसरी धारा भी सम्भव है? इस प्रश्न पर विचार करते हुए मलयज ने आलोचना की तीसरी धारा से अपने को जोड़ा। 'बीच धार में संवाद और एकालाप' नामक निबन्ध में उन्होंने लिखा–"एक है इस पार का आदमी, एक है उस पार का आदमी, एक तीसरा भी है–बीच का आदमी। रमेशचन्द्र शाह या मैं।" यह तीसरा आदमी तटस्थ नहीं है क्योंकि तटस्थता एक प्रकार की छद्म पक्षधरता या पलायन है। बीच के इस आदमी की सबसे बड़ी विशेषता है कि वह निर्देशित निष्कर्षों से संचालित नहीं है। वह जानता है कि शिविरबद्धता सुरक्षा तो देती है लेकिन उसके बदले में वह दृष्टि की स्वाधीनता की बलि लेती है। यह तीसरा आदमी दृष्टि की स्वाधीनता को सुरक्षा से अधिक मूल्यवान मानता है क्योंकि इस स्वाधीनता में ही सम्भावनाएँ हैं। मलयज ने नयी कविता के शीर्षस्थ कवियों का जो विश्लेषण-मूल्यांकन किया है, उससे रचनाकार और रचना को समझने की अन्तर्दृष्टि मिलती है। उन्होंने अज्ञेय, मुक्तिबोध, शमशेर, सर्वेश्वर आदि कवियों के सम्बन्ध में बने-बनाये फार्मूलों को तोड़ा है और इनकी रचनाओं को समझने की नयी दिशाओं का आविष्कार किया है।

अज्ञेय–प्रगतिवादी आलोचकों को भड़काने के लिए यह नाम ही काफी है। उनके लिए अज्ञेय साहित्य की पतनशील प्रवृत्तियों के पुरोधा हैं। वैयक्तिकता, कलावाद, समाज-विमुखता इतिहास-निषेध, आभिजात्यवाद–अज्ञेय के पर्याय हैं। नामवर सिंह ने अज्ञेय को आधुनिक कविता का बिहारी कहकर उन्हें दरबारी और कलावादी कवि का ख़िताब दिया तो डॉ. रामविलास शर्मा ने अज्ञेय की दुनिया को एक सुरक्षित दुनिया घोषित किया। यह आलोचना है या फतवेबाजी? एक संगठित आलोचना के वर्चस्व काल में मलयज ने अज्ञेय की काव्य-चेतना के नये आधारों को रेखांकित किया–"आत्मरक्षा और आत्मविस्तार–अज्ञेय की काव्य-चेतना के दो मूल पक्ष हैं, इन दोनों के बीच एक तत्त्व और भी है–आत्मनिर्णय। ...जिस समय मार्क्सवादी आलोचना जन-परम्परा के नाम पर कला-मूल्यों को राजनैतिक, आर्थिक, सामाजिक कार्यक्रमों की बलि-वेदी पर न्यौछावर कर रही थी, अज्ञेय इस संगठित आलोचना के विरुद्ध कला-मूल्यों की लड़ाई लगभग अकेले लड़ रहे थे।" संघर्ष और अपराजेय, आत्मविश्वास की इस क्षमता को अज्ञेय ने अपनी परम्परा के भीतर से अर्जित किया था। जिस अज्ञेय को पश्चिम के टी.एस. इलियट और डी. एच. लारेंस के अनुगामी के रूप में प्रचारित-प्रसारित और स्थापित किया गया, मलयज के अनुसार, उस अज्ञेय ने–"काव्य-संस्कृति के प्रति निष्ठा का संस्कार मूलतः छायावाद से ही प्राप्त किया।" अज्ञेय में आत्मशिक्षण पर बहुत बल है, क्योंकि आत्मशिक्षण के द्वारा ही परम्परा से जुड़ने और एक नयी काव्य-संस्कृति के

निर्माण की योग्यता अर्जित की जा सकती है। यही आत्मशिक्षण आत्मदान में प्रतिफलित होगा। लेकिन अज्ञेय के यहाँ आत्मदान विसर्जन नहीं है, उसमें अन्त तक अपनी इयत्ता का बोध बना रहता है। मलयज के शब्दों में—"यह आत्मशिक्षण भी एक ऐसे 'मैं' के निर्माण के लिए था जो 'दूसरे' को दे दिया जाए। दूसरे को दे दिया जाए, पर अपनी इयत्ता खोकर नहीं—जैसे बूँद सागर में मिल जाती है, वैसे नहीं, जैसे रेत-कण धार में बह जाते हैं, वैसे नहीं बल्कि जैसे दीप किसी पंक्ति को दे दिया जाता है, जैसे नदी का द्वीप नदी के बीच रहकर धार को दे दिया जाता है।" आत्मदान की आकांक्षा और अपनी इयत्ता की रक्षा के प्रति सजगता का भाव—इस अन्तर्विरोध से उपजा तनाव अज्ञेय को छायावादोत्तर कविता का विशिष्ट कवि बनाता है। अज्ञेय को समझने में मलयज की यह धारणा भी बहुत मूल्यवान है कि— "अज्ञेय शुद्ध अनुभूतियों के कवि नहीं रहे...शुरू से ही उनमें एक दृढ़ बौद्धिक आधार रहा...अज्ञेय की बौद्धिकता ने उनके काव्य-अहं को पुष्ट किया, उसे परिष्कृत किया, व्यापक बनाया।" प्रगतिवादी आलोचकों ने अज्ञेय के जिस दर्प और व्यक्तित्व के आग्रह को पूँजीवाद पोषित पतनोन्मुख व्यक्तिवाद कहा, मलयज ने उसे 'प्रतिरक्षात्मक ग्रन्थि' के रूप में रेखांकित किया। अज्ञेय की काव्यानुभूति एवं काव्य-मुहावरे पर इस प्रतिरक्षात्मक ग्रन्थि का व्यापक प्रभाव है—"दर्द-भरा मदमाता दीप, प्रेमिका के आगे आत्मदान को प्रस्तुत पर अपने आहत अहं के वृत्त में घिरा, मौन में ही अपनी कुल व्यथा व्यक्त करने वाला प्रेमी, सागर से उछली हुई बूँद की दुर्दम जिजीविषा—यह अज्ञेय की सृजन-चेतना के कुछ बुनियादी मुहावरे हैं जो अपने को अन्ततः बचा पा सकने की प्रतिरक्षात्मक मनोग्रन्थि में ही जन्म ले सकते थे।" अज्ञेय की सुदीर्घ काव्य-यात्रा को मलयज ने पूर्व अज्ञेय और उत्तर अज्ञेय में विभाजित कर समझने की कोशिश की है। पूर्व अज्ञेय और उत्तर अज्ञेय के कंट्रास्ट को मलयज अचूक आलोचकीय दृष्टि से पकड़ते हैं—"उत्तर अज्ञेय में प्रवेश कर पाना आसान है। पूर्व अज्ञेय जैसा नीरन्ध्र, पुख़्ता और चारों ओर से चौकस वह नहीं है। ...पहली नज़र में पूर्व अज्ञेय और उत्तर अज्ञेय का कंट्रास्ट कुछ इतना प्रबल है कि लगता है कि दोनों की अपनी अलग-अलग दुनियाएँ हैं—कहाँ वह सर्जनात्मक ऊर्जा में तनी हुई, अपने भीतर की गत्यात्मकता से चालित आत्मनिर्भर दुनिया जिसका प्रत्येक रचनात्मक स्फोट साहसिक और पौरुषपूर्ण होता था और कहाँ यह मम और ममेतर की बारीक जालियों बुनी, मानव अनुभूतियों को नसों में धड़काती नहीं, दिमाग में सोचती और सोच-सोच कर विरक्त और फीकी होती जाती दुनियाँ।" अपने समय के एक शिखर कवि के रचनात्मक शैथिल्य की यह पहचान मलयज के काव्य-प्रतिमान और साहित्य-विवेक को दर्ज़ तो करती ही है, इससे आलोचना के प्रति भरोसा भी पैदा होता है।

शमशेर को लेकर शीर्षस्थ प्रगतिवादी आलोचकों में 'तुम्हीं से मुहब्बत तुम्हीं से लड़ाई, वाली ऊहापोह है। शमशेर भारतीय कम्युनिस्ट पार्टी के सदस्य थे लेकिन उनकी काव्यानुभूति की बनावट ग़ैर मार्क्सवादी थी। वे हिन्दी के सबसे जटिल और अबूझ कवि माने गये हैं। कुछ लोगों का मानना है कि शमशेर की कला न कहने की कला है। मलयज और शमशेर लम्बे समय तक साथ रहे। मलयज की डायरियों एवं साहित्यिक चर्चाओं में शमशेर टेक की तरह बार-बार आते हैं। लेकिन आलोचक मलयज ने जब शमशेर पर लिखा तो कोई मुरौवत नहीं की। उन्होंने शमशेर पर दो लेख लिखे। पहला लेख 'बात बोलेगी, पर कब?' 'कविता से साक्षात्कार' में तथा दूसरा 'अन्तर्विरोधों का कवि' 'संवाद और एकालाप' में संकलित है। शमशेर को लेकर मलयज में कोई दुविधा नहीं है। उनके समूचे काव्य-संसार को मलयज ने अपनी सधी हुई कलम से इन शब्दों में बाँधा है—"एक नितान्त निजी मुहावरा अपने पवित्र दर्प में तना हुआ। एक महान आलीशान गुम्बद जिसमें सिर्फ़ एक व्यक्ति की आवाज़ गूँजती है। अपने व्यक्तित्व के वैभव में लिपटा हुआ एक सत्य जो सत्य सिर्फ़ इसलिए है कि वह अपना है, दूसरे का नहीं।" मलयज ने शमशेर की कविता को कवि की आन्तरिकता की ऐसी आवाज़ कहा है जिसकी अपनी निहायत निजी माँगें हैं—"वे माँगे सिर्फ़ यह चाहती हैं कि आप फ़िलहाल अपने परिवेश के तात्कालिक दबावों और आग्रहों को भूल जाएँ... शमशेर की कविता आपको अपनी इस नियति के संसार से बाहर ले जाना चाहती है।" तब सवाल उठता है कि शमशेर की जीवनानुभूति एवं काव्यानुभूति के निर्माण में मार्क्सवाद की क्या भूमिका है? बकौल शमशेर, "मार्क्सवाद मेरी ज़रूरत थी, सच्ची ज़रूरत। उसने मुझे मार्विड और रुग्ण मनःस्थिति से, जिसमें कि मुझे डर था कि पड़ा रहकर मैं बिलकुल ही डूब जाऊँगा, सपाट हो जाऊँगा, मुझे उबारा।" लेकिन शमशेर यह स्पष्ट करना नहीं भूलते कि "मैं उस अर्थ में कभी मार्क्सवादी रहा भी नहीं जिस अर्थ में मेरे प्रगतिशील दोस्त रहे हैं...मुझे पार्टी के लोगों ने उस रूप में कभी गम्भीरता से नहीं लिया।" शमशेर किस अर्थ में कभी मार्क्सवादी नहीं रहे और पार्टी के लोगों ने कभी उन्हें गम्भीरता से क्यों नहीं लिया? ये प्रश्न शमशेर की कविता की दुनिया के प्रवेश द्वार हैं। इन प्रश्नों को उभारकर मलयज ने शमशेर के मार्क्सवादी कवि होने की आभासी छवि की वास्तविकता को उद्घाटित कर दिया है। मार्क्सवाद शमशेर की काव्यानुभूति का न हिस्सा है और न ज़रूरत, लेकिन वह उनकी विचारधारात्मक परिधि का अनिवार्य हिस्सा है। केन्द्र और परिधि की यह प्रकृति-भिन्नता ही शमशेर को अन्तर्विरोधों का कवि बनाती है।

मलयज फार्मूलों में नहीं उलझते, इसलिए उनके काव्य-विवेचन में आवृत्ति और निष्कर्षों की निश्चयात्मकता का सचेत निषेध है। 'सतह से ऊपर उठाती

रचना' शीर्षक लम्बे निबन्ध में उन्होंने मुक्तिबोध के रचना-संसार का विवेचन किया है। मुक्तिबोध में मार्क्सवाद उनकी समूची जीवनानुभूति को प्रभावित करने वाली दृष्टि है, इसलिए समाज, इतिहास और साहित्य के प्रश्नों को वे वर्ग-चेतना के आलोक में देखते-पहचानते हैं। मलयज के अनुसार—"मुक्तिबोध ने हमेशा वर्ग-बोध को एक स्पृहणीय मूल्य की तरह अपनी अनुभूतियों में जिया, उसे हमेशा एक शपथ-तलवार की तरह अपने सीने पर रखा।" मार्क्सवाद की वर्ग-चेतना के आलोक में मुक्तिबोध ने पूँजीवाद के चमचमाते अँधेरे के सच और उसकी चमक-दमक के बीच आत्मा के विराट सूनेपन को देखा। इस पूँजीवादी तन्त्र की रेशमी शब्द-संस्कृति की कुरूपता और विकृति को जाना। पूँजीवादी व्यवस्था के प्रति इतनी तीव्र घृणा, हिन्दी के किसी और कवि में नहीं दिखाई देती। पूँजीवादी संस्कृति मुक्तिबोध की कविता का पहला महत्त्वपूर्ण सन्दर्भ है। मलयज की यह स्थापना भी विचारणीय है कि सतह का आदमी मुक्तिबोध की कविताओं-कहानियों का केन्द्रीय चरित्र है। सतह का यह आदमी हिन्दुस्तान का सबसे पुराना आदमी है। वह औद्योगिक समाज के मज़दूर की तरह इकहरा आदमी नहीं, उसमें इतिहास और परम्परा की उलझी हुई गाँठें हैं। संस्कार स्मृति और संघर्ष की वर्तमानता उसकी चेतना में उलझी हुई है। इसलिए स्वभावतः सतह का यह आदमी अन्तर्विरोध ग्रस्त भी है। भारतीय मनुष्य की यह छवि अकादमिक मार्क्सवादियों के रेडीमेड आदमी से मेल नहीं खाती। इसलिए मार्क्सवादी आलोचकों का एक खेमा उन्हें शुद्ध मार्क्सवादी नहीं मानता। मुक्तिबोध की कविताओं में रहस्यात्मक स्थितियों की बहुलता है लेकिन 'छायावादियों की तरह इस रहस्य के पीछे कोई मूल्य-आसक्ति नहीं है, सिर्फ एक वातावरण रचने का आग्रह है।' मलयज की दृष्टि में... 'मुक्तिबोध का रहस्य-दर्शन एक प्रकार की ज्ञान-मीमांसा ही है।' हिन्दी आलोचना में मुक्तिबोध की फैंटेसी की विशद चर्चा हुई है। विभिन्न आलोचकों ने अपने-अपने ढंग से फैंटेसी के प्रयोग और प्रभाव को समझने की कोशिश की है। मलयज के अनुसार—"मुझे लगता है कि फैंटेसी वह सृजनात्मक छलाँग है जिसके द्वारा मुक्तिबोध इस अनन्त रूप-अनुभव और वस्तु-व्यापारमय जगत के केन्द्र में पहुँचना और उसकी सारी उष्मा को, सारे द्वन्द्व को, उसकी सारी समस्याओं और प्रेरणाओं को एक नये रचना-क्रम में पुनर्सजित करना चाहते हैं।" मुक्तिबोध की सभी कविताओं के पैटर्न में एक बुनियादी समानता है—"यह इसलिए क्योंकि मुक्तिबोध ने औसत आदमी की उस बुनियादी पहचान, उस महान एकरसता के साथ अपने को तादाकार कर लिया था।" उनकी कविताओं में प्रयुक्त नाटकीयता, हादसे, दुःस्वप्न उस एकरसता को तोड़ने की कोशिशें हैं। निबन्ध के अन्त में मलयज ने सवाल उठाया है—'रचना क्या है?' और इस सवाल का उत्तर भी दिया है—"रचना सतह से ऊपर उठने का एक स्वप्न है। इस स्वप्न को देखे बिना जैसे आदमी को

मुक्ति नहीं, उसके बगैर वह अधूरा है। मुक्तिबोध की प्रत्येक रचना एक स्वप्न भी है और चरितार्थ करने की एक कोशिश भी।" यह मुक्तिबोध की कविता की मूल्य-मीमांसा है जिसमें मलयज की आलोचना-दृष्टि की दिशा का स्पष्ट संकेत है।

प्रगतिवाद के एक अन्य घोषित कवि त्रिलोचन के काव्य-संग्रह 'दिगन्त' पर अपनी आलोचकीय प्रतिक्रिया में मलयज ने कहीं भी मार्क्सवाद या प्रगतिवाद का जिक्र नहीं किया है। 1970 में लिखे गये 'औसत भारतीयता का कवि' नामक निबन्ध में मलयज ने त्रिलोचन को एक ऐसे कवि के रूप में रेखांकित किया है जिसकी विशिष्टता प्रगतिवादी कसौटियों एवं काव्य-रुढ़ियों के अतिक्रमण में है—"उसके जीवन संघर्ष का स्वर भी जुझारू या लड़ाकू नहीं है, बल्कि बहुत कुछ अपने को उद्‌बोधन देने जैसा है। उसमें संकल्प का ओज है, वह दहकती हुई आग नहीं जो अन्याय और असमानता को जलाकर राख कर दे। इसलिए उसके क्रान्ति के आह्वान में भी एक शान्त, गम्भीर मन्त्रणा का पुट है, व्यवस्था और तन्त्र की ईंट से ईंट बजा देने वाली आक्रोशी ललकार नहीं। उसके जीवन-संघर्ष की आँच बाहर से अधिक भीतर को प्रकाशित करती है।" मलयज ने त्रिलोचन को औसत भारतीयता का कवि माना है। इस भारतीयता में एक औसत आदमी का जीवन-संघर्ष एवं उसकी भावुकता का मेल है। त्रिलोचन में भारतीयता का अर्थ है—जीवन की साधारणता। इस साधरणता के साथ त्रिलोचन का रिश्ता किताबी नहीं बल्कि भावनात्मक है, इसलिए उनकी कविता में "ऐसा गहन मौन राग है जिसकी धारा पृथ्वी और सौर मण्डलों तक को आप्लवित करती हुई प्राणों में चुपचाप बहती है।" भारतीय लोक-जीवन के साथ सौन्दर्य की अन्तःगरिमा के साथ जुड़े इस कवि की काव्य भाषा "ठोस मज्जा और रुधिर से बनी भाषा है। इस भाषा में अस्पष्ट कुछ नहीं है।... यह कवि की अनुभूतियों की तरह ही एक सरल भाषा है (सपाट नहीं)!" यद्यपि त्रिलोचन की काव्य-कला में कहीं भी सुनियोजित सजगता का अभाव है, लेकिन उनमें, 'क्लासिक की हद तक छूने वाला काव्य-संयम' मौजूद है। मलयज त्रिलोचन को मानवीय अनुभूतियों की विशिष्टता का नहीं, बल्कि मार्मिकता का कवि मानते हैं, इसलिए उनके अनुसार उनकी कविता में किसी प्रकार की दुविधा या अन्तर्विरोध नहीं है। इसके दूसरे विपरीत ध्रुव पर सर्वेश्वर हैं। सर्वेश्वर की काव्यानुभूति में एक दरार है। आन्तरिकता सर्वेश्वर की कविता का केन्द्रीय मूल्य है। सर्वेश्वर की दृष्टि में यह आन्तरिकता ही युग-सन्दर्भ में मनुष्य का सच्चा और प्रामाणिक पक्ष है। लेकिन इस आन्तरिकता से बाहर फैला हुआ जो वस्तु जगत है—सर्वेश्वर उसे भी खारिज नहीं करते। दोनों लोकों की यह सामानान्तर उपस्थिति सर्वेश्वर की काव्यानुभूति में अनिर्णय की स्थिति पैदा करती है। मलयज के शब्दों में "दोनों लोकों का यह सहअस्तित्व एक बेचैन तनाव बनकर सर्वेश्वर की काव्य-रचना पर छाया हुआ है। बाह्यलोक यदि उसका युग-धर्म है तो अन्तर्लोक

स्वधर्म।" सर्वेश्वर की कविता में युगधर्म और स्वधर्म का मिलन-बिन्दु है या नहीं, मलयज ने इस सम्बन्ध में कुछ नहीं लिखा है, लेकिन अनुभूति में पड़ी फाँक कविता की शक्ति और रचनात्मक घनत्व को कम करती है—इसकी ओर स्पष्ट संकेत है।

मलयज कविता के आलोचक हैं, लेकिन निर्मल वर्मा की कहानियों पर उनका समीक्षात्मक निबन्ध 'स्मृति में बन्द रचना' कथालोचना में उनकी गति एवं सम्भावना का साक्ष्य है। मलयज ने जब 'बीच बहस' की कहानियों की समीक्षा की, निर्मल हिन्दी के शिखर कहानीकारों में शुमार हो चुके थे और नामवर सिंह ने 'परिन्दे' को नयी कहानी की चरम उपलब्धि के रूप में स्थापित कर दिया था। निर्मल वर्मा के कम्युनिस्ट विरोधी हो जाने के बाद उन पर संगठित हमले शुरू हुए। उन्हें ग़ैर-भारतीय और कट्टर हिन्दूवादी सिद्ध करने की कोशिशें उनके मरणोपरान्त भी जारी रहीं। ये हमले ग़ैर साहित्यिक थे। ऐसे परिदृश्य में मलयज ने निर्मल की कहानियों की अन्तर्वस्तु, रचना-दृष्टि, भाषा, चरित्र-योजना को समझने की कोशिश की। यह लेख 1974 के आसपास लिखा गया। यह एक ग़ैर मार्क्सवादी आलोचक द्वारा निर्मल पर लिखा गया सर्वाधिक निर्मम लेख था। याद नहीं पड़ता कि निर्मल की कहानियों की ऐसी बेधक आलोचना किसी मार्क्सवादी आलोचक ने की है। मलयज ने निर्मल की कहानियों की वस्तु-योजना, चरित्र-सृष्टि और भाषा—तीनों पक्षों पर हमलावर अन्दाज में लिखा। ऐसा उन्होंने मार्क्सवाद के प्रति अपने बढ़ते रुझान के उत्साह में किया या 'लोकमंगल' के आग्रह के कारण? वर्तमान से असम्बद्धता को मलयज ने निर्मल की कहानियों का सबसे बड़ा दोष बताया। वर्तमान से असम्बद्धता निर्मल को स्मृतियों की दुनिया में ले जाती है जिसमें जीवन के संघर्षों, सक्रियताओं एवं सपनों का कोई निशान तक नहीं मिलता। अपनी स्मृति-प्रियता के कारण निर्मल वर्तमान को भी अतीत में तब्दील कर लेते हैं। मलयज का सवाल है कि यह कैसा सृजन है जिसमें मनुष्य का वर्तमान और भविष्य सिरे से गायब है? निर्मल की स्मृति-निर्भर इन कहानियों में सम्बन्धों का निषेध ही रचना-मूल्य बन गया है—"इस मूल्य में सम्पूर्ण सम्पृक्ति का निषेध है, अपने आपको पूरी तरह दे दिये जाने का निषेध, कहीं एक जगह रम जाने, बस जाने, किसी का होकर रह जाने का निषेध...।" इस सम्बन्ध-निषेध के कारण ही निर्मल की कथा भूमि में उदासी का एक गहरा, और अँधेरा और शान्त सागर है। वे अपनी कहानियों में इस निर्विकल्प उदासी को संगीत की लय में उठाते हैं—गहरे इत्मीनान और अपूर्व भाषिक संयम के साथ। यह लय पठक को करुणा की ऊँचाइयों तक ले जाती है। विक्षोभ-रहित अनुभूति निर्मित इन कहानियों के पात्र स्वाभाविक रूप से यथास्थितिवादी हैं। मलयज की दृष्टि में निर्मल के पात्रों में "आपस में कोई विरोध या संघर्ष नहीं है, वे एक दूसरे को कांटते नहीं,

एक-दूसरे के अस्तित्व की प्रतिज्ञाओं को तोड़ते नहीं।... वे अपने केन्द्र पर, अपनी अनुभूति की पूरी सजीवता से डोलते हुए सिर्फ़ स्थिर रहना चाहते हैं, न अपने आपको, न अपने परिवेश को और न इन दोनों के सम्बन्ध को ही बदलना चाहते हैं।"

अपनी कथा-संवेदना के अनुरूप ही निर्मल ने गद्य-भाषा अर्जित की है। इस गद्य को मलयज ने 'धूप छाँही गद्य' नाम दिया है—"यह गद्य स्मृति की कविता का गद्य है, वर्तमान की आँच में तपता मैदानी गद्य नहीं। समर्थ गद्य हाँ, पर सशक्त गद्य नहीं।" निर्मल की कहानियों का यह विश्लेषण मलयज की आलोचना की भावी दिशा का संकेत करता है। मार्क्सवादी आलोचना की सरहद यहाँ से बहुत दूर नहीं है। लेकिन परिमलीय साहित्यिक परिवेश में पले-बढ़े मलयज के लिए मार्क्सवादी दृष्टि का स्वीकार धर्मान्तरण करने जैसा लगा होगा, इसलिए उन्होंने एक मध्य-मार्ग की तलाश शुरू की जिस पर चलते हुए वे साहित्य के 'स्वधर्म' और उसकी सामाजिक भूमिका में सन्तुलन बैठा सकें। यही मध्य-मार्ग उन्हें आचार्य रामचन्द्र शुक्ल के यहाँ ले गया। आचार्य शुक्ल में मलयज को अपनी समूची परम्परा और आधुनिक भाव-बोध का वह बिन्दु दिखाई पड़ा, जहाँ से आलोचना की एक ठेठ देसी पगडंडी फूट रही थी। नामवर जी का यह कथन दुरुस्त और अर्थवान है कि आचार्य शुक्ल की रस-मीमांसा मलयज में संघर्ष-मीमांसा में रूपान्तरित हो गयी है। 'रामचन्द्र शुक्ल' पुस्तक की 'पृष्ठभूमि', 'जीवन-वृत्त' और 'मिथ में बदलता आदमी' में मलयज ने जो लिखा है, उससे केवल आचार्य शुक्ल की जीवन-दृष्टि और आलोचना पर ही प्रकाश नहीं पड़ता, बल्कि उसके आलोक में स्वयं मलयज की भावी आलोचना का मानचित्र भी दिखाई देता है।

मलयज ने आचार्य शुक्ल के लगभग आधे दर्जन रूपों का उल्लेख किया है—कवि समालोचक, इतिहासकार, छायावाद से लोहा लेने वाला और विशिष्ट के विरुद्ध सामान्य का पक्षधर। आचार्य शुक्ल साहित्य के मार्चे पर स्वाधीनता-आन्दोलन की लड़ाई लड़ रहे थे। पराधीनता, विषमता और सामाजिक भेद-भाव इस आन्दोलन के ठोस ऐतिहासिक सन्दर्भ थे। शुक्ल जी की इस लड़ाई का नायक सामान्य भारतीय मनुष्य है जिसकी जड़ें गाँव में थीं और वृन्त शहर में। मलयज के अनुसार—"यही नक्शा स्वयं शुक्ल जी का भी है। भावुकता, प्रकृति-प्रेम, लोकधर्म का मूल्यादर्श, भाषा में ठेठ हिन्दी का ठाठ—यह है गाँव। भाव-वस्तु सम्बन्ध का सिर्फ़ अनुभावन ही नहीं विश्लेषण, खण्डन-मण्डन, तर्क, कटाक्ष और तेवर—यह है शहर।" गलदश्रु भावुकता और अमूर्त आन्तरिकता के स्थान पर बुद्धिवाद और प्रत्यक्ष जीवन संघर्ष को आचार्य शुक्ल ने साहित्य के मानदंड के रूप में स्थापित किया।

मलयज ने आचार्य शुक्ल की काव्य-रुचियों के प्रसंग में बताया है कि कविता की सजावट से उन्हें सख़्त चिढ़ थी, क्योंकि सजावट को वे भोगवादी संस्कृति का

लक्षण मानते हैं। सजावट जीवन और रचना के खोखलेपन को छिपाने की एक विधि मात्र है। शुक्ल जी ने कविता में भाव पर बहुत बल दिया है, लेकिन वे भाव-दशा को ज्ञान-दशा के साथ रखते हैं। मलयज के अनुसार, आचार्य शुक्ल की रस-दशा काव्यशास्त्रीय नहीं है, बल्कि वह भाव-दशा और ज्ञान-दशा का सर्जनात्मक घोल है—"शुक्ल जी की रस-दशा में व्यक्ति और समाज, अन्तर्जगत और बाह्य जगत, रूप और वस्तु, अनुभूति और विचार जैसी मानव-जीवन की हमारी परिचित द्वन्द्वात्मक इकाइयों को ही एक नये समीकरण में कसने की सर्जनात्मक उठान दिखाई देगी।"

प्रस्तुत संकलन में मलयज के कुछ ऐसे निबन्धों को संकलित किया गया है जिन्हें एक दृष्टि से 'बीच बहस' में कहा जा सकता है। 'लघु मानव', काव्यभाषा, अभिव्यक्ति की समस्या, युवा-लेखन जैसे विषय सातवें दशक के हिन्दी साहित्य पर छाये हुए थे। इन विषयों पर मलयज के चिन्तन में एक ताज़गी है। उनमें पूर्वग्रहों की जड़ता के स्थान पर एक खुलापन है। अपनी उत्तरवर्ती आलोचना में उनका झुकाव मार्क्सवाद की ओर दिखाई देता है। इस झुकाव का मूल कारण विचारधारात्मक है या मनोवैज्ञानिक? शमशेर को एक जगह उद्धृत करते हुए मलयज ने लिखा है—"मुझे हर वह चीज़ आकर्षित करती है, जो मुझसे—मेरी प्रकृति से भिन्न हो।" क्या यह कथन मलयज पर भी लागू होता है? वस्तून्मुखता के प्रति मलयज का क्रमशः बढ़ता आग्रह उनके आन्तरिक दबाव के कारण है या आलोचना की मुख्यधारा में शामिल होने की असुरक्षा-ग्रन्थि के कारण? मलयज कवि भी हैं। ये प्रश्न उनकी कविता और आलोचना में मौजूद फाँक के कारण पैदा होते हैं। इन प्रश्नों का उत्तर उनके निबन्धों में व्याप्त है। मलयज कहीं भी प्रचारवादी और सपाट नहीं हैं। उनकी भाषा में चिन्तनधर्मी लालित्य एवं औसत मनुष्य के प्रति पक्षधरता का दुर्लभ संयोग है। मलयज निस्सन्देह एक विचारणीय एवं पठनीय आलोचक तथा गद्यकार हैं।

डॉ. रामेश्वर राय
हिन्दी विभाग
हिन्दू कॉलेज, दिल्ली विश्वविद्यालय
दिल्ली-7

'सरोज-स्मृति' और निराला

'सरोज-स्मृति' दुख की कविता है, पर इसमें व्यक्त दुख का चेहरा हमारे अब तक के परिचित छायावादी दुख के चेहरे से कितना भिन्न है! इस दुख में अनुभूति के साथ वह ठोस भूमि भी अपने कच्चे-पक्के रंगों के साथ प्रकाशित है, जिसके भीतर से वह अनुभूति पैदा हुई है। अक्सर तो छायावादी कवि अनुभूति के क्षण में ही अनुभूति से परे कहीं और पहुँच जाता है। अनुभूति के साथ सीधी मुठभेड़ नहीं, अनुभूति का अतिक्रमण उसका स्वभाव है। जीवन और जगत और इनके आपसी सम्बन्धों के बारे में उसके पास एक जीवन-दर्शन (या कि रहस्य-दर्शन) है, जिससे उसकी काव्यानुभूति नियन्त्रित होती है। इस जीवन-दर्शन या रहस्य दर्शन के चलते ही छायावादी दुख उपभोग्य, स्पृहणीय और काम्य दुख है—'तुममें पीड़ा को ढूँढ़ा तुममें ढूँढ़ूँगी पीड़ा' एक रहस्यात्मक स्थिति से अधिक अनुभूति के प्रति छायावादी कवियों के दृष्टिकोण की ही व्यंजना करती है।

छायावादी कवियों ने दुख को बहुत सरस बना दिया है, क्योंकि दुख उनके अस्तित्व को चुनौती नहीं देता था, उन्हें तोड़ता नहीं था, बस थोड़ा और मृदु, थोड़ा और कोमल, थोड़ा और भाव-प्रवण बना देता था। इसीलिए छायावादी कविता में दुख का संगीत तो जरूर मिलता है पर उस दुख को भोगने वाले हाड़-माँस के मनुष्य की असली तस्वीर नहीं दिखाई देती। प्रसाद की 'आँसू' और महादेवी वर्मा के गीतों में तो दुख अनुभूति से ऊपर उठ कर एक सौन्दर्यात्मक मूल्य का दर्जा प्राप्त कर लेता है। पन्त की स्थिति इन दोनों कवियों से थोड़ी भिन्न है। उनकी कविता में दुख भोगने वाला हाड़-माँस का आदमी ही लगता है, उनका दुख भी ज्यादा स्थानीकृत है, सर्वदेशीय और सार्वकालिक उतना नहीं जितना कि प्रसाद और महादेवी का। पर पन्त का दुख न तो प्रसाद के दुख की तरह बहुरागवैभवपूर्ण है, न महादेवी के दुख की तरह तन्मय और सान्द्र। इसका कारण यह है कि पन्त का दुख एक वयस्क मन का दुख न होकर एक शिशु-मन अथवा किशोर-मन का अपरिपक्व दुख है। जहाँ से पन्त अपने मधुर-मधुर मन को पकने का उद्बोधन देना शुरू करते हैं वहाँ से वे भी प्रसाद और महादेवी के व्यापक सर्वदेशीय

सौन्दर्यात्मक दुख के अमूर्त लोक में चले जाते हैं। पर यहाँ भी प्रसाद और महादेवी तथा पन्त के दुख में फर्क है। प्रसाद और महादेवी के दुख की व्यापकता और सार्वभौमिकता उनके वयस्क और परिपक्व व्यक्तित्व का आत्मप्रसार है, जबकि पन्त का वह दुख जिस पर उन्होंने विश्वमानव की स्वर्णधूल और स्वर्णकिरण की पर्तें बिछायी हैं, मूलतः ओढ़ा हुआ, अतः महादेवी तथा प्रसाद की सम्पन्न दुखानुभूति के सामने विरस और मस्तिष्कीय लगता है।

'सरोज-स्मृति' में पहली बार दुख एक सौन्दर्यानुभूति के स्तर से अलग एक कठोर वास्तविकता के रूप में व्यक्त होता है और इस दुख के बखान में कवि का कण्ठ किसी अन्तःसंगीत से नहीं, बाह्य विषमताओं के बोध से फटा-फटा सा हो गया है। यहाँ दुख का उसके निपट नंगेपन में साक्षात्कार है, उसे भुलावा देने या मधुर-मधुर बनाने की चेष्टा नहीं।

इस दुख का भोक्ता और उसे कविता में व्यक्त करने वाला भी मूलतः कवि ही है। एक छायावादी कवि। पर इस कविता में कवि का होना सिर्फ इसलिए है कि वह एक मनुष्य (एक पिता) के दुख को अधिक गहराई से, अधिक तीव्रता और उसके अस्तित्व की अनेक अर्थ-संगतियों के साथ महसूस कर सके। अभी तक की छायावादी कविता में हम यह देखते आये हैं कि दुख की अपनी एक स्वनिर्भर दुनिया है। इस दुनिया में दुख है और कवि है, इनके बीच दूसरा कुछ भी नहीं है, अतः दुख और कवि एक दूसरे को एक दूसरे पर उँड़ेल रहे हैं, उड़ रहे हैं (आकाश छूने के लिए), या एक दूसरे के गले लग रहे हैं (एक दूसरे में खोने के लिए)। 'सरोज-स्मृति' दुख को लेकर उड़ने या उसमें खोने के लिए नहीं बल्कि दुख को याद करने, उससे भीतर-ही-भीतर मर्माहत होने और बीच-बीच में बाहर कभी व्यंग्य-विद्रूप में तो कभी आत्मधिक्कार में चीख पड़ने के लिए है। यह चीख छायावादी दुख की स्वनिर्भर दुनिया से बाहर आने की चीख है।

कविता के आरम्भ में निराला एक छायावादी कवि की मुद्रा ही अपनाते हैं। देखिए :

ऊनविंश पर जो प्रथम चरण
तेरा वह जीवन-सिन्धु तरण,
तनये, ली कर दृक् पात तरुण
जनक से जन्म की विदा अरुण
गीते मेरी, तज रूप-नाम
वर लिया अमर शाश्वत विराम
पूरे कर शुचितर सपर्याय
जीवन के अष्टादशाध्याय,
चढ़ मृत्यु तरणि पर तूर्ण चरण

कह—'पितः, पूर्ण-आलोक-वरण
करती हूँ मैं, यह नहीं मरण,
सरोज का ज्योतिः शरण-तरण।'

एक आत्मीय दुख के प्रकृति और सहज बखान का आरम्भ यह नहीं है। अनुभूति को एक भव्य रूपक में बाँधकर महाकाव्य की-सी ऊँचाई पर ले जाने की कोशिश है। एक उत्ताप-रहित, शान्त, संयत ओज जो दुख को अनुभूति नहीं, उससे एक सीढ़ी ऊपर सौन्दर्य भी नहीं, एकदम से जीवन-दर्शन की स्थिर सत्यता तक ले जाती है, जैसे कि यह महाकाव्य की प्रस्तावना हो। इस महाकाव्य के प्रथम दृश्य का रूपविधान बिलकुल सटीक है : सरोज के जीवन के अठारह वर्ष गीता के अठारह अध्याय हैं, जिन्हें पूरा करने के बाद साधारण मौत नहीं, 'अमर शाश्वत विराम' मिलता है। जीवन एक ऊर्ध्वमुख सागर है और मृत्यु एक नौका, जो उस जीवन के पार 'पूर्ण आलोक वरण' तक ले जाती है। इस विम्ब रूपक से जुड़ा, बारीक रंग-रेखाओं से उकेरा गया, एक पार्थिव विदा का चित्र भी है। यह विदा एक क्षण में, एक निमिष में घटित होती है—जैसे डाल से पत्ते का बिन देखे-जाने टूट कर गिर जाना, एक दृष्टिपात की तरह तुरत और अनायास। और विदा भी कैसी? एक तरुण की विदा, जो विदा के भाव को उस क्षणिकता के साथ मिल कर मार्मिक और ट्रेजिक बना देता है। जैसे संवेदना पर सुई-सी चोट पत्थर बनकर सर्वांग को हिला दे। इस ट्रेजिक विदा में जिसमें एक तरुण जन अपनी सम्भावनाओं को चरितार्थ किये बिना ही जीवन-सिन्धु तरण कर रहा है, एक महाकाव्य की उदात्त ऊँचाई है।

यहाँ निराला दुख की अनुभूति से मुठभेड़ नहीं उसका अतिक्रमण करते हैं। पर वे ऐसा दुख को सह्य बनाने के लिए करते हैं। इसे छायावादी कविता की विडम्बना ही कह लीजिए कि दुख को एक विराट अर्थवत्ता प्रदान करके ही उसे सह्य बनाया जा सकता था। इस चेष्टा के पीछे हमारे जातीय संस्कारों का जबर्दस्त चुम्बक है जो एक औसत हिन्दुस्तानी की अनुभूति के निपट नंगे साक्षात्कार में कहीं-न-कहीं दार्शनिक बनाकर छोड़ता है। और हमारे छायावादी कवि एक औसत हिन्दुस्तानी से कुछ ज्यादा ही हिन्दुस्तानी थे। असल में एक औसत हिन्दुस्तानी की यह दार्शनिकता छायावादी कवि के लिए एक 'आदर्श' का दर्जा रखती है जिस तक वह पहुँचना चाहता है—इस वाक्य को थोड़ा सुधार कर कहें—दार्शनिकता नहीं, बल्कि इस दार्शनिकता की कविता वह आदर्श है जिस तक वह पहुँचना चाहता है।

इस आदर्श को पा लेने में जीवन की कठोर वास्तविकता अव्वल तो एक रुकावट है, लेकिन अगर वह रुकावट बनती भी है तो उसका काम उस 'आदर्श' को पा लेने के लिए कवि में उदात्त भावनाओं की एक अतिरिक्त उछाल पैदा करना है। निराला में अन्य छायावादी कवियों के मुकाबले ये रुकावटें ज्यादा हैं, पर

उन्होंने उनका इस्तेमाल हमेशा अपने में वह अतिरिक्त भावनात्मक उछाल पैदा करने के लिए नहीं किया। 'सरोज-स्मृति' में तो वे आदर्श और यथार्थ के अनुभव स्तरों को साथ-साथ एक घुमड़ते हुए तनाव की स्थिति में जीते हैं। बात यह है कि छायावादी कविता मानव-अनुभूति की तरफ बढ़ने में उससे खिंचते जाने की कविता है। छायावादी कवि प्रायः आदर्श और यथार्थ के बीच एक निश्चित दूरी बनाये रखता है ताकि दोनों के बीच विकलता का भाव अक्षुण्ण बना रहे। विकलता की व्याख्या यह है 'कि जितना खींचता हूँ और खिंचता जाय है मुझसे।' इस खिंचाव को बनाये रखते हुए अनुभूति के यथार्थ के ज्यादा निकट पहुँची हुई छायावादी कविता निराला की यह 'सरोज-स्मृति' ही है। इस चेष्टा से इसमें तनाव का वह नाजुक सन्तुलन न सिर्फ ज़्यादा कस गया है बल्कि कहीं-कहीं उसमें दरार भी पड़ गयी है। यह दरार इस कविता में ही नहीं, निराला के रचनात्मक व्यक्तित्व में भी हमेशा के लिए पड़ गयी है।

फिलहाल यहाँ 'सरोज-स्मृति' का यह पहला बन्द निराला के उस आदर्श को पा लेने की विकलता का क्षण है। पर निराला को इस शिखर से नीचे उतरना पड़ता है, क्योंकि एक महाकाव्य की-सी निर्वैयक्तिकता को लेकर एक संस्मरण के आत्मीय धरातल पर यात्रा नहीं की जा सकती। फिर भीतर का जो दबाव उन्हें ऊपर शिखर तक ले गया था, वही चट्टान पर टूटती एक पछाड़ की तरह उन्हें यथार्थ बोध की इस ठंडी क्रूर भूमि पर ला पटकता है :

धन्ये, मैं पिता निरर्थक था,
कुछ भी तेरे हित न कर सका।
जाना तो अर्थागमोपाय,
पर रहा सदा संकुचित काय
लख कर अनर्थ आर्थिक पथ पर
हारता रहा मैं स्वार्थ-समर।

यह है कवि का यथार्थ, जिस पर आदर्श के ऊपर से झड़ती हुई सुनहली परत तक नहीं। आप देखेंगे कि आगे के बन्दों में भी इस यथार्थ अन-उदात्त भूमि का ठण्डापन पसरता चला गया है। सरोज के चपल बाल-जीवन की क्रियाओं के वर्णन में भी एक गीतात्मक उदासी का स्वर छुपाये नहीं छुपता। केवल दो प्रसंग ऐसे हैं जहाँ कवि की ऊष्मा लौटती है, एक, जहाँ वह सरोज के यौवनागम का चित्र खींचता है और दूसरा, जहाँ वह विवाहोपरान्त सुहागिन पुत्री की छवि में अपनी दिवंगत प्रिया की उपस्थिति का अनुभव करता है। सौन्दर्य और रस के ये दो प्रसंग एक शोक-तप्त मर्म की ऊदी पृष्ठभूमि में सतरंगी आभा-सी बिखेरते हुए लगते हैं, हालाँकि इन रंगों के ऊपर उदासी की एक परछाईं धब्बे की तरह बैठी दिखाई देती

है। पर इनके बारे में विशेष आगे। अभी तो यह यथार्थ का बड़ा सा पत्थर, कवि के हृदय पर। इस पत्थर से कवि कभी खुद लहूलुहान होता है तो कभी इसे बाहर फेंक कर अपने परिवेश को घायल करता है। पर भीतरी चोट कुछ ज्यादा ही है। 'स्वार्थ-समर' में पग-पग पर हारने का बोध आत्मदया का भाव जगाता है, एक आहत अहं का, और इस भाव में घिर कर पुत्री की स्मृति कुछ और निकट खिंच आती है, इतने निकट कि एक बिन्दु पर पुत्री 'जीवित कविते' बन जाती है। 'सरोज-स्मृति' में एक समानान्तर कथा स्वयं कवि के अपने जीवन-संघर्षों को लेकर है। सिर्फ एक पिता के नहीं, एक कवि के अनुभव प्रवाह में आयी हुईं जीवन-स्थितियाँ और मनोदशाएँ, जिन्हें इस कविता में दुबारा जिया गया है। इसीलिए सरोज सिर्फ पुत्री नहीं, कवि के रचना-सामर्थ्य को ललकारने वाला वह यथार्थ है जिससे कवि लड़ा है और हारा है। सरोज कवि का सबसे बड़ा दर्द और मन में गड़ी हुई फाँस है, क्योंकि वह उसकी 'गद्य में पद्य में समाभ्यस्त' प्रतिभा की विवशता है।

यह द्वन्द्वात्मक सम्बन्ध, जिसमें पुत्री पुत्री होने के अतिरिक्त भी कुछ और है और पिता पिता होने के साथ एक कृतिकार भी, कविता में एक तनाव की तरह व्याप्त है। सरोज आदर्श भी है और यथार्थ भी। इनमें से कोई भी एक दूसरे की सत्ता का प्रतिकार नहीं करते। इनमें आपस में टक्कर जरूर होती है, कुछ जीवन्त रेशे टूटते भी हैं, पर ये हमेशा एक-दूसरे की आँखों में घूरते आमने-सामने खड़े रहते हैं। यह तनावपूर्ण सन्तुलन 'सरोज-स्मृति' की संरचना की मूल स्थिति है। पर चूँकि इस कविता का रूपाकार एक संस्मरण का है—घटित अनुभव को दुबारा जीने का है—इसलिए निराला उस तनाव को टूटने न देते हुए भी उसके सन्तुलन को लचीला बना सके हैं। सरोज के बचपन का फ्लैशबैक और उससे लिपटे चले आये स्वयं कवि के पुनर्विवाह का प्रसंग, 'निरानन्द सम्पादक-गण' की 'गुणग्राहकता' का बखान, जहाँ—

पास की नोचता हुआ घास
अज्ञात फेंकता इधर उधर
भाव की चढ़ी पूजा उन पर।

का उदासी के रंग में रँगा व्यंग्य फूट पड़ता है, या फिर 'पद फटे बिवाई' के उधार/खाये के मुख ज्यों; पिये तेल/चमरौंधे जूते से संकेल/निकले, जी लेते' कान्यकुब्ज-कुल-कुलांगारों का वर्णन-विशेष—ये सब उस तनाव की मूल शर्त अर्थात् आदर्श और यथार्थ की मुठभेड़ का खण्डन नहीं करते, बल्कि कभी क्षोभ और कभी मुस्कान की लहरियाँ उत्पन्न कर उस तनाव के संवेदना-वृत्त को और विस्तृत कर देते हैं। तनाव का सन्दर्भ वैयक्तिक दुखानुभूति के तीव्र बिन्दु तक ही सिमटा

न रहकर परिवेश के विषम ताने-बाने की मूर्त सच्चाई तक फैल जाता है। कवि के लिए यह तभी सम्भव हो पाता है कि वह सिर्फ सरोज का ही स्मरण न करे, अपना भी, या अपना ज्यादा, सरोज का कम, स्मरण करे। इस स्मरण में एक गीति-रचना की कसावट है और एक आख्यान का प्रसार। कवि का स्वर कभी तेज होता है कभी मद्धम पड़ता है और कभी अस्पष्ट बुदबुदाहट में बदल जाता है। भावावेश की नोक पर चढ़ी कवि-कल्पना कभी उदात्त को छूती हुई तरल और सूक्ष्म होती है, तो कभी ठेठ जमीन पर छोटे से छोटे ब्यौरों तक के चित्रण में सटीक और ठोस, और कभी वस्तु और भाव के बीच ऐन्द्रिक संवेदन के अंकन में थरथराती हुई, प्रहर्षित। एक स्मरण के भीतर कई स्मरण हैं, सरोज और अपना तो है ही, स्वर्गीया प्रिया का स्मरण भी इनमें कहीं-कहीं झाँक जाता है।

स्मरण के ये सभी स्तर उस तनाव के बाहर हैं, पर उस तनाव के अंश हैं, इसलिए उसके भीतर भी हैं। इस तरह 'सरोज-स्मृति' ऊपर से अपने रूपाकार में जो इतनी सरल दीखती है वास्तव में एक अत्यन्त संशिलष्ट रचना है। इसका प्रवाह एक सीधी रेखा में न होकर वर्तुलाकार उतार-चढ़ाव का है। इसके काव्य-अनुभव में शुद्ध सौन्दर्य और उस सौन्दर्य के बाहर घटित अनुभव की निर्मम वास्तविकता तह-दर-तह एक दूसरे से रगड़ खाते, छिलते चले गये हैं। एक दूसरे पर अवलम्बित, एक दूसरे को पुष्ट करते हुए, एक-दूसरे से खिंचते, एक दूसरे के पास आते हुए।

इस तरह 'सरोज-स्मृति' की छोटी-सी दुनिया में कवि के भीतर और बाहर की छोटी-बड़ी कई दुनियाएँ समाई हुई हैं। पर इन तमाम दुनियाओं से मिलकर बनी हुई 'सरोज-स्मृति' की दुनिया का केन्द्रीय चरित्र स्वयं इस कविता का कवि है—एक द्वन्द्वात्मक स्थिति के केन्द्र में स्थित! यह चरित्र पूरी कविता में उसके आरम्भ से अन्त तक छाया हुआ है। एक ऐन्द्रजालिक की तरह यह चरित्र इन सभी दुनियाओं को अपने भीतर से निकालता है, पर उसकी मुख्य रचना है सरोज। सरोज मानो इन सभी दुनियाओं के लिए प्रवेश-द्वार है। इन दुनियाओं से सब नाते सरोज के कारण हैं। ननसाल और सासजी की दुनिया सरोज की बालक्रीड़ा के लिए है। साहित्यिक विफलता की टीस भी इसलिए है कि कवि सरोज के लिए 'उपार्जन को अक्षम' रहा। पुनर्विवाह के प्रसंग में सारे आयोजन को अस्त-व्यस्त करने वाली सरोज ही है—'संकेत किया मैंने अखिन्न जिस ओर कुंडली छिन्न-भिन्न/देखने लगीं वे विस्मय भर/तू बैठी संचित टुकड़ों पर'। अपने चारों ओर घिरते-कसते परिवेश के विरुद्ध कवि का जो आक्रोश अपने सजातीय कुलांगारों पर फटकार के रूप में बरसा है उसका मूल भी सरोज ही है। फिर इन प्रत्यक्ष दुनियाओं के बाहर एक अप्रत्यक्ष दुनिया कवि की दिवंगता पत्नी की है और उसे भी सरोज ही 'मेरे बसंत की प्रथम गीति' के रूप में उजागर करती है।

अपनी इस मुख्य रचना सरोज के साथ कवि का व्यवहार इस कविता की

संरचना को काफी दूर तक निर्धारित करता है। स्थूल रूप में यह 'व्यवहार' सरोज की वय से जुड़ा हुआ है–बालिका रूप, नवयुवती रूप और एक युवा सुहागिन पुत्री का रूप। पर वय के साथ बदलते इस 'व्यवहार' के पीछे कवि के आदर्श और यथार्थ के तनावपूर्ण सम्बन्ध की घिरती-मिटती छायाओं की अन्तःसंगति भी है। सरोज का बचपन का रूप इस तनाव से मुक्त है, यह रूप सरल है जिस पर एक पिता की ममता बरसती है, इस रूप की आयोजना में एक भीतरी मुक्ति है–वर्तमान यथार्थ परिवेश का संघर्षयुत चेतना से मुक्ति–अतः उस बचपन के अंकन में एक सहज मोद है–

तू सवा साल की जब कोमल
पहचान रही ज्ञान में चपल
माँ का मुख, हो चुम्बित क्षण-क्षण
भरती जीवन में नव जीवन।

यह काल की द्वन्द्वात्मक चेतना से परे हँसते हुए बचपन का शाश्वत चित्र है। कवि का बनाया हुआ चित्र। सरोज में अभी अपनी खुद की कोई 'हरकत' नहीं है, वह कोई 'दूसरा' नहीं है, वह कवि में से निकली है और कवि की है। पर शीघ्र ही बचपन के इस संक्षिप्त फ्लैशबैक में एक-एक कर वे दूसरी दुनियाएँ प्रवेश करने लगती हैं और कवि तथा सरोज के सम्बन्ध भी बदलने लगते हैं।

इस बदलाव का पहला संकेत वहाँ है जहाँ एकाएक सरोज जवान होने लगती है–

नैश स्वप्न ज्यों तू मन्द मन्द
फूटी ऊषा जागरण छन्द
काँपी भर निज आलोक भार
काँपा बन, काँपा दिक् प्रसार।
परिचय-परिचय पर खिला सकल–
नभ, पृथ्वी, द्रुम, कलि, किसलय दल।

यह जैसे कवि ने अपनी रचना में रंग भरा हो, उसे अलंकार पहराए हों। पर यहीं से उसे एक धीरे-धीरे आकार लेते व्यक्तित्व का अहसास भी होने लगा है :

तू खिंची दृष्टि में मेरी छवि
जागा उर में तेरा प्रिय कवि
उन्मनन-गुँज सज खिला कुंज
तरु पल्लव कलि-दल पुंज-पुंज
बह चली एक अज्ञात बात
चूमती केश–मृदु नवल गात,

देखती सकल निष्पलक नयन
तू, समझा मैं तेरा जीवन।

यह रूप-छवि ऐसी है जो पिता के पितृत्व को नहीं, कवि के कवित्व को उद्दीप्त करती है। कवि उन आँखों में अपनी ही छवि देखता है और उस छवि को अपने कल्पना-सामर्थ्य से भर देता है, जो अभी तक कली में बन्द एक कोमल भाव रहा उसे मूर्त रूपाकार देने लगता है। यह सारी रूप-सृष्टि उसकी है, उसकी की हुई है, पर साथ ही यह भी स्पष्ट हो चला है कि वह अब उस सृष्टि का नियामक नहीं रहा—'समझा मैं तेरा जीवन' की स्वीकृति अपने से अलग हो रहे एक स्वतन्त्र जीवन की स्वीकृति है।

सरोज के साथ कवि के इस बदले हुए सम्बन्ध का यह सोचता-सा चित्र शीघ्र ही एक क्षुब्ध सागर के फेनिल शोर में डूब जाता है। यह सागर यथार्थ का है, उस वास्तविकता का जो कवि का परिवेश है। इस सागर की लहरों में (एक यथार्थ के भीतर यथार्थ की कई दुनियाएँ) पिता और पुत्री, कवि और उसकी रचना के सम्बन्ध डूबते-उतराते रहे हैं। डूब कर उतराने के बाद हर बार इनके बीच का सम्बन्ध थोड़ा बदल जाता है।

इस बदलाव की प्रक्रिया में जो यथार्थ-स्थितियाँ विक्षोभ पैदा करती हैं, उनका एक पक्ष यह है :

सोचा मन में हत बार-बार
ये कान्यकुब्ज-कुल-कुलांगार,
खाकर पत्तल में करें छेद
इनके कर कन्या अर्थ खेद
इस विषय-बेलि में विष ही फल
यह दग्ध मरुस्थल—नहीं सुजल।

यह सिर्फ बाहर घटित होने वाली अनुभूति नहीं है, बल्कि यह एक लम्बे अरसे से कवि के भीतर घट रही थी, क्योंकि यह उस क्षुब्ध यथार्थ-सागर की एक लहर है जो शुरू से ही कवि के भीतर गरज रहा था। कविता के आरम्भ में ही जिस 'जीवन-सिन्धु' का उल्लेख हुआ है वह यही तो है—बार-बार कवि-मन के भीतर से फूट कर उछल कर बाहर आता हुआ और बाहर आने में भीतर का कुछ तोड़, कुछ मिटा जाता हुआ और फिर कुछ पीछे छोड़कर धीरे-धीरे वापस लौट जाता हुआ। जहाँ लहरें ऊपर चढ़ती हैं वहाँ एक वेग है, भावनाओं का शोर, क्षोभ की गूँजती हुई तल्खी। ऐसे में भाषा अनेक अर्थ-आवर्तों में घिर कर मानो ठोस पत्थरों से टकराती हुई चलती है। जहाँ उतार है वहाँ एक समरस पठारी वर्णनात्मकता है, प्रायः बिम्ब प्रतीक रहित निरलंकृत भाषा-प्रवाह—घटना-क्रम को कह कर हल्का हो लेने का

भाव।

एक जगह जहाँ लहरों का शोर कुछ पीछे छूट गया है, यह चित्र उभरता है–

देखती मुझे तू हँसी मन्द
होठों में बिजली फँसी स्पन्द
उर में भर झूली छवि सुन्दर
प्रिय की अशब्द शृंगार मुखर
तू खुली एक उच्छ्वास-संग,
विश्वास-स्तब्ध बंध अंग-अंग
नत नयनों से आलोक उतर
काँपा अधरों पर थर-थर-थर।

सरोज का यह विवाह के तुरन्त बाद का चित्र है। रचना कवि से अलग एक पूर्ण स्वतन्त्र अस्तित्व प्राप्त कर चुकी है और इन पंक्तियों में पहली बार कवि उस रचना को बराबरी के स्तर पर देखता है। या शायद रचना ही पहली बार उन्मुक्त दृष्टि से अपने सृष्टा को देखती है। पहले कवि सरोज की आँखों में अपनी ही छवि देखता था, अब उन आँखों में उससे अलग एक नया संसार रच गया है। इस संसार के रचे जाने तक कवि उसके साथ-साथ रहा है, पर अब वह वहाँ नहीं है। पहली बार उसकी रचना 'हरकत' कर रही है—होठों में फँसी बिजली लिये मन्द हँसी...सरोज का एक उच्छ्वास के साथ धीरे-धीरे खुलना...और इस खुलने में बँधे हुए अंगों का सम्भ्रम में ठिठक पड़ना...झुकी आँखों से काँपते अधरों पर एक भीतरी आलोक का थरथराते हुए उतरना—ये सारे कोमल संकेत एक सौन्दर्य के क्रमशः पूर्ण प्रस्फुटित होने के हैं। यह सौन्दर्य पहले के सौन्दर्य की तरह स्थिर चित्रलिखित नहीं है, बल्कि इसमें एक गति है, एक आन्तरिक उमगन, एक खुलाव, एक वयस्क ऐन्द्रिक स्पर्श। कवि अपनी रचना को एक नयी सम्बन्ध-भूमि पर देखता है :

देखा मैंने वह मूर्ति धीति
मेरे बसन्त की प्रथम गीति
शृंगार रहा जो निराकार
रस कविता में उच्छ्वसित-धार
गाया स्वर्गीया-प्रिया संग
भरता प्राणों में राग-रंग,
रति-रूप प्राप्त कर रहा वही,
आकाश बदल कर बना मही।

यथार्थ यह है कि सरोज एक मातृविहीन पुत्री है जिस पर पिता की ममता बरसती है, और आदर्श यह कि सरोज एक रचना है, स्वतन्त्र, रूपवैभवपूर्ण और सम्भावना के एक नये द्वार पर खड़ी हुई। इस स्थल पर यथार्थ और आदर्श दोनों की परिधियाँ एक दूसरे के अत्यन्त निकट हैं, एक दूसरे की लगभग छूती हुई-सी। कवि इस नयी सम्बन्ध-भूमि पर इन्हें एक साथ तीव्रता से महसूस करता है। इसीलिए उसका स्वर सधा हुआ है, उसमें एक बारीक शिल्प-संयम और सन्तुलन है, बहुत कुछ को थोड़े में व्यक्त करने का शब्द-लाघव, और अब एक ऐसी निस्संगता जिसमें यथार्थ और आदर्श दोनों ही रचनात्मकता के एक तीसरे स्तर पर संक्रमित हो जाते हैं। तभी पुत्री पुत्री होकर भी रचना ही रहती है ('मेरे बसन्त की प्रथम गीति') और रचना रचना होकर भी अन्ततः पुत्री ही रह जाती है ('आकाश बदल कर बना मही')।

सरोज की इस नयी मूर्ति में—जो एक ओर धैर्य की प्रतिमा है और दूसरी ओर प्राणों में राग-रंग भरने वाला रति-रूप—एक नयी पहचान, एक नयी आत्मीयता जुड़ती है 'स्वर्गीया प्रिया' के ध्यान से। गौर कीजिए, कवि को सरोज के वयक्रम से तीनों ही रूपों—बालिका, नवयुवती, सद्यः—परिणीता—के चित्रण में अपनी स्वर्गीया प्रिया का ध्यान बार-बार आता है। सरोज का स्मरण एक तरह से प्रिया का भी स्मरण है। सरोज जैसे नये सिरे से कवि और उसकी प्रिया को एक दूसरे के निकट लाती है—उस 'अनुपस्थित' प्रिया को 'उपस्थित' बनाती है। जो है वह जो नहीं है, उसकी याद ताजा कर जाता है। यह प्रिया भी अपनी रची गयी 'उपस्थिति' द्वारा स्वयं सरोज को भी कवि के लिए अधिक 'उपस्थित', अधिक तात्कालिक, अधिक अनुभूत बनाती है। वह सरोज को कवि के साक्षात्कार के लिए सम्भव बनाती है।

पर यह सम्पूर्ण हुई रचना इस साक्षात्कार के क्षण में ही कवि से छिन जाती है। जो है वह भी जो नहीं है, उसमें मिल जाता है। सरोज को खोकर जैसे कवि अपनी प्रिया को दुबारा खो देता है, उस प्रिया को जो उसके साथ इस सरोज में थी—उस सौन्दर्य और रस में, जिसे दोनों ने मिलकर साथ-साथ रचा था एक सम्भावना में। एक के खोने में यह दो का खोना—एक पूरे रचना-संसार का खोना—कुछ इतना बड़ा है कि भावनाओं के ज्वार की नोंक पर नहीं झेला जा सकता। इसके लिए चाहिए एक ठण्डा पठार। कोई ताज्जुब नहीं कि सरोज की मृत्यु की सूचना बड़े सादे, लगभग निरावेग ढंग से दे दी गयी है। थोड़ी देर पहले सरोज के उस रचनात्मक रूपोत्कर्ष के क्षण में ही भीतर-भीतर जो एक चुपचुप उदासी रिस रही थी, वह क्या इसी भावावेग के उतार की पूर्वसूचना थी?

लेकिन भावना के ज्वार-बिन्दु पर एक बार कवि फिर लौटता है। यह ज्वार कैसा है? यथार्थ और आदर्श के बीच किसी ढीले पड़ गये सन्तुलन को कसता हुआ नहीं, बल्कि उनके रहे-सहे ताने-बाने को भी तोड़ देता हुआ। जो तनाव अपने तमाम उतार-चढ़ावों के बावजूद शुरू से अब तक चला आ रहा था वह टूट जाता

है। सरोज की मृत्यु के साथ वे तमाम दुनियाएँ जो सरोज की वजह से थीं, तिरोहित हो जाती हैं, उनके तमाम छोटे-बड़े ब्योरे और उनके तमाम रंग बिरंगे अच्छे-बुरे चेहरे खो जाते हैं और जीवन के यथार्थ का यह क्रूर, भयानक और बिना चेहरे वाला चेहरा उभर आता है :

हो इसी कर्म पर वज्रपात
यदि धर्म, रहे नत सदा माथ
इस पथ पर मेरे कार्य सकल
हो भ्रष्ट शीत के-से शतदल।

इस अनुभूति को किसी भी रचनात्मक तर्क से नहीं समझा जा सकता। यह एक कवि की नहीं, एक पिता के भीतर से फट पड़ती हुई चीख है। इस चीख का यथार्थ कवि के बावजूद भी है, सत्य की तरह नंगा और ठिठुरता, जैसी कि सरोज की अकाल और अकारण मृत्यु। अनुभूति के इस विस्फोट को देख कर ऐसा लगता है कि सरोज का अन्त महज एक रचना का अन्त नहीं था, सरोज कवि के लिए सिर्फ एक रचना नहीं थी, वह इससे कुछ बढ़ कर थी। वह शायद कवि के लिए वह जीवन थी जिसमें रचना सम्भव होती है।

कवि-कर्म की ट्रेजिडी यह है कि इस जीवन के बाहर भी अन्त नहीं है, शून्य नहीं है, है जीवन के केन्द्र में वापस लौटने की दुर्दमनीय इच्छा। इसीलिए 'सरोज-स्मृति' का अन्त जीवन के बाहर एक शून्य, एक तर्पण—भावनाओं की कैथारसिस—में नहीं होता। कविता की अन्तिम दो पंक्तियाँ लगभग फालतू-सी लगती हैं, क्योंकि हम जानते हैं कि अभी-अभी जो विस्फोट कवि की अनुभूति में हुआ है और उससे जो गहरी दरार उसके भावयन्त्र में पड़ गयी है, उसके रहते कोई कैथारसिस नहीं हो सकता। जहाँ कविता खत्म होती है वहाँ यथार्थ का नंगा और क्रूर पर मानवीय चेहरा अब भी सामने खड़ा है। यह यथार्थ ही इस कविता के बाद—हर कविता के बाद—दूसरी कविता को सम्भव बनाएगा, कवि के कटे-फटे भावयन्त्र के बावजूद।

[1973]

तीसरे अज्ञेय की तलाश

अज्ञेय के नये कविता संग्रह 'क्योंकि मैं उसे जानता हूँ' को पढ़ते समय निगाह इन पंक्तियों पर ठहर जाती है—कुछ अधिक ही देर तक, शायद अज्ञेय के कृती-जीवन की व्याख्या का कोई सूत्र ढूँढ़ती हुई-सी :

'रोज सबेरे मैं थोड़ा-सा अतीत में जी लेता हूँ—
क्योंकि रोज शाम को मैं थोड़ा-सा भविष्य में मर जाता हूँ।

(साँझ-सबेरे)

सवाल है कितना?—अज्ञेय अपने अतीत में कितना जीते हैं और भविष्य में कितना मरते हैं? क्या इस सवाल के जवाब में ही कहीं अज्ञेय के वास्तविक मूल्यांकन की कुंजी नहीं छिपी हुई है? कुछ लोग ऐसे हैं जो इस सवाल को ही व्यर्थ मान ले सकते हैं, जो एक तरह से इस सवाल से ही पलायन करना है। कुछ दूसरे हैं जो इस सवाल के सिर्फ़ पहले आधे को ही अपने जिज्ञासा का केन्द्र मानते आये हैं, चाहे इस जिज्ञासा का भी कोई सार्थक प्रतिफलन वे न दे पाये हों। फिर एक तीसरी जमात उन लोगों की है जो इस सवाल के दूसरे आधे को ही अपना जवाब मान कर सन्तुष्ट हो लेते हैं कि अज्ञेय तो मर चुके, अतः उनकी चिन्ता भला क्या करना! अलबत्ता उन्होंने भी यह दिखाने का पूर्वाग्रहरहित जतन नहीं किया कि वह मरना क्या सचमुच का मरना है या कि सिर्फ उनकी खाम-खयाली।

अज्ञेय अपने अतीत में कितना टूटे हैं, टूटने में कितनी कविता उन्होंने जी है, और फिर इस जीने में उन्होंने अपने को भविष्य में टूटने के कितना अयोग्य बनाया है—इसे देखने के लिए क्या अज्ञेय को दो भागों में बाँट कर रखना होगा—पूर्व अज्ञेय और उत्तर अज्ञेय? इन दोनों अज्ञेयों के सामने क्या हम कोई ऐसा आईना (भविष्य का) रख सकते हैं जिसमें पूर्व अज्ञेय और उत्तर अज्ञेय के प्रतिबिम्ब अलग-अलग न दिख कर एक तीसरे अज्ञेय के प्रतिबिम्ब के रूप में दिखें?

उत्तर अज्ञेय में प्रवेश कर पाना आसान है। पूर्व अज्ञेय जैसा नीरन्ध्र, पुख्ता और चारों ओर से चौकस वह नहीं है। पर गंगा में न जाने कितना पानी बह चुका

है और कभी के अभेद्य समझे जाने वाले द्वार की साँकले ढीली पड़ चुकी हैं और जो प्रहरी उस द्वार के बाहर पहरे पर रहता था वह भी अब बूढ़ा हो चला है। पहली नजर में पूर्व अज्ञेय और उत्तर अज्ञेय का कंट्रास्ट कुछ इतना प्रबल है कि लगता है दोनों की अपनी अलग-अलग दुनियाएँ हैं--कहाँ वह सर्जनात्मक ऊर्जा में तनी हुई, अपने भीतर की गत्यात्मकता से चालित आत्मनिर्भर दुनिया जिसका प्रत्येक रचनात्मक स्फोट साहसिक और पौरुषपूर्ण होता था, और कहाँ यह मम और ममेतर की बारीक जालियों-बुनी, मानव-अनुभूतियों को नसों में धड़काती नहीं दिमाग में सोचती और सोच-सोच कर विरक्त और फीकी होती जाती हुई दुनिया। पर अपने आप में अलग-अलग इन दुनियाओं को सच मान लें तो फिर उस तीसरे अज्ञेय की खोज कैसे होगी?--जो निश्चय ही है, इन्हीं दो दुनियाओं में कहीं छिपा हुआ।

अज्ञेय ने अपनी पहचान जब जितनी और जिस रूप में करानी चाही उससे ज्यादा की सहूलियत पाठक को नहीं दी। अपने स्वत्व को उन्होंने सदा अपनी मुट्ठी में रखा और हालाँकि अपने कृती-जीवन के प्रारम्भ से ही वे आत्मदान की आकांक्षा और वैसा न कर पाने की पीड़ा से ग्रस्त रहे, उन्होंने अपने विकास के हर चरण पर अपने को सुरक्षित रखा। उन्होंने दूसरों का आत्मीय बनने की चिन्ता नहीं की। यदि कोई स्वयं उन्हें अपना आत्मीय बना सके तो वह भी उनकी शर्त पर ही वैसा बना सकता था। यही अज्ञेय की अद्वितीयता थी। और यह अद्वितीयता उन्होंने एक गम्भीर ऐतिहासिक दायित्व के काल में अर्जित की थी।

डॉ. रामविलास शार्म ने अज्ञेय की दुनिया को एक सुरक्षित दुनिया कहा है। पर वह यह कहना भूल गये हैं कि यह सुरक्षित दुनिया केवल अपने आपके लिए निर्मित दुनिया नहीं थी, बल्कि यह दुनिया अपना आत्मविस्तार करती जाने वाली और उस आत्मविस्तार में दूसरों के लिए बहुत कुछ अमूल्य बटोरती जाने वाली सुरक्षित दुनिया थी। आत्मरक्षा और आत्मविस्तार, अज्ञेय की काव्य-चेतना के दो मूल पक्ष हैं। इन दोनों के बीच एक तत्त्व और भी है : आत्म-निर्माण। यह कहा जा सकता है कि अज्ञेय के काव्य-व्यक्तित्व का यह ग्राफ बहुत कुछ प्रयोगवाद नयी कविता-काल की सृजनात्मक प्रवृत्तियों का भी ग्राफ रहा है।

छायावाद पर और चाहे जो भी आरोप लगाये गये हों, उस पर काव्य-संस्कृति, जो भाव-वस्तु और भाषा-चर्या दोनों में ही प्रकट होती है, की अनुत्तरदायित्वपूर्ण अवहेलना का आरोप इसके विरोधियों ने भी नहीं लगाया। अज्ञेय ने काव्य-संस्कृति के प्रति निष्ठा का संस्कार मूलतः छायावाद से ही प्राप्त किया। अब काव्य-संस्कृति के इस संस्कार को इस सदी की तीसी-चालीसी के उस साहित्यिक माहौल के बीच रखकर देखिए जो कि देश की चिन्ता-धारा में एक जबर्दस्त उथल-पुथल का काल था। जैसे कि धरती करवट लेती है, एक नया यथार्थ करवट ले रहा था। बहुत कुछ टूट रहा था, टूटना जरूरी था, पर इस टूटने में एक ऐसा घोर अविवेक भी शामिल था जो आगामी नव-निर्माण के लिए कुछ भी बचा रखना न चाहता था। वह सब

इतिहास यहाँ दोहराने की जरूरत नहीं, पर 'त्रिशंकु' के निबन्धों पर एक नजर डालिए तो अज्ञेय के व्यक्तित्व के आत्मरक्षात्मक तत्त्व का कारण स्पष्ट हो जाएगा। 'त्रिशंकु' के निबन्ध विचार पक्ष में इलियट और भाव पक्ष में डी.एच. लारेंस की छाप रखते हुए भी इस बात का पर्याप्त सबूत देते हैं कि साहित्य क्षेत्र में कला-मूल्यों की रक्षा की लड़ाई अज्ञेय लगभग अकेले लड़ रहे थे। पर यह लड़ाई भी अज्ञेय अपनी ही शर्तों पर लड़ रहे थे, यानी बिना अपना कला-विवेक खोये। यह बात अब कुछ आश्चर्यजनक-सी लगती है कि अज्ञेय के विरोधियों ने उन्हें परम्परा-द्रोही करार दिया, जबकि अज्ञेय में परम्परा से अपने को सार्थक ढंग से जोड़ने की उस समय सबसे अधिक ललक दिखाई देती है। परम्परा के वास्तविक जीवन्त अर्थ की नयी व्याख्या द्वारा ही अज्ञेय उस साहित्यिक अराजकता के माहौल का सचेत प्रतिकार कर सकते थे, कविता की उखड़ती हुई जड़ों को पूर्णतः विच्छिन्न हो जाने से रोक सकते थे।

अगर कोई सवाल इस सन्दर्भ में उठ सकता है तो वह यह कि वह कौन-सी परम्परा थी जिसकी अज्ञेय रक्षा करना चाहते थे? निश्चय ही वह वर्ग-चेतना पर आधारित जुझारू जन-परम्परा नहीं थी। जातीय जन-परम्परा के नाम पर जिस गर्मजोशी से कला-मूल्यों को राजनैतिक, आर्थिक, सामाजिक कार्यक्रमों की बलिवेदी पर न्यौछावर किया जा रहा था वह अज्ञेय को बिदका देने के लिए काफ़ी था। अज्ञेय का आभिजात्य अगर कहीं था तो वह यहीं था। वह जिस परम्परा के रक्षक थे वह वर्ग-भेद से ऊपर, उदात्त मानव-परम्परा थी जिसका सांस्कृतिक आधार छायावाद में निबद्ध था। अज्ञेय ने इस परम्परा पर ही अपने आगामी नीड़-निर्माण की नींव रखी। उनकी लड़ाई परम्परा के उस मूलाधार और उस पर नीड़-निर्माण की सम्भावनाओं की रक्षा की लड़ाई थी। इसीलिए उनके संघर्ष में एक तत्त्व निषेध का भी है। उनके निषेध ने उनकी कला को चयनधर्मी बनाया। अज्ञेय की 'तथ्य' और 'सत्य' की स्थापनाएँ इस चयनधर्मी कलादृष्टि से ही उपजी स्थापनाएँ हैं। अज्ञेय का संघर्ष 'तथ्य' के अज्ञात सन्दिग्ध समूह में न उलझ कर चुपचाप 'सत्य' के चमकते कण बीन लेने की मानसिक तैयारी का संघर्ष था। उनके सामने नव-निर्माण का अर्थ 'तथ्य' का निषेध और 'सत्य' का स्वीकार था।

'सत्य' के स्वीकार का अर्थ था अपनी भाव संवेदन शक्ति को ज्यादा से ज्यादा गहरा, पुष्ट और व्यापक करते जाना। चूँकि सत्य वह है जो राग-रंजित है, इसलिए यह आवश्यक था कि राग-सम्बन्ध-स्थापन की प्रणाली अधिक सूक्ष्म, संवेदनशील और परिष्कृत हो। अज्ञेय इसीलिए आत्म-शिक्षण पर इतना बल देते हैं। आत्म-शिक्षण अपनी मूल-प्रवृत्तियों और भाव एवं विचारतन्त्र की वैज्ञानिक ट्रेनिंग, जिसमें उनका शोधन, परिहार और परिष्कार सभी मौजूद हैं—द्वारा ही अनुभूति प्रखर, तलस्पर्शी और व्यापक हो सकती थी। आत्म-शिक्षण द्वारा ही परम्परा से सही रूप में जुड़ने योग्य पात्रता प्राप्त हो सकती थी। आत्म-शिक्षण से ही काव्य-संस्कृति का नव-निर्माण किया जा सकता था।

इस आत्म-शिक्षण की जिसे आवश्यकता थी वह 'मैं' था। इस आत्म-शिक्षण की जिसे उपलब्धि होनी थी वह भी 'मैं' था। यह आत्म-शिक्षण ऐसे 'मैं' के निर्माण के लिए था जो 'दूसरे' को दे दिया जाये। पर अपनी इयत्ता खोकर नहीं—जैसे बूँद सागर में मिल जाती है वैसे नहीं, जैसे रेत-कण धार में बह जाते हैं वैसे नहीं; बल्कि जैसे दीप किसी पंक्ति को दे दिया जाता है, जैसे नदी का द्वीप नदी के बीच में रह कर धार को दे दिया जाता है। यही अज्ञेय के आत्म-शिक्षण का अन्तर्द्वन्द्व है : वह अपने को दे दिये जाने की सम्पूर्ण कामना से विचलित होते हुए भी अपना आपा बचा रखने की जिजीविषा से पीड़ित है।

पूर्व अज्ञेय में यह अन्तर्द्वन्द्व 'मैं' और 'पर' के तनावपूर्ण सम्बन्ध में है। 'मैं' अपना आत्मदान करना चाहता है पर असमर्थ है; 'पर' दान लेने को उत्सुक है पर यह सम्भव नहीं। सागर और आकाश के बीच की दूरी में अपने पौरुष की पुकार है और फिर उसके खण्डित हो जाने का दर्द है। यह दर्द कविताओं में बसा हुआ है और मार्मिक लगता है, क्योंकि अभी दर्द का दर्दवाद नहीं बना है। पूर्व अज्ञेय की काव्य-अनुभूतियों की सघनता, उनके बिम्बों की मार्मिक अर्थ-व्याप्ति और भाषा का स्वतःस्फूर्त ओज 'मैं' और 'पर' के उस तनावपूर्ण सह-सम्बन्ध से ही उपजते हैं। इस सम्बन्ध में दोनों पक्षों की सत्ता जीवित और प्राणवान है, दोनों अपनी टेक पर अड़े हुए हैं, दोनों एक-दूसरे को थाहना और पाना चाहते हैं, दोनों एक-दूसरे को अस्वीकार करते हैं।

पर वह तनावपूर्ण सह-सम्बन्ध अन्ततः एक रुद दिशा थी। फिर इस बीच एक पट-परिवर्तन मौन रूप से घटित होता गया था। छायावाद का बचा-खुचा सांस्कृतिक शीराजा बिखर चुका था, प्रगतिवाद स्वयं तो टूट चुका था, पर टूट कर उसने जो द्वन्द्वात्मक गतिशीलता विकसित की थी वह यथार्थ के नये रुझानों में प्रकट हो रही थी। जिस 'अज्ञातकुलशील' जन-समूह में धँसने से अज्ञेय को अपने कलाकार व्यक्तित्व की अस्मिता के खो जाने का खतरा दीखता था। वह धीरे-धीरे एक चेहरा और एक नाम ग्रहण कर रहा था। व्यष्टि और समष्टि की इकाइयाँ निषेध के तनाव में नहीं, स्वीकार के सामंजस्य में एक-दूसरे के करीब आ रही थीं। एक नया सन्तुलन बन रहा था। यह वह समय था जब हिन्दी में नयी कविता का नेतृत्व अज्ञेय के बाद की पीढ़ी के हाथों में आ रहा था। इस बदले हुए परिदृश्य से अज्ञेय अपने राग-तन्त्र का ताल-मेल यदि बिठा सकते थे तो वह उसी आत्म-शिक्षण द्वारा। और इसमें सन्देह नहीं कि उन्होंने किसी भी अन्य आधुनिक हिन्दी कवि की अपेक्षा सार्थक ढंग से युग परिदृश्य के साथ अपने राग-तन्त्र का ताल-मेल बिठा सकने के सामर्थ्य का सबसे अधिक परिचय दिया है। लेकिन इस आत्म-शिक्षण की भी एक सीमा थी।

आत्मरक्षा अज्ञेय के लिए अपने आप में एक स्पृहणीय मूल्य था। नव-निर्माण के लिए यह आवश्यक था कि कविता का जो बीज है उसकी पहले शत्रु-तत्वों से

रक्षा की जाय, उस बीज को आत्म-शिक्षण के खाद-पानी से पल्लवित-पुष्पित करने का काम तो आगे की बात थी। कविता का बीज अर्थात रचनाकार का सम्भावनापूर्ण 'मैं'। अतः अज्ञेय की चेतना में प्रारम्भ से ही एक प्रतिरक्षात्मक ग्रन्थि मौजूद रही। दर्प-भरा मदमाता दीप; प्रेमिका के आगे आत्मदान को प्रस्तुत पर अपने आहत अहं के वृत्त में घिरा, मौन में ही अपनी कुल व्यथा व्यक्त करने वाला प्रेमी; सागर से उछली हुई बूँद की दुर्दम जिजीविषा; दर्द से फटी हुई शुभ्र-नीलिम सीपी का महज संकोच पैदा करने वाला रूप—यह अज्ञेय की सृजन-चेतना के कुछ बुनियादी मुहावरे हैं जो अपने को अन्ततः बचा पा सकने की प्रतिरक्षात्मक मनोग्रन्थि में ही जन्म ले सकते थे।

आत्मरक्षा की अनुभूति को जब तक बाह्य परिवेश से स्वीकृति (सेंक्शन) मिलती रही तब तक अज्ञेय के अन्तर्द्वन्द्व का तनाव फलप्रद रहा और उससे नयी कविता की संवेदना का धरातल गहनतर, सूक्ष्मतर और व्यापकतर होता रहा। किन्तु दृश्य-परिवर्तन के साथ भावनात्मक और विचार-शक्तियों का जो नया सन्तुलन सामने आया उसकी पृष्ठभूमि में अज्ञेय दृष्टिकोण की सारी उदारता के बावजूद अपनी मूल प्रतिरक्षात्मक ग्रन्थि में कोई बुनियादी रद्दोबदल नहीं कर पाये। आत्मरक्षा पहले एक सृजनात्मक चुनौती थी जिसे कवि असंवेदनशील संसार की ओर फेंक सकता था। वह एक दर्प की अन्तःशक्ति थी। अपने सृजनात्मक पौरुष में अक्षुण्ण आत्म-विश्वास से पगी हुई। उसके बाद वह स्वयं के लिए एक विवशता के अनुताप में बदली, और फिर एक करुणा के खिन्न-राग में। जो आत्मरक्षा पहले अज्ञेय की सम्बल थी, वह अब कारा बन गयी थी। आत्मदान की वैभवशालिनी पीड़ा आत्मनिर्वासन की करुणा हो गयी थी—'दर्प किया : शक्ति नहीं मिली : /सुख लिया छीन-छीन कर भर-भर सुख लिया : /अभिव्यक्ति नहीं मिली। दुःख दिया, दुःख पिया, दुःख जियाः मुक्ति नहीं मिली।' इस मर्म-बोध के साथ-साथ जो कुछ घटित हुआ वह यह था—'मरु की ओर अदृश्य बढ़ी। अन्तःसलिला को/सहज, कुछ कहे बिन/फिर भीतर को मोड़ गये।' आत्मनिर्वासन के दंश की क्या यह तस्वीर नहीं है? अज्ञेय जितना ही उस दंश से मुक्ति पाने के लिए भीतर की ओर गये उतना ही उस आत्म-निर्वासन से अपने को तादात्म्य करते गये और उतना ही वह बाहर के सन्दर्भ से कटते चले गये। उनका अन्तर्द्वन्द्व जो पहले कविता के मर्म बींधता शान्त-उद्वेलित था, अब एक रंगीन काव्य-मुद्रा की वातानुकूलित वाचालता में स्थिर हो गया था।

आपने अज्ञेय की शुरू की कविताओं की 'अरथ अमित अति आखर थोरे' वाली बात पर गौर किया है? बाद की कविताओं में शब्दों की वैसी स्पृहणीय कंजूसी, उनका सधा-कसा इस्तेमाल और बहुत कुछ अनकहा छोड़ दिये जाने की आवश्वस्तता कहाँ गयी? उनकी काव्य-भाषा में स्वतःस्फूर्त ओज के स्थान पर

घोषपूर्ण वक्तृता, अर्थ की सहज लय के स्थान पर स्थूल तुकें और शब्द बालाघात, मर्म-कथन के अर्थ-पूर्ण बिम्ब-चित्रों के स्थान पर अनुभव-सिद्ध (अनुभूति-सिद्ध नहीं) व्यथा के 'बड़बोले' शब्दचित्र किस प्रक्रिया के व्यंजक हैं? आत्मविस्तार के या आत्मनिर्वासन के? या आत्मनिर्वासन की कारा को तोड़ने में आत्मविस्तार की निष्फल छटपटाहटों के? 'आँगन के पार द्वार' में अज्ञेय के आत्म-निर्वासन का चित्र सम्पूर्ण हो जाता है। यह भी कह सकते हैं कि उसमें आत्म-विस्तार के रहस्यदर्शन की झीनी-बीनी चादर को आत्मनिर्वासन की ठण्ड से ठिठुरते कवि पर ओढ़ा दिया गया है।

'मैं' और 'पर' के अन्तर्द्वन्द्व में परिवर्तन का एक आधार बाह्य परिदृश्य के बदलाव में देखा जा सकता है, तो दूसरा आधार स्वयं अनुभूति के गुण-भेद में। अज्ञेय में 'मैं' और 'पर' के सम्बन्धों को उत्प्रेरित करने और उन्हें अर्थवत्ता प्रदान करने वाला सर्वाधिक महत्त्वपूर्ण तत्त्व है प्रेम। 'मैं' और 'पर' के जिस सम्बन्ध बोध में प्रेम का तत्त्व नियामक तत्त्व रहा है उसकी अभिव्यक्ति जिन गीत्यात्मक कविताओं में हुई वे अज्ञेय की सर्वश्रेष्ठ रचनाएँ हैं। बाद के संग्रहों में भी वे ही प्रेम-कविताएँ मर्मस्पर्शी बन पड़ी हैं जो गीत्यात्मक अनुभूतियों पर निर्भर हैं। गीत्यात्मक होने का अर्थ निश्चय ही यहाँ मात्र संगीत प्रधान होना या कि प्रेमानुभूति की तरल-सरल रूप छवि आँक देना नहीं है। इसके विपरीत इन कविताओं में अनुभूति का संश्लिष्ट जटिल रूप अपनी पूरी आँच, वेग और तनाव के साथ मौजूद है।

पर आगे चलकर प्रेम का अनुभव भावनागम्य न रह कर मस्तिष्कीय होता गया। स्पष्ट है कि तब प्रेम का अनुभव एक माध्यम रह गया—वृहत्तर मानवीय अनुभव से अपने को जोड़ने का—आत्म-विस्तार का—और इसमें भाव-चर्या की अपेक्षा चिन्तन-चर्या ज्यादा सहायक होती है। मछली को सागर में मिलना है, जो मात्र तृषा है उसे जिजीविषा में बदलना है। प्रेम को एक हीरे की कनी की तरह ठोस, स्फटिक कवि के मर्मस्थल में निवास करना है, उसे बाहर के आलोक में घुलाना है। यह प्रेम की अनुभूति का मानव-सन्दर्भ नहीं मानव-प्रेम की अनुभूति का दर्शन-सन्दर्भ था। इसीलिए इस प्रेमानुभूति के दर्शन की अभिव्यक्ति पहले वाली गीत्यात्मक कविताओं की तरह नहीं होती। अब वह ताप, उद्वेग और तनाव नहीं, बल्कि कवि अपने प्रेम-दर्शन में एक समरसता की तरह बढ़ता है। 'मौन' यहाँ भी है, पर इस मौन की पहले वाले 'मौन' से तुलना कीजिए। वह 'मौन' मानव-साँसों की उपस्थिति से झंकृत होता हुआ मौन है, जबकि यह 'मौन' उपराम क्रियाशीलता का, जिसमें अन्तःवृत्तियाँ सिमटकर एक शान्त आलोक पुंज में लय हो जाना चाहती हैं—'कहना सब सुनना है, स्वर केवल सन्नाटा।' प्रेम, फिर करुणा, फिर महामौन। 'मैं' और 'पर' का सम्बन्ध अब भी बना हुआ है और

महामौन के बावजूद कवि का अन्तर्द्वन्द्व भी है। पर प्रेम जो अपनी मानवीयता में अब तक उस सम्बन्ध का एक नियामक तत्त्व था उसके स्थान पर मनुष्येतर चीजें नियामक हो गयी हैं।

अज्ञेय शुद्ध अनुभूतियों के कवि नहीं रहे, जैसे कि मिसाल के लिए उनके समवयस्क कवि शमशेर। शुरू से ही उनमें एक दृढ़ बौद्धिक आधार रहा। तन्मयता के क्षणों में भी उनका आत्मसजग विवेक तारे के समान जागता रहता था। उनकी भाषा में शब्द अर्थों के प्रभामण्डल में घुल-मिलकर अपनी नुकीली सत्ता को खो नहीं देते थे और इस तरह शब्द और अर्थ के बीच का क्षण-क्षण उत्सर्जित तनाव बराबर बनाये रख सकते थे। अनुभूति की सघनता में भी एक ऐसा चौकन्नापन रहता था जो कवि को 'केवल लय गति' होने नहीं देता। अज्ञेय की बौद्धिकता ने उसके काव्य-अहं को पुष्ट किया, उसे परिष्कृत क्रिया, व्यापक बनाया। पर एक क्षण ऐसा आया जब अज्ञेय को यह फैसला करना पड़ा कि वह शब्द और अर्थ के बीच की दीवार को विस्फोटक से उड़ा देंगे। जिस काव्य-अहं को अपनी बौद्धिक संस्कृति का सम्बल पाकर आत्म-शिक्षण द्वारा वह खींच-खींच कर विस्तृत और व्यापक करते रहे थे उसकी सीमा स्वयं उनके सामने भी उजागर होने लगी थी। शायद अनुभूति के नये दबावपुंजों की वजह से नहीं, अपनी उसी बौद्धिकता की प्रेरणा से अज्ञेय ने अपनी कारा को विस्फोटक से उड़ा देने की सोची।

यह विस्फोट पहले भीतर की दिशा में हुआ। आत्मदान के रूप में जो अन्तर्धारा लगभग शुरू से ही अज्ञेय में बहती रही थी, वह 'अरी ओ करुणा प्रभामय' में कुछ प्रबल हुई—'एक नीरव नदी बहती जा रही थी,/बुलबुले उसमें उमड़ते थे/रह : संकेत के : और 'अर्थ' दो/मत हमें रूपाकार इतने व्यर्थ दो। /हम समझते हैं इशारा—जिन्दगी का—/हमें पार उतार दो—/रूप मत, बस सार दो।' राह जिस दिशा में मुड़ी उसमें सार-तत्त्व पर बल दिया था। 'आँगन के पार द्वार' उस भीतरी विस्फोटक की चरम स्थिति है। शब्द और अर्थ यहाँ एकाकार हो चुके हैं, पहले उनमें परस्पर जो तनाव रहता था, वह नहीं रह गया। तनाव न रहने से शब्द मुखर भी हो गये हैं, कभी-कभी अर्थ की तरफ से लापरवाह भी। शायद अर्थ भी यहाँ पहुँच कर 'तथ्य' बन गया है, और जो सत्य है वह तो भाव-प्रतीति की वस्तु है, बखान की नहीं। 'आँगन के पार द्वार' में अनुभूति चिन्तन में बदल चुकी है तो 'कितनी नावों में कितनी बार' में स्मृत्याभास में। 'आँगन के पार द्वार' में मनुष्य से ऊँचा उठ कर मनुष्येतर अध्यात्म की तरफ बेरोक सीधी उठान है, 'कितनी नावों में कितनी बार' में अनुभूति का सन्दर्भ मनुष्य और मनुष्येतर के बीच दुविधा में झूल रहा है। इससे लगता है कि वह भीतरी विस्फोट भी अन्ततः अज्ञेय के काव्य-अहं की आकांक्षा का समाधान न कर सका। 'कितनी नावों में कितनी बार' में रहस्य-साधना से जगी हुई खुमारी आँखों की कविताएँ हैं—'मेरे भीतर एक सपना

है/जिसे मैं देखता हूँ कि जो मुझे देखता है, मैं नहीं जान पाता/यानी कि सपना मेरा है या मैं सपने का/इतना भी नहीं पहचान पाता' : तरल लयात्मक, झीनी, अस्पष्ट कुछ भी ठोस पकड़ाई में न आने वाली, और हाँ, एक चौकन्नेपन से युक्त—कि डूबने के जैसी होते हुए भी डूबने देने को बचाती हुई, क्योंकि डूबने की जिस सीढ़ी तक वह है उससे एक दर्जा और नीचे उतरने पर रहस्य-साधना की तथ्यहीन सारता में फँस जाने का खतरा है। पर इस संग्रह की कविताएँ एक बात का और भी परिचय देती हैं कि पूर्व संग्रह में जो विस्फोट कवि ने किया था उसके धमाके से अनुभूति-तन्त्र के साथ-साथ अभिव्यक्ति-तन्त्र भी चरमरा गया है। अनुभूति और भाषा को जोड़ने वाली लस्सी उड़ गयी है, अतः वे पहले की अधिक समर्थ कविताओं की प्रतिध्वनियों जैसी लगती हैं।

'कितनी नावों में कितनी बार' एक मध्यान्तर है। अगला विस्फोट बाहर की तरफ होता है—'क्योंकि मैं उसे जानता हूँ' में। पहले के भावाभिव्यंजक शीर्षकों के मुकाबले इस संग्रह के निरे गद्यवत् शीर्षक की तरफ ध्यान दीजिए। क्या यह सत्य से तथ्य की ओर वापस लौटने का संकेत है? तथ्य से सत्य और सत्य के महासत्य की अनुभव प्रक्रिया से गुजर चुकने के बाद यह तथ्य की ओर पुनः लौटना अज्ञेय का विकास नहीं, बल्कि अपना कायाकल्प (आत्माकल्प?) करने की चेष्टा है। 'आँगन के पार द्वार' में जिस ब्रह्मलीन अवस्था तक अज्ञेय पहुँच रहे थे, उसे देखते हुए यह चेष्टा उनके लिए एक आत्यन्तिक जरूरत थी। समाजोन्मुखता के सारे सन्दर्भ यहाँ जुटाये गये हैं। पार्थिक प्रेम की नयी हिलकोरें भी हैं। भाषा जो मनुष्येतर सत्य के मन्त्रोच्चार की-सी पावनता प्राप्त कर चुकी थी, वह फिर से इन्सानों की दुनिया में लौटी है और अपने साथ कुछ नये मुहावरे भी लायी है। पर जो चीज इन सारी चीजों को मात्र गद्यात्मक तथ्य बना देती है वह है किसी गहरी रागात्मक संपृक्ति और तज्जनित ताप की कमी। लगता है इस बाहरी विस्फोट ने भी अनुभूति का बहुत कुछ मूल्यवान अंश तोड़-फोड़ दिया है। या कि क्या तथ्य को सत्य बनाने वाले कीमियागिरी ने अज्ञेय का साथ छोड़ दिया है? समाज-सन्दर्भ वाली कविताओं का व्यंग्य एक अनुभव-प्रौढ़ व्यक्ति की चिड़चिड़ाहट लगती है। या उदास मूड हुआ तो फीकी उपदेश-चर्चा। प्रेम की कविताएँ अज्ञेय के पूर्व-परिचित प्रेम के सागर के सामने प्रगल्भ, बचकानी लहरों जैसी हैं। मुहावरे स्वतःस्फूर्त न होकर प्रयास-सिद्ध हैं। अज्ञेय ने अपने अतीत से अपने को तोड़कर भविष्य में जीने की कोशिश की है। पर अपने को तोड़ना कभी-कभी कितनी बड़ी दुर्घटना बन जाता है। यह इन कविताओं के वर्तमान से स्पष्ट है।

'सागर-मुद्रा' जिसका रचना-काल 1967-69 है और जिसमें संगृहीत कविताएँ कालक्रम की दृष्टि से सबसे हाल की हैं। एक-दूसरे प्रकार का मध्यान्तर है। 'क्योंकि मैं उसे जानता हूँ' में जिस बाह्य-विस्फोट के ज्वार के साथ-साथ अज्ञेय

बहे थे, 'सागर-मुद्रा' में वह ज्वार चला गया है। अपने अध्यात्म की खोल को तोड़कर एकदम जो बहुत दूर तक वह बाहर चले आये थे, वह उन्हें रास नहीं आया था। 'सागर-मुद्रा' में जाते हुए ज्वार की लीकें हैं और पीछे सागर तट का अनमना, उदास गीत्यात्मक विस्तार जो मन में घर की याद जगाता है। पर कहाँ है वह घर? आश्वस्ति नहीं, एक कातर-करुणा से यह प्रश्न कवि के मन में अंकुरित होता है। 'बाहर' का हाल वह देख चुका है। 'भीतर' दुबारा जाने में खतरा है। एक अनिश्चय और दुविधा का भाव और इसके साथ कवि की टूटते हुए स्वर से यह कातर प्रार्थना : 'मुझ को और मुझ को और मुझको/कहीं मुझसे जोड़ दो/यों मत छोड़ दो मुझे, सागर,/यों मत छोड़ दो।' पर मुख्य सवाल यही है—वही सनातन सवाल जो अज्ञेय की काव्य-यात्रा के लगभग शुरू से ही उनका पीछा करता रहा था—कि वह जुड़ना किस स्तर पर होगा? निश्चय ही कवि के आत्मशिक्षण की यह परिणति करुणाजनक है। करुणाजनक इसलिए है कि अज्ञेय इस सवाल के फिर उसी जवाब तक पहुँचे हैं जिस पर आज से पच्चीस साल पहले वह पहुँचे थे। पर इस बार यह जवाब अपनी नियति के विवश स्वीकार की-सी हताशा लिये हुए है—'यही ज्योति-कवच है हमारा निजी सच,/सार, जी हमने पाया।/गढ़ा, चमकाया, लुटाया,/उसकी सुप्रीत छाया से बाहर, ओ मीत,/अब जाना ना।'

अज्ञेय की दो दुनियाओं की परतें हमने उधेड़ीं, पर उस तीसरे अज्ञेय का क्या हुआ? उसके बहुत सारे सूत्र लगता है उस उपक्रम में कहीं पीछे ही छूट गये जिन्हें बटोरने के लिए हमें एक यात्रा और करनी पड़ेगी। इस बार भी 'क्योंकि मैं उसे जानता हूँ' से ही। इस पुस्तक के ब्लर्ब में एक बड़ी सरिगर्भित पंक्ति है : 'उसमें (अज्ञेय की कविता में) राजनीति और फूल और कलियों में भेद नहीं है।' इस वाक्य को 1945 में प्रकाशित 'त्रिशंकु' के 'संक्रान्ति काल की कुछ साहित्यिक समस्याएँ' नामक निबन्ध की इन पंक्तियों के साथ रखिए : 'दुख, अपूर्णता, पीड़ा, ये सर्वव्यापी हैं। गरीबों ने इनका ठेका नहीं लिया है—इसे वे भी मानेंगे जो स्वयं गरीब हैं। और सुख और सन्तोष भी वर्गभेद नहीं देखते। तब कैसे एक वर्ग का दुख-सुख दूसरे वर्ग के सुख-दुख से अधिक वर्णनीय मान लिया जाये? क्यों न हम दोनों वर्गों के ऊपर उठकर सम्पूर्ण मानवता के गान गायें?' समय का इतना बड़ा अन्तराल होने के बावजूद दोनों उद्धरणों में कवि-कर्म को लेकर व्यक्त की गयी धारणाएँ मूलतः एक ही हैं। फर्क सिर्फ इतना है कि 1945 की दो-टूक ओजस्वी विचारशीलता 1970 तक आते-आते एक सुन्दर सुभाषित में बदल गयी है।

इस धारणा को आज जिस रूप में भी व्याख्यायित किया जाये, तत्कालीन सन्दर्भ में उसे समझने के लिए याद रखना होगा कि अज्ञेय की चिन्ता एक व्यापक मानव-संस्कृति को लेकर थी। संस्कृति के मूलाधार भाषा और भाषा के उत्कर्ष-रूप साहित्य में इस चिन्ता का एक अंग था रचनाकार की स्वाधीनता और

दूसरा अंग था साहित्य की आत्यन्तिक, शाश्वत और समय-निरपेक्ष कसौटी। अज्ञेय की संघर्ष यात्रा इस दोहरे उत्तरदायित्व को वहन करने से ही शुरू होती है। अज्ञेय की विशिष्टता सिर्फ इस बात में नहीं है कि उन्होंने इस दोहरे उत्तरदायित्व को झेला। बल्कि यह भी कि उसे सिर्फ अनुभूति मात्र के स्तर पर न झेलकर उन्होंने उसे वैचारिक स्तर पर भी अपनी सृजनाकांक्षा के साथ जोड़ा। मानसिक आलस्य में दोनों पक्षों में से किसी भी एक पक्ष की ओर पलायन कर जाने के खतरे को उन्होंने बखूबी समझा था। दोनों पक्षों के परस्पर सम्बन्धों की वैचारिक पड़ताल भी उन्होंने की थी। इस प्रयत्न में उन्होंने जिन साहित्यिक प्रश्नों को उठाया, जैसे परम्परा और समसामयिकता, भाषा का अवमूल्यन ('बासन अधिक घिसने से मुलम्मा छूट जाता है'), अनुभूति की अद्वितीयता, साहित्य और राजनीति, अनुभव की समग्रता आदि, उनकी गूँज नयी कविता की साहित्यिक चेतना को प्रेरित करती रही, और कुछ सवालों की सार्थकता तो आज भी बनी हुई है। अज्ञेय ने कविता को मात्र यथार्थ को सह्य बनाने के माध्यम से बढ़ कर उसे एक वृहत्तर दायित्व को पूरा करने की प्रक्रिया माना था, और जिन प्रश्नों को उन्होंने उठाया वे ऐसी चुनौतियाँ थीं जिन पर एक रचनाकार के सामर्थ्य की परख हो सकती थी। इसे विडम्बना ही कहना होगा कि प्रश्नों की चुनौतियाँ तो कमोबेश वे ही रहीं किन्तु उन पर अपनी सामर्थ्य परखने का आह्वान करने वाले अज्ञेय स्वयं ही दूसरी दिशाओं की ओर मुड़ते चले गये।

दो पक्षों के बुनियादी संघर्ष को मानते हुए जो भी अज्ञेय ने उनकी द्वन्द्वात्मकता को उभारने के बजाय उनमें एक सन्तुलन की ही कामना की। आरम्भ में इस सन्तुलन में दोनों पक्ष एक सृजनात्मक तनाव में गतिशील होते थे—सिर्फ गतिशील, न प्रगतिशील, न अ-गतिशील। अज्ञेय के नवनिर्माण का स्वप्न इस तनावपूर्ण सन्तुलन में ही था। पर अज्ञेय वर्ग-चेतना के ऊपर उठकर चिरन्तन शाश्वत के जिस सांस्कृतिक आधार पर खड़े थे, इस सन्तुलन का चलते रहना उसमें बहुत दूर तक सम्भव न था। इसलिए तनावपूर्ण सन्तुलन के साथ सामंजस्य की भी एक धार बह रही थी, जिसका क्रमशः 'समाधान' में रूपान्तरित होते जाना अजब नहीं था। इस समाधान का प्रकट रूप है एक उदात्त भाव-संसार—जिसमें सब चीजें गड्ड-मड्ड हैं, एक-दूसरे से लिपी-पुती, जिसमें अमीर और गरीब, शोषक और शोषित, सत्य और स्वप्न एक ही उदार सौन्दर्य-पुष्प की पंखुरी-दर-पंखुरी हैं मानव संस्कृति की सामूहिक गन्ध बिखेरते हुए।

× × ×

अगर अज्ञेय अपना सृजन वर्ग-चेतना पर आधारित करते तो क्या होता? इसका एक जवाब एक सवाल के रूप में यह है कि अगर जवाहरलाल नेहरू आधुनिक भारत का स्वप्न एक वैज्ञानिक-औद्योगिक समाज के निर्माण में न देखते तो क्या

होता? दूसरा जवाब है कि तब नयी कविता के बाद वाली पीढ़ी को युवा कविता उपलब्ध न होती। एक तीसरा जवाब यह भी हो सकता है कि तब तीसरे अज्ञेय की तलाश व्यर्थ होती। जवाहरलाल नेहरू के बिना क्या आप आज के भारत की कल्पना कर सकते हैं? हालाँकि गाँधी आज के भारत की आत्मा के यथार्थ के कहीं अधिक खरे पारखी थे। यह एक ऐतिहासिक अनिवार्यता थी कि गाँधी के जातीय यथार्थ-दर्शन पर नेहरू का अन्तर्राष्ट्रीय स्वप्न-दर्शन तरजीह पाये। नेहरू के स्वप्न-दर्शन में विज्ञान की स्फूर्ति थी और विज्ञान उस वक्त अन्तर्राष्ट्रीयता का मुहावरा था। अज्ञेय की सांस्कृतिक चेतना में विज्ञान का नाम था 'आलोचना'। नेहरू ने भारत के सांस्कृतिक पुनरुत्थान के लिए विज्ञान को चुना, अज्ञेय ने 'आलोचना' को। अज्ञेय ने कहा था—"हमें एक आलोचक राष्ट्र का निर्माण करना होगा" (त्रिशंकु), क्योंकि आलोचना अनुभूति को गहरा और विस्तृत करती है, और गहरी तथा विस्तृत अनुभूति के बिना संस्कृति सम्भव नहीं है। इन पंक्तियों में अज्ञेय का स्वप्न-दर्शन ही बोल रहा है : 'प्रत्येक स्वप्न-दर्शी के आगे गति से अलग पथ की यति नहीं कोई। /अपने से बाहर आने को छोड़/नहीं आवास दूसरा/भीतर—भले स्वयं साईं बसते हों।'

पर दोनों ही जगहों पर कहीं कोई दुनियावी चीज छूट गयी थी—शायद यह कि वह 'साईं' भी बाहर ही बसता था : वह वर्ग-पोषित नर, जिसका आँखों में नारायण की व्यथा भरी रहती है। अतः नेहरू के स्वप्न-दर्शन का जहाँ अन्त होना था वहीं अज्ञेय के स्वप्न-दर्शन का अन्त होना था। नेहरू के स्वप्न-दर्शन के अन्त ने स्वप्न-भंग से उत्पन्न स्थितियाँ दीं : अनस्थिरता और विघटन, जिसमें तमाम सारी शक्तियाँ जूझ कर समाज के एक गतिशील यथार्थ को प्रकाशित कर रही हैं; असन्तोष और आक्रामकता, जिसमें नयी युग-पहचान की सम्भावनाएँ टूट बन रही हैं; एक प्रजातन्त्र जो तपने के लिए आग में जल रहा है। अज्ञेय के स्वप्न-दर्शन के अन्त ने हमें आज की युवा कविता दी। आशंका और सम्भावना के ध्रुव-बिन्दुओं पर झूलती हुई एक काव्य-पीढ़ी; एक दुःस्वप्न जो कविता के भविष्य से ज्यादा मनुष्य के भविष्य को लेकर है; एक वर्गचेतना जो राजनीति, कली और फल के भेद को पहचानती है, पर इस ज्ञान से उसकी मुट्ठी से सिर्फ धुआँ निकलता है, एक कविता जो यथार्थ को सहनीय नहीं असहनीय बनाती है, कुछ अनाम मूल्य जो फिलहालियत में टलते जा रहे हैं।

और इस स्वप्न-दर्शन के अन्त के बाहर कहीं वह तीसरा अज्ञेय भी खड़ा है। पर उसे क्या कोई देख रहा है? लेकिन फिर भविष्य को किसने देखा है—हाँ हाँ, वही भविष्य जिसमें एक अज्ञेय रोज जीता है और एक अज्ञेय रोज मरता है।

[1971]

सतह से ऊपर उठाती रचना

सतह सामान्य मनुष्य का संघर्ष जीवन और उसकी विडम्बना है : वह सड़क जो हिन्दुस्तान के हर कस्बे और शहर के बीच से गुजरती है। सतह का बोध हिन्दुस्तान के मर्मस्थल का बोध है। आधे सुख आधे दुख के दो पाटों के बीच पिसने की ट्रेजेडी (ऊँचा उठानेवाली ट्रेजेडी नहीं) से घिरा जनसमूह। सतह का आदमी ही हिन्दुस्तान का औसत आदमी है। भावुकता, मूल्याकांक्षा, आदर्श—ये उस सतह के रंग हैं, उसके संघर्ष को एक चरित्र देने वाले रंग। यथार्थ उसका जीवन संघर्ष है और ये रंग उस संघर्ष की आग को बढ़ानेवाली हवाएँ। उजले रंग नहीं, भड़कीले शोख रंग नहीं, साँवले उदास रंग—न नितान्त काले न नितान्त सफेद। स्वप्न और सच का मिला-जुला रंग। कितने-कितने स्तर (सीढ़ियाँ) हैं इस संघर्ष के चेतन-उपचेतन में, कितनी-कितनी गहराइयाँ (बावड़ियाँ) और ऊँचाइयाँ (पहाड़) घेरे हुए हैं उसे। इस संघर्ष की पिसती हुई अनिवार्य रुटीन में उत्तेजना (घिरे साँवले आसमान की कोर पर बिजली की कौंध) के क्षण हैं गर्म-गर्म चाय की चुस्की के क्षण, बीड़ी का कश खींचने के क्षण। यह दरअसल सतह की सनसनी है जो भीतर खामोश पड़ी गड़गड़ाहट का पता है। सनसनी में थोड़ी राहत मिलती है, जीवन संघर्ष की उमस और गर्मी से क्षणभर का पलायन। पलायन का यह क्षण ही तो कहीं यथार्थ के दुखते मूलों से अलग होने का क्षण—कला का क्षण—नहीं?

सतह का आयाम ऊँचाई और गहराई से बड़ा है। पास्कल ने कहा था : "मिडियाक्रिटी इज ह्यूमैनिटी।" मानवता, मानव समूह, जन-मानव।

मुक्तिबोध का आदमी यही औसत आदमी है और उसे अपनी सतह से लगाव है। ध्यान रहे, वह आदमी सतह से छिटककर—अपनी वर्ग सीमा को पार कर—उसके बाहर नहीं जाता, वह सिर्फ उससे ऊपर उठता है, उसी का रहते हुए। वह अपने क्लास को डिजर्ट नहीं करता, क्योंकि उसकी शक्ति वही है, क्योंकि उसका संघर्ष वही है—संघर्ष, आगे बढ़ने की एक अन्धी होड़ नहीं, किन्हीं मूल्यों को साथ लेकर उड़ने की कोशिश।

मुक्तिबोध ने हमेशा वर्ग-बोध को एक स्पृहणीय मूल्य की तरह अपनी

अनुभूतियों में जिया, उसे हमेशा एक शपथ तलवार की तरह अपने सीने पर रखा। वर्ग-बोध जैसे एक कसौटी हो जीवन संघर्ष को अर्थ देने के लिए।

जलना कहानी में एक जगह मुक्तिबोध का कथानायक कठिन जीवन संघर्ष में जूझता हिन्दुस्तान का एक मामूली जन—अपने बच्चों के बारे में सोचता है (बच्चे जो आदमी की इच्छाओं का आकाश हैं)—"उसके बच्चे बड़े होंगे। कॉलेज एजूकेशन तो क्या ले सकेंगे। इतना पैसा ही नहीं है कि उनके लिए किताबें खरीदें। लेकिन हाँ, मैं अपने सारे विचार मेरी अपनी सारी कल्पनाएँ और धारणाएँ उन्हें बता दूँगा। उनका बिलकुल सिस्टमैटिकली अध्ययन करा दूँगा। मैं उन्हें बड़े आदमियों की बैठकों से दूर रखूँगा और इस तरह छुट्टी दूँगा कि वे उनके तौर-तरीके से घृणा करें, कि अपने जैसे गरीबों में ही रहें और उन्हें लिखाएँ-पढ़ाएँ, उन्हें नये-नये विचार दें, उनकी भविष्य कल्पना तीव्र कर दें, उनकी जगत्-चेतना को विस्तृत और यथार्थवादी बना दें और उनमें मरें और जिएँ। मैं उन्हें क्रान्तिकारी बनाऊँगा, मैं उन्हें समाज की तलछट बनने के लिए प्रेरित करूँगा, वे वहाँ बैठे-बैठे किताबें लिखेंगे, पैम्फ्लेट छापेंगे और जो मिलेगा उसे सबके साथ खाकर उन सब भड़कीले दम्भों से घृणा करेंगे जो शिक्षा और संस्कृति के नाम पर चलते हैं...।"

यह भड़कीली संस्कृति मुक्तिबोध की कविता में कहीं ड्राइंगरूम संस्कृति है तो कही उठाईगीर संस्कृति। एक जगह उन्होंने इसे शानदार मुगलिया-सल्तनत के रूपक में भी याद किया है। इस संस्कृति की लकदक सफलता मुक्तिबोध को नहीं चाहिए। वे तो उलटे अपने भविष्य को—अपने कर्म के भविष्य को—समाज की तलछट बनने को प्रेरित करते हैं, क्योंकि यह तलछट ही तो है वह मानव आत्मा की विशाल सतह, आत्मा का अपरिमित आयाम, जहाँ उठाईगीर संस्कृति की तरह परस्पर गलाकाट प्रतिस्पर्धा में कट मर जाना नहीं, बल्कि साथ-साथ जीना और मरना है। यह सतह की संस्कृति है, औसत की बिरादरी। इस संस्कृति में रहना अपने मूल में रहना है, उससे बाहर जाने की चेष्टा छिन्नमूल हो जाना है। इस बिरदरी से बाहर जाना बिरादरी की आत्मा में घाव करना है, उससे जुड़े अपने रगरेशे काटना है। अकेला हो जाना है, वैयक्तिक हो जाना है। हम एक ऐसे वर्ग-समय में रह रहे हैं जिसमें अगर आगे बढ़ना है तो साथ-साथ, इकट्ठे, संयुक्त अन्यथा वह आगे बढ़ना अपनों को कुचलकर आगे बढ़ना होगा। यह एक ऐसा वर्ग-समय है जिसमें प्रत्येक सफलता के पीछे एक हत्या छुपी हुई है, हर तड़क-भड़क के पीछे दीन आत्मा का विराट् सूनापन, जो मारा जाएगा वह कमजोर होगा, निहत्था होगा, दौड़ में कहीं पीछे छूट गया हुआ होगा। आज हम एक ऐसे वर्ग-समय में रह रहे हैं जिसमें अकेले बढ़ना एक अमानवीय कर्म है।

सतह का यह आदमी हिन्दुस्तान का सबसे पुराना आदमी है। इतिहास के सब

झमेले और परम्परा की सब गाँठें इसमें हैं। इसी से यह आदमी उलझा हुआ आदमी भी है। यह एक शुद्ध औद्योगिक समाज के मजदूर की तरह इकहरा आदमी नहीं—अपनी तात्कालिक जरूरतों/माँगों के घेरे में कसा हुआ, इनकार या आक्रोश की दृप्त मुद्रा मात्र। यह आदमी न ज्यादा गहरे में है, न ज्यादा उथले में। यह वर्तमान में रहते हुए भविष्य के छायालोक में जीता है और अतीत के समयसिद्ध सत्यों को अपने आज के रुधिर में धड़कते हुए पाना चाहता है। उसे यथार्थ भी चाहिए—और आदर्श भी। जटिलता में उसे दुरभिसन्धि की बू आती है, पर जो निरा सपाट है उसमें आत्मा के विद्युन्मय विचारों का बेबनाव क्यों कर समाये? अपने को काटता पीटता हुआ यह आदमी दुनिया के आगे एकजुट और साबुत बने रहने की जिजीविषा में हरदम तना हुआ—किसी लक्ष्य पर छूटने को कसा हुआ—रहता है।

इस तनाव के दूसरे छोर पर है उदासी। सतह के आदमी का बुनियादी रंग, सँवलाया हुआ नीला उदास रंग है। नीला साँवला रंग आत्मा के अन्तर्मन का रंग है—आत्मा के लैण्डस्केप का रंग। इस रंग में आत्मा अपनी उदासी को महसूस करती है। पर जहाँ उसे इस उदासी का बोध हासिल होता है वह है भूरा-भूरा खाक रंग। नीले के समानान्तर भूरा-खुरदरा, मद्धम, तपा हुआ, अनगढ़ रंग। नीले रंग में यदि देश की आत्मा का इतिहास है तो भूरे रंग में देश की आत्मा का भूगोल। भूरा रंग कठिन चट्टानी कर्म का रंग है। पर इस रंग में भी उदासी है—आत्मा के बहिर्मन की उदासी। रौंदी हुई धूल की उदासी। अकिंचनता की उदासी।

किन्तु जब इस रंग में उबाल आता है तब वह लाल होता है। लाल रंग से आत्मा के अन्तर्मन और बहिर्मन दोनों के लैण्डस्केप बदल जाते हैं। नीला, जैसे ठहरी हुई रात है, और लाल, जैसे दिन में उगता हुआ अरुण कमल। लाल एक लक्ष्योन्मुख रंग है, तीर की मानिन्द दिशा की तरफ बढ़ता हुआ। आत्मा की सतह जैसे एक सुई की नोक पर बाहर कर्म की प्रेरणा में सिकुड़ती हो। मुक्तिबोध इस लाल के गाढ़े लालसा-रंग से सतह के आदमी की उदास आत्मा को अभिषिक्त करते हैं, उसे उसकी कुण्ठाओं से मर्ज करते हैं। लाल रंग आदमी के गुह्यान्धकारों, यातनाओं से कैथार्सिस का रंग है, मुक्ति का रंग। लाल एक नाटकीय रंग भी है—कहीं आग लग जाने जैसी, कहीं गोली चल जाने जैसी गतिमयता लिये हुए। इस रंग के बगैर सबकुछ चुप, उदास और स्थिर होता। चीजों में जो हरकत है, प्रण और संकल्प है वह जैसे इसी रंग की बदौलत। इस रंग का सहारा लेकर मानव-दृश्य आगे ठिल जाता है, अपनी जड़ीभूत परिधि को तोड़ने लगता है। मुक्तिबोध में लाल रंग मनुष्य को उसकी सम्भावना का आयाम देता है।

यह लाल रंग किन्तु पैदा कहाँ से होता है? क्या यह हिन्दुस्तान के स्वभाव में है?

लाल रंग विचार का रंग है—जीवन-अनुभूति से उद्भूत, उससे स्वतन्त्र विचारवाद

का रंग। इधर हमारे यहाँ हर चीज दर्शन से पैदा होती है। दर्शन भावना और विचार की एक अजब पंचमेल खिचड़ी है। दर्शन की गति एक लथपथ गति है, क्योंकि इसमें सबकुछ को साथ लेकर चलना होता है—भावना विचार, अनुभूति, कर्म, संस्कार, संवेदन, सबकुछ—सब एक-दूसरे में शामिल, सब एक-दूसरे में दखल देते हुए। हमारा दर्शन समावेशी दर्शन है, इसकी चौहद्दी दूर-दूर तक फैली हुई है। सदियों से यह ऐसा रहा है। इसके अच्छे परिणाम भी निकले हैं। पर अब यह चीज एक दलदल में बदल गयी है, क्योंकि उसमें समाहित तत्त्वों को एक सार्थक गति-चक्र में बाँध रखनेवाला न्यूक्लिअस बिखर गया है। इसलिए अब हालत यह है—सतह का आदमी इस घटना का हमारा चश्मदीद गवाह है—न कि भावना विचार को अपने संचित आवेगों-अनुद्वेगों का बल देकर आगे बढ़ा पा रही हैं, न विचार भावना में डुबकी लगाकर किसी नये—तत्वस्फोट की संकल्प-ऊर्जा बटोर पा रहा है। दोनों कभी परस्पर बिद्ध, कभी तटस्थ, कभी विरुद्ध तो कभी उदासीन—एक बिन्दु पर एक-दूसरे को जड़ित कर रहे हैं।

सतह का आदमी इस स्थिति को जीता हुआ अपने वर्तमान में स्थगित है। उसके साथ सबकुछ घटते हुए भी कुछ नहीं घट रहा है। कभी चीजें चलती नजर आती हैं और वह एक जगह खड़ा दिखता है, कभी वह चलता नजर आता है और चीजें एक जगह खड़ी दिखती है। यह विपर्यय है, आयरनी, जो एक महान् एकरसता से पैदा हुई है, जो मनुष्य और चीजों के—आत्म और अनात्म के—बीच आसन मारकर बैठ गयी है। यह महान एकरसता मुक्तिबोध की लम्बी कविताओं में—एक लम्बी कविता के बाद दूसरी लम्बी कविता में—कभी चुप खामोश, तो कभी मुखर बड़बड़ाती हुई उसी तरह सुनाई देती है जिस तरह किसी गायकी की पृष्ठभूमि में बजता हुआ तानपूरे का स्वर, मुख्य रचना के साथ, सर्वत्र उसी में डूबा हुआ, बीच-बीच में कभी ऊपर उभर आता हुआ, पर असन्दिग्ध रूप से उपस्थित। अजब नहीं कि मुक्तिबोध में लय की विविधता नहीं है। मानव-चरित्र की लय। विशिष्ट अनुभूति की लय। एक समान संघर्ष की लय सब विशिष्टताओं को निरस्त कर देती है। काव्य-शिल्प के बुनियादी पैटर्न भी आपस में मिलते-जुलते हैं। यह इसलिए क्योंकि मुक्तिबोध ने औसत आदमी की उस बुनियादी पहचान, उस महान् एकरसता के साथ अपने को तदाकार कर लिया था। और मुक्तिबोध की कविताओं के वे नाटक? उनकी फैण्टेसी? हादसे? दुःस्वप्न? ये सब उस महान् एकरसता को तोड़ने की कोशिशें हैं। पर हर चोट के साथ वह एकरसता जैसे और भी प्रकाशित हो उठती है, हर नाटक के अन्त में हमें एक भुतहा सन्नाटा मिलता है, हर फैण्टेसी के बाहर एक तपता हुआ नंगा पठार है, और हादसा कोई भी हो, कहीं भी हो। कुछ बदलता नहीं। सारी लिखावटें एक सादे कागज के अन्दर दब जाती हैं, सब तनावों के ऊपर निर्वेद की एक फीकी उजास है।

पर यह एकरसता हमें निराश नहीं करती, जैसे कि बार-बार पत्ते का सूख कर गिरना और उगना हमें निराश नहीं करता। हर बार मरकर हर बार जीने में कहीं-न-कहीं कोई नयी शुरुआत हो जाती है, कोई-न-कोई चीज बदल जाती है। जहाँ एक कविता शुरू होती है वहाँ दूसरी खत्म हो रही होती है और जिस बिन्दु पर वह खत्म होती है वहाँ नयी कविता शुरू हो रही होती है। यह शुरू कविता उस खत्म कविता की हमशक्ल नहीं होती, कहीं-न-कहीं उसमें कुछ बदला हुआ होता है, कोई नयी आकृति, कोई नया रेशा, एक गुमसुम बीज ही सही।

यह परिवर्तन कैसे घटित होता है? आदमी सतह से ऊपर उठता कैसे है?

मुक्तिबोध रचनावली में संकलित सन् 58 में श्रीकान्त वर्मा को लिखे अपने एक पत्र में मुक्तिबोध कहते हैं : "We try to play upon the feelings of the people, try to play upon their instincts, rather than appealing to their intellectual sense. It is this that causes the trouble. We must make people think; and that too independantly." भावना नहीं, इन्स्टिक्ट नहीं; विचार सजग ज्ञान–जिस सांस्कृतिक दलदल में हमारा जन-मानव फँसा हुआ है उससे उबरने की यही सूरत है। विचार–जीवन-अनुभूति से उद्भूत, पर उससे स्वतन्त्र–मानव-सम्भावना का नया गणित है। नया विज्ञान। मुक्तिबोध की हर रचना सोचने के कर्म की औसत आदमी की आँखों में एक विज्ञान-स्वप्न की तरह फेंकती है। एक मिथक की तरह। विचार काल के आयाम में मानव-अस्तित्व का विस्तार है। रचना में सामान्य मनुष्य की सतह पर खड़े-खड़े मुक्तिबोध विचार का हाथ बढ़ाकर जैसे विश्व की परिधि छू लेना चाहते हैं–एक कॉस्मिक विश्व अपने सुदूर द्यूलोकों और ब्रह्माण्डों सहित उन्हें बार-बार अपनी तरफ खींचता है। मानव-अस्तित्व के विस्तार की यह बहिर्दिशा है। दूसरी अन्तर्दिशा : मनुष्य का यह मनोमय लोक है जिसमें मुक्तिबोध दूर तक भीतर पैठते हैं, भाव और अनुभूति की अनिश्चित टटोल के सहारे नहीं, विचार की तीक्ष्ण भेदक सर्चलाइट फेंकते हुए–मनोमय लोक के रहस्य, भूलभुलैया और गहन कन्दराएँ और अन्धकूप प्रकाशित और अप्रकाशित करते हुए। मानव-अस्तित्व की ये दोनों दिशाएँ–बहिर्दिशा और अन्तर्दिशा–ऊँचाई और गहराई–मानव-सामर्थ्य के विस्तार की उत्कृष्टता (एक्सलेन्स) के आयाम हैं। पर मानव-सामर्थ्य के विस्तार का सहज धर्म सतह का विस्तार है, और सतह का विस्तार मानव-सामर्थ्य की महानता (ग्रेटनेस) का आयाम है। सतह का सम्पर्क हमारा सबसे तात्कालिक, सबसे निकट और सबसे आत्मीय सम्पर्क है। सतह का अनुभव सामान्य दुःख-सुख और संघर्ष का अनुभव है। इस अनुभव को विशिष्ट या उदात्त नहीं, उसे बड़ा बनाना–इतना कि वह जन के सुखों-दुःखों और संघर्षों को छू ले–उसे महानता का आयाम देना है। अपनी रचना में मुक्तिबोध ने एक साथ इन तीनों आयामों को हासिल करने की कोशिश की है (उनकी हर रचना एक महत्त्वाकाँक्षी रचना है), किन्तु उनकी सृजनात्मकता का

स्पृहणीय रूप हमें उनकी सतह के साथ सम्पृक्ति में ही मिलता है। ऊँचाई और गहराई—विशिष्ट और उदात्त—के आह्वान और ब्योरे उनकी रचना में सतह के ब्योरों से कम नहीं, पर उन्हें सतह की हानि पर उन्होंने नहीं पाना चाहा। सतह को एक दिशा देना—ऐसे कि वह एक जगह पड़ी न रह कर कुल दिशाओं में पंखयुत उड़ने लगे—एक क्रान्तिकारी कर्म है और मुक्तिबोध का आदर्श हमेशा इस कर्म को प्राप्त करना रहा है।

सतह एक तथ्य है, हमारी आँखों में घूरता हुआ यथार्थ का मूर्त्त सरल-जटिल अंक। विचार के संकेन्द्रण से यह तथ्य फैलता है, अंक की संख्या हजारों-लाखों इकाइयों में बढ़ती-फैलती है। पर वह कर्म ही है जो इस तथ्य को ऊपर उठाकर एक अखण्डनीय सच में बदल देता है। सतह जो इसीलिए सतह है कि अपनी जगह पर तथ्य-सी अटल और अचूक है, उसे विचलित कर देना, उसे ऊपर उठाना—एक मौलिक कर्म है क्योंकि यह कर्म स्थिर तथ्य को एक तेजस्क्रिय ऊर्जा में बदलने का कर्म है—"जमीन पर पड़े हुए चमकीले पत्थर लगातार चुनकर बिजली के फूल बनाने की कोशिश है"—एक शंका द्विविधाजड़ित जन को सकर्मक सत्-चित-वेदना-भास्वर इकाई में ढालना है।

यह कर्म नैतिक है, क्योंकि एक ओर तो यह महज अनुभववाद की विडम्बनाओं-असंगतियों से व्यक्ति को बाहर निकालता है, दूसरी ओर उसे बाहर की वृहत्तर सच्चाई से जोड़ता है। भीतर जैसे बाहर के आईने में अपना प्रतिबिम्ब देखता है, अपने साथ एक नया साक्षात्कार एक नयी सम्पृक्ति का रिश्ता कायम करता है। सतह पर रहने वाले हिन्दुस्तानी आदमी के लिए यह एक घटना है, एक चमत्कार : अपने आपको दूसरों में पाना। सिर्फ पाना ही नहीं दूसरे को पहचानना उसे अपने से अभिन्न मानना।

इस पहचान का सिलसिला विचार से शुरू होता है, बहस से, संवाद से। संवाद अपने आप से भी, दूसरे से भी। बहस सतह का गुणधर्म है—ऊँचाई पर सिर्फ उड़ा जा सकता है और गहराई में सिर्फ डूबा जा सकता है। उड़ना और डूबना दोनों ही एकान्तिक कर्म है। इनमें किसी के साथ की जरूरत नहीं होती। पर बहस में एक शिरकत है, एक साझेदारी—जैसे कि कस्बाई बैठकख़ाने में इकट्ठा हुए लोगों के बीच होती है।

विचार काटता है बनाने के पहले व्यक्ति को उसके आदिमोह से, पूर्वस्मृति से, संस्कार से। इसीलिए विचार एक जानदार और खतरनाक वस्तु है। जानदार इसलिए कि औसत आदमी की मुक्ति की आशा इसी में है, खतरनाक इसलिए कि वह ऐसे स्वतन्त्र जोखिम का पथ है जहाँ पर उसे अनुभूति की सुरक्षा को गँवाकर ही पाया जा सकता है।

सतह की जड़िमा की सबसे बड़ी चुनौती इस जोखिमपूर्ण विचार से है। सतह

इसीलिए विचार की सबसे प्रबल विरोधी भी है। वह विचार के बरक्स एक प्रति-विचार की रचना करती है–उतना ही सुसंगत उतना ही अर्थवान्। मुक्तिबोध के यहाँ यह प्रतिविचार फैण्टेसी है, दुःस्वप्न है, नाइटमेयर। मुक्तिबोध विचार का आह्वान करते हुए भी बार-बार अपने भीतर अनुभूति के काँटों के जंगलों में भटकते हैं। उनकी काव्यात्मा इन काँटों में बिंधकर लहूलुहान होती है। संवेदना का उद्रेक वस्तुस्थिति की नाटकीयता को कुछ देर के लिए सराबोर-सा कर देता है। मुक्तिबोध की रचना का एक संसार प्रतिविचार से बना अनुभूति-संवेदन की मार्मिक कण्टकीयता लिये हुए यह प्रतिसंसार भी है–उतना ही सच और उतना ही मिथ, जितना कि विचार के सामने उद्भासित होने वाला वास्तविक और प्रत्यक्ष संसार। कभी-कभी दोनों संसारों की सीमा रेखाएँ आपस में मिल जाती हैं। कभी विरोध की मुद्रा में वे एक-दूसरे से तन जाते हैं, कभी आत्मीयता की डोर में बँधकर करीब खिंच आते हैं। मुक्तिबोध की रचना में तथ्य-जीवन और भाव-जीवन के रोल भी आपस में कभी-कभी बदल जाते हैं। उनकी कविता में प्रस्तुत; अप्रस्तुत की तरह आचरण करने लगता है और अप्रस्तुत, प्रस्तुत की तरह। जब प्रस्तुत, अप्रस्तुत बनता है तब प्रतीक की रचना होती है, जब अप्रस्तुत, प्रस्तुत बनता है तब बिम्ब की। मुक्तिबोध के प्रतीकों में सिर्फ तथ्य की कठोरता ही नहीं, अनुभूति का तात्कालिक गीलापन भी होता है, और उनके बिम्ब रहस्य की रंगारंग छवियों के अन्तराल में जीते हुए भी एक औसत अर्थ की निर्मम शिला पर टिके होते हैं।

यह तथ्य स्मृति का भी निराकरण कर देता है। यह बात गौर करने की है कि मुक्तिबोध की रचना इतनी कल्पनाजीवी होते हुए भी स्मृतिजीवी नहीं है। एक औसत आदमी के पास कोई स्मृति नहीं होती। उसके पास सिर्फ इतिहास होता है, उसके कड़वे-मीठे अनुभवों का इतिहास, जो उसके वर्तमान में अपने को बार-बार दुहराता है। इतिहास काल के आयाम में तथ्य की लम्बी छाया है–वर्तमान में ठहरी हुई, भविष्य की तरफ धीरे-धीरे सरकती हुई। इतिहास तथ्य की अनुभूति का नहीं, तथ्य के रचे हुए गतिशील आकारों का इतिहास है। यह इतिहास मानो ठोस तथ्य-सामग्री है जिससे मानव-भविष्य की इमारत बनेगी। जबकि स्मृति सिर्फ घटित का स्मरण-अनुचिन्तन है, इतिहास में एक कर्म-प्रेरणा है। मुक्तिबोध इस इतिहास को ही चुनते हैं, उस स्मृति को नहीं। वे यह महसूस करते हैं कि मनुष्य की पीड़ा को महाकाव्यत्व उसके इतिहास से ही मिलता है, उसकी एक तान लयविभोर स्मृति से नहीं। इतिहास के तथ्य-संकलन में एक खुरदुरापन है। एक धूल-धूसरता, एक बेबाकपन जिसमें आगे बढ़नेवाले पाँवों को बिलमने का डर नहीं। इसके बरक्स स्मृति में एक तन्द्रिल कुहासा है जो दिशासूचक तख्तियों पर खुदी इबारतों को धुँधलाता है।

मुक्तिबोध की रचना में हमारे साहित्य-इतिहास के ठोस पदार्थ खण्ड हैं,

उसकी तरल स्मृति नहीं। उनकी काव्यभाषा और काव्यलय में बसा हुआ छायावाद इसका एक उदाहरण है। छायावाद उनकी कविता का इतिहास है, उनकी कविता की स्मृति नहीं। इस इतिहास को अपने तटस्थ क्षणों में वे व्यंग्य और विपर्यय के औजारों के रूप में भी इस्तेमाल करते हैं। इस इतिहास में आप सिर्फ बहते नहीं, बल्कि उसे बोध की उँगलियों से छू भी सकते हैं, उसके जोड़-बन्द खोल या मूँद सकते हैं, चाहें तो ठोंक-बजाकर भी देख सकते हैं। छायावाद मुक्तिबोध की रचना में यौगिक की तरह नहीं मिश्रण की तरह रमा हुआ है। जो समय के ताप से क्रमशः छँटता चला गया है और उनकी रचना आगे चलकर मनुष्य के वर्तमान के सम्मुख अधिकाधिक-निष्कवच होती चली गयी है।

मुक्तिबोध की रचना में रहस्य के सन्दर्भ भरे पड़े हैं, लेकिन वह हमें किसी अबुद्धिवाद अथवा अतर्क्य अनुभव की तरफ नहीं ले जाते। जहाँ रहस्य गहरा होकर एक मिथ में बदल जाता है, वहाँ भी नहीं। "मुझे लगता है कि मन एक रहस्यमय लोक है। उसमें अँधेरा है, अँधेरे में सीढ़ियाँ हैं। सीढ़ियाँ गीली हैं। सबसे निचली सीढ़ी पानी में डूबी हुई है। वहाँ अथाह काला जल है। उस अथाह जल से स्वयं को ही डर लगता है। इस अथाह काले जल में कोई बैठा है। वह शायद मैं ही हूँ। अथाह और एकदम स्याह-अँधेरे पानी की सतह पर चाँदनी का एक चमकदार पट्टा फैला हुआ है, जिसमें मेरी आँखें चमक रही हैं, मानो दो नीले मूँगिया पत्थर भीतर उदीप्त हो उठे हों।" एक साहित्यिक की डायरी में तीसरा क्षण का यह गद्यांश मुक्तिबोध की कविताओं में कुछ ज्यादा ही संश्लिष्ट और गहन होकर बार-बार आता है। पर इस रहस्य के पीछे कोई मूल्य-आसक्ति नहीं (जैसा कि छायावाद में मिलती है), सिर्फ एक वातावरण को रचने का आग्रह है। यह रहस्य है क्योंकि जिज्ञासा है, जिज्ञासा ही रहस्य को जन्म देती है। इस रहस्य के मूल में छिपाने की नहीं, तलाश करने की वृत्ति है, टटोलने और मूर्त्त करने की, भटकाने या उलझाने की नहीं। ऊपर जो गद्यांश उद्धृत किया गया, उसके छोटे-छोटे वाक्यों में जैसे कोई ढँकी-मुँदी चीज हल्के आघात दे देकर परत-पर-परत खोली जा रही हो, जिज्ञासा के सोपानों द्वारा जैसे कोई एक पूरा बोध-मंच क्रमशः अवतरित किया जा रहा हो। मुक्तिबोध का रहस्य-दर्शन इस तरह एक प्रकार की ज्ञान-मीमांसा ही है। अलबत् यह ज्ञान-मीमांसा कभी-कभी इतनी तार्किक हो उठती है कि रहस्य-दर्शन लगने लगती है। मिसाल के लिए तीसरा क्षण में कला के तीन क्षणों का विवेचन ही ले लीजिए। यहाँ रचना की समग्र प्रक्रिया को उसके अति सूक्ष्म ब्योरों में एक मनोवैज्ञानिक केस-हिस्ट्री की तरह विश्लेषित किया गया है, जो रचना की सामान्य प्रक्रिया को आलोकित करने के बजाय उसे एक रहस्यमय वस्तु जरूर बना देता है। मुक्तिबोध की फैण्टेसी की धारणा अत्यन्त मौलिक है। क्योंकि विशिष्ट है। जिसे वे फैण्टेसी का नाम देते हैं वह जैसे रचनानुभव का प्रोटोटाइप है, उसका

प्राक्रूप है—वह मूल जहाँ से आशयों एवं अर्थों का स्फोट होता है। फैण्टेसी जैसे कवि के काव्यमन में पड़ी हुई किसी बड़ी समस्या का बीज है जिसे अंकुरित, फिर पल्लवित और पुष्पित होते हुए मुक्तिबोध दिखाना चाहते हैं। पर उनका सारा विश्लेषण-विधान रचना-प्रक्रिया को दुरूह बनाता-सा ही लगता है। जितना ही वे उसकी गुत्थी सुलझाते हैं, उतनी ही वह उलझ जाती है।

फैण्टेसी मुक्तिबोध की रचना का एक बुनियादी कन्सर्न है, पर क्यों? मुझे ऐसा लगता है फैण्टेसी वह सृजनात्मक छलाँग है जिसके द्वारा मुक्तिबोध इस अनन्त रूप-अनुभव और वस्तु-व्यापारमय जगत के केन्द्र में पहुँचना और उसकी सारी ऊष्मा को, सारे द्वन्द्व को, उसकी सारी समस्याओं और प्रेरणाओं को एक नये रचना क्रम में पुनर्सजित करना चाहते हैं। यह केन्द्र वह, हमारे मानव-अस्तित्व की सतह ही है, वह औसत सत्ता-मात्र ऊँचाई [अभिजात और मात्र गहराई (आत्ममोह)] की छलना से अलग—मानव की केन्द्रीय प्रक्रियाओं का योगफल। सतह की इस जिन्दगी को उत्कटता से जीना एक बहुत बड़ी जिन्दगी जीना है। यह जीना किनारे पर रहकर जीना नहीं है, तटस्थ रहकर जीना नहीं है, यह धारा के बीचोबीच जहाँ सतह, गहराई और ऊँचाई के आयाम एक गतिशील यथार्थ—रचना में बनते-मिटते चलते हों—जीना है। इसमें न एकान्त आकाश को छू लेने की साहसिकता है, न एकान्त समुद्र में डुबकी मार लेने की तन्मयता। यह उस तरह की जिन्दगी को जीना है जिसमें—मुक्तिबोध के शब्द—'अछोर, भूरे, तपते मैदानों का सुनहलापन हो, जिसमें सुलगती कल्पना छूती हुई भावना को पूरा करती है, जिसमें सीने का पसीना हो, और मेहनत के बाद की आनन्दपूर्ण थकान का सन्तोष हो।" (मुक्तिबोध रचनावली, खण्ड 4, पृष्ठ 113)। एक सामान्य आदमी के स्वप्नों और संघर्षों को इन शब्दों से बेहतर क्या कुछ अभिव्यक्त कर सकता है?

औसत को केन्द्र में लाना मुक्तिबोध का आदर्श भी है और संघर्ष भी। ऐसा करना वही है जिसे साहित्यिक की डायरी में मुक्तिबोध विशिष्ट को व्यापक से सम्बद्ध करना कहते हैं। औसत को केन्द्र में लाना उसे ऊपर उठाना भी है। लेकिन यह होगा कैसे? सतह की पहचान से? सृष्टि के द्वन्द्वात्मक रहस्य भी पर्याप्त नहीं, वह सिद्धि की पहली सीढ़ी है, और मंजिल? यह प्रश्न पुनः हमारे सामने खड़ा है—आदमी सतह से ऊपर उठता कैसे है?

आत्मबद्ध संघर्ष से तो नहीं।

'जलना' कहानी की तरफ एक बार फिर मुड़ें। उसके कथानायक चुन्नूलाल का परिवार, जिसमें उसके बूढ़े माँ-बाप हैं, स्त्री है, बच्चे हैं, एक निम्न मध्यवर्गीय आर्थिक विषमता की मार खाया हुआ परिवार है। यह विषमता काले तेजाब के गटर की तरह स्त्री के मन में एक विफल विद्रोह का भाव भरती है, तो पति की बेचारगी को उभारती भी है। यहाँ सब कुछ सिमसिमा है जैसे कहानी की प्रकृति

वैसे ही कहानी के मानव सम्बन्ध। ऊष्मा है पर गुमसुम, सिर्फ एक गीली भाप छोड़ती हुई, एक करुणार्द्रता का अहसास जगाती हुई। धुआँ छोड़ती लकड़ी का-सा वातावरण स्त्री के यथार्थ को जितना विद्रूप बनाता है उतना ही पति की स्वप्नदर्शिता को भी। फिर—और यह जैसे अवश्यम्भावी हो—जलने की घटना होती है, चूल्हे के पास बैठी स्त्री के कपड़ों में आग लगने की घटना। यह जलना जैसे वस्तुस्थिति में एक मौलिक पट-परिवर्तन का संकेत देता है। सतह पर एक बड़ी-सी खरोंच का अफरातफरी में पति भागकर बाजार से बर्नोल लाता है। वह अपनी स्त्री के पास खड़ा है। उस वक्त उसे अपने घर के लोग किसी उपन्यास के पात्र लगते हैं जो निकट होते हुए भी दूर हैं, छाया-सरीखे कि उस विचार के लगभग विपरीत, चुन्नीलाल ने अपनी स्त्री को बगल में खींच लिया। और तब एक क्षण बाद, उसकी स्त्री के गले से आवाज निकली। क्षीण, दुर्बल और प्रार्थना करती हुई आवाज थी वह। स्त्री ने कहा, "मुझे छोड़कर मत जाया करो।" —देर तक यह आवाज पति के अन्तर्मन की सीमाओं को झकझोरती रहती है। वह एक पल को सबकुछ भूलकर रसोईघर की खिड़की से बाहर देखने लगता है। "शहर-ही-शहर और गाँव-ही-गाँव, सड़कें-ही-सड़कें, गलियाँ-ही-गलियाँ।" निम्न मध्यवर्गीय मन की सतह पर पड़ी खरोंच से जो जज्बा फूटा है यह उसका प्रसार है, भाव-प्रसार—जैसे गरीबी की मार खाए जीवन के भीतर जो दिल है वह एकदम से जोर-जोर से धड़ककर शिराओं में ज्यादा रक्त पहुँचाने लगे। चुन्नीलाल के मन के एकान्त दुर्ग को हिलाती-ढहाती और उत्तेजित करती वह आवाज उसे एक नयी सम्पत्ति के साथ अपने घर-संसार से जोड़ती है, वह घर जो उसका अपना बनाया हुआ है और जिसके लोगों से उसे बेहद प्यार है, उसकी स्त्री और बूढ़े माँ-बाप जो उसके जीवन-यथार्थ की दुखती हुई रग हैं और उसके बच्चे जो उसके जीवन-भविष्य की कल्पना। इन्हें लेकर अब वह अपने एकान्त में सुरक्षित नहीं रह सकता। उसे बाहर आना होगा, नहीं तो जिन्दगी का कोई मतलब नहीं। यह आत्मबोध का महान् हृदयद्रावक क्षण है। और इस क्षण के महान् सत्य पर ही समान रूप से मनुष्य टिका हुआ है। "उसने बीवी को, जो इस बीच सो गयी थी, जगाया नहीं। पिताजी को चाय का कप दे दिया। और फिर रसोईघर में आ गया। और खुद गरम-गरम चाय पीने लगा। ज्योंही उसने एक घूँट अपने होंठो से लगाया कि एकाएक उसे खयाल आया कि उसने बर्नोल का प्रयोग अभी तक नहीं किया, उसके घावों पर बर्नोल लगाना भूल गया।...वह बर्नोल लगाना क्यों भूल गया?"

इसके बाद इस कहानी में मुक्तिबोध ने जो शब्द लिखे हैं उन्हें बार-बार रेखांकित करने को जी चाहता है। स्वयं मुक्तिबोध ने भी इन शब्दों के आशय को अपने साहित्य में बार-बार रेखांकित किया है। वे शब्द हैं : "वह अपने कामों से दुनिया से रिश्ते जोड़े, न कि सिर्फ दिल के उड़ते हुए टुकड़ों से।"...दिल के उड़ते

हुए टुकड़े, यानी वह भाव-प्रसार। यह काफी नहीं। जज्बा काफी नहीं सतह से ऊपर उठने के लिए। जज्बा सिर्फ सतह का स्पन्दन है। यह स्पन्दन राग किससे बनता है? मानुष-सत्य का एक भरा-पूरा आरकेस्ट्रा? कर्म से। कर्म वह कसौटी है जिस पर घिसकर भाव अपना सच प्रमाणित करता है। मुक्तिबोध इस कर्म को सिद्ध करने का ही संकल्प बाँधते हैं। यह कर्म तथ्यात्मक जीवन को बदलने का कर्म है, दिशाबद्ध कर्म, जो हमारी, हमारे समाज की दुनिया की जिन्दगी को ढालते हैं, मुक्तिबोध के लिए इस कर्म की प्रेरणा निश्चय ही मार्क्सवाद था, जिसे अपने चिन्तन में वे अक्सर वस्तुवाद के रूप में स्मरण करते हैं। यह वस्तुवाद हमें भाव-सत्य, दर्द, क्षोभ के साथ सिर्फ मुठभेड़ तक ही नहीं ले जाता वरन् उन्हें पैदा करनेवाली स्थितियों के मूल तक ले जाता है। हमसे क्लास एनेलिसिस करवाता है, हमारी सहानुभूति की दिशा तय करता है। मुक्तिबोध का वस्तुवाद दरअसल यह विचारवाद ही है जिसे वे जीवन-स्थितियों की सम्पूर्ण उत्कटता और विशदता में जीना चाहते हैं, जीना ही नहीं उसे रचना में पाना भी चाहते हैं। और रचना क्या है?

रचना सतह से ऊपर उठने का एक स्वप्न है। इस स्वप्न को देखनेवाली आँखें सबके पास हैं। इस स्वप्न को देखे बिना जैसे आदमी की मुक्ति नहीं, उसके बगैर वह अधूरा है। मुक्तिबोध की प्रत्येक रचना एक स्वप्न भी है और उसे चरितार्थ करने की एक कोशिश भी। एक आदर्श भी और यथार्थ भी। ऐसा होता है कि आदर्श की तरफ बढ़ा हुआ हर कदम यथार्थ को एक कदम और नजदीक लाता है—याकि एक कदम और दूर? जो दूर है वह कभी-कभी ज्यादा सच लगता है, ज्यादा अपना, और जो पास है वह बेगाना, अजनबी। हमेशा चाजों के अन्तराल में चलते रहना—क्या सही है मुक्तिबोध की स्थानान्तरगामी वृत्ति? एक रचना के बाद दूसरी रचना में, हमेशा कुछ छोड़ जाते हुए हमेशा कुछ ढूँढ़ लाते हुए हमेशा चलते रहने की एक धुन में। "मुश्किल यह है कि कविता लिख चुकने के अनन्तर, उसी कविता में समायी किन्तु उससे वृहत्तर, विशालतर, सुन्दरतर कविता अपने स्वरूप का विकास करती हुई उद्‌घाटित कर देती है, और मैं उस प्रतिमा स्वरूप के प्रति दौड़ पड़ता हूँ। चाहिए, हाँ, मुझे वही प्रतिमा चाहिए। मुझे छोड़ दीजिए, मुझे जाने दीजिए उस नव्यतर के पास।" (डायरी)। मुझे छोड़ दीजिए के पीछे गुहार करती वह क्या चीज है जो मुक्तिबोध को उस नव्यतर तक पहुँचने से रोकती है।

वह चीज कहीं खुद रचना तो नहीं? रचना की शर्तों पर रचना को नहीं पाया जा सकता। मुक्तिबोध रचना की शर्तों पर उसे पाना भी नहीं चाहते। इसीलिए उसे बार-बार अपनी कविता में अब तक न पाई गयी मेरी अभिव्यक्ति के कसकते मूल मर्म की तरह याद करते हैं। वह उनके आत्म को सम्भव बनानेवाली परम् अभिव्यक्ति है, फटेहाल रूप उनकी अस्मिता है, जिसे जिन्दगी के कमरों में, गाँवों में, शहरों में लगातार ढूँढ़ते रहना होगा। ढूँढ़ने में हर बार कुछ मिल जाता है और

उससे ज्यादा शायद कुछ छूट जाता है। जो मिलता है वह सतह पर पड़ा हुआ आदमी, जो छूट जाता है—वह सतह से उठा हुआ आदमी। बैताल कथा के हठी नायक की तरह मुक्तिबोध बार-बार उस सतह के आदमी को इतिहास के मलबे से बाहर निकालने की कोशिश करते हैं। कभी-कभी ऐसा लगता है कि मुक्तिबोध के सम्पूर्ण रचना प्रयत्न का केन्द्रीय व्यवहार यह कोशिश ही है, अनवरत अथक कोशिश। यह कोशिश सतह के आदमी का आकाश की तरफ उठा हुआ हाथ है जो रचना के कर्म को बुलाता है। इस कर्म की सफलता क्या है? "अपना दूसरों के लिए उपयोग और इसी प्रक्रिया में दूसरे व्यक्तियों के निजत्व को धक्का देकर आगे बढ़ा देने में खुद बढ़ जाने का कार्य ही सफलता है।" (डायरी) मुक्तिबोध की रचना के साथ चलने में हमेशा हम आगे बढ़ जाते हैं और रचना पीछे रह जाती है। हर बड़ी रचना ऐसा ही करती है।

बात बोलेगी, पर कब?

शमशेरजी के बारे में सोचते समय हमेशा चार्ल्स लैम्ब के एक आत्मपरक निबन्ध 'ड्रीम चिल्ड्रेन' की याद आती है...कल्पना-निर्मित शिशु, जो यथार्थ की अँगुलियों से छूते ही तिरोहित हो जाते हैं...शमशेरजी जब अपने बारे में, अपनी काव्य-प्रक्रिया के बारे में, देश, समाज, भाषा और राजनीति के बारे में बातचीत कर रहे होते हैं तब वह कल्पना शिशु अनायास ही जीवित हो उठता है, आँखों के आगे साक्षात वही भोला विश्वास, वही सहज तरलता और यथार्थ की बाह्य आकृतियों से मेल खाती उसकी भावमुद्रा...लगता है जो सच और ठोस और यथार्थ करके दीख रहा है वह तब कल्पित है, बनावटी और असहज, और यह जो सामने कल्पना की आँखों के आगे मूर्त्तिमान खड़ा है वही एकमात्र सच है। शमशेर जी बात करते रहते हैं (किससे?) और वह कल्पना की आदर्श, उदात्त मूरत रंग पाती रहती है : उसकी भाव-मुद्राएँ अपने भीतर मानव-अनुभूतियों की तल्ख सच्चाइयाँ छुपाए हुए लगती हैं, उसकी सहजता के पीछे एक गूढ़ नियम झलकता है—ऐसा नियम और इतना क्लासिक-सहज, जो कि एक सीधी रेखा को बस एक सीधी रेखा ही बनाये रखने के लिए जरूरी हो,—और शमशेरजी शब्दों के रूढ़ अर्थों से मुक्त एक ऐसी दुनिया की रचना करने लगते हैं जो सिर्फ उनकी दुनिया है। वह कौन-सी प्रक्रिया है जिससे शमशेरजी इस अपनी दुनिया की रचना करते हैं, सिर्फ अपने को और भी एकाकी करते जाने के लिए? वह कौन-सा तत्त्व है इस दुनिया के बनने की प्रक्रिया में, जो हर शब्द को काव्य-शब्द में बदल देता है और हर अर्थ को काव्य-अर्थ में? क्या यह एक असम्भव की दुनिया है?

शमशेरजी इस असम्भव को सम्भव बना कर अपनी दुनिया की शुरुआत करते हैं और फिर उस सम्भव को असम्भव बना कर उसे खत्म कर देते हैं। दूसरे के लिए बन्द, यह 'बात बोलेगी हम नहीं' की दुनिया है। ऐसी कि उसको खोलने की चाबी खुद उस दुनिया के भीतर ही कहीं रह गयी है। भेद खोलेगी बात ही, पर बात भी कब बोलेगी?

शमशेरजी बातचीत के दौरान जितना खोलते हैं वह उतना ही होता है जितने

से वे जो नहीं खोलते उसकी एक झलक मिल जाय। —किसने कहा था कि शमशेर की कला न कहने की कला है?—शमशेरजी का खुद का कहना है : "किसे फुर्सत है भला सुनने की?" बात सुनने की यानी मर्म की बात। और वास्तव में असल वजह यह है कि शमशेरजी जो कुछ देना चाहते हैं वह सिर्फ बात या बात का मर्म/नहीं, कोई अनुभूत सच्चाई नहीं, कोई कला-वला नहीं, स्वयं अपना आपा है—अपना सर्वस्व! इस देने के अद्‌भुत और शक्तिशाली जज्बे में प्राप्तकर्त्ता बेचारे का अस्तित्व कहीं लोप हो चुका होता है, सिर्फ शमशेरजी की स्वत्व के सम्पूर्ण दान में उठी हुई उदात्त मुद्रा रह जाती है।

शमशेरजी कह रहे थे "...अक्सर लोगों ने मेरे दबे-दबेपन, बुझे-बुझेपन, खुद को एसर्ट न कर पाने...हीनताग्रन्थि?...की ओर संकेत किया है—बच्चन, राजनाथ पाण्डे ने इधर खासतौर पर। मुझे इस सिलसिले में नरेन्द्र की कही हुई एक बात याद आती है, पता नहीं नरेन्द्र उस वक्त कितने गम्भीर थे...नरेन्द्र विटी 'और शरारती भी कम नहीं—सो उन्होंने कहा था यार, यह तुम्हारी हीनता ग्रन्थि नहीं बल्कि श्रेष्ठता ग्रन्थि है जिसके कारण तुम दबे-दबे से रहते हो। बात शायद हल्के-फुल्के मूड में ही कही गयी थी, पर लगता है उसमें सच्चाई का एक अंश था जरूर। ...मेरा आदर्शवादी स्वभाव हर चीज टॉप लेवल की ही चाहता रहा, मैंने बड़ी सख्त कसौटी रखी, जिस पर मैं दूसरों के साथ-साथ खुद अपने को भी कसता रहा। ...कह नहीं सकता उस कसौटी पर कौन खरा उतरा...हो सकता है यह एक असम्भव कसौटी रही हो, शायद थी भी, और उसकी असम्भवता के बोझ के नीचे मैं दबा-दबा, बुझा-बुझा रहा। शुरू में मैं केवल उसे महसूस कर सकता था, अब कुछ-कुछ जानने भी लगा हूँ...।"

"मार्क्सवाद और मेरे आदर्शवाद में कम-से-कम मेरे लिए कोई विरोधाभास नहीं रहा, मार्क्सवाद मेरे तईं मेरे उस आदर्शवाद का ही एक जुज था, कोई सिद्धान्तवादिता नहीं, वह मेरी एक रूहानी जरूरत की पूर्ति करता था। मैं उस अर्थ में मार्क्सवादी कभी रहा भी नहीं जिस अर्थ में मेरे प्रगतिशील दोस्त रहे हैं, मसलन, चौहान और राजीव सक्सेना। मुझे पार्टी के लोगों ने उस रूप में कभी गम्भीरता से नहीं लिया, उनके यहाँ शायर और लेखकों का एक अलग खाना था जिसमें मुझे रख दिया गया था...बहुत कुछ अनरिलायबुल...पर हाँ, मार्क्सवाद मेरी ज़रूरत थी सच्ची ज़रूरत, उसने मुझे मार्बिड और रुग्ण मनःस्थिति से, जिसमें कि मुझे डर था कि पड़ा रह कर मैं बिलकुल ही डूब जाऊँगा, सपाट हो जाऊँगा, मुझे उबारा। मार्क्सवाद का जनवादी रूप, उसकी जनवादी आकांक्षा हमेशा मुझे आकर्षित करती रही—बुनियादी तौर पर मुझे हर वह चीज़ आकर्षित करती है जो मुझसे, मेरी प्रकृति से भिन्न हो; क्योंकि मुझे लगता है कि इस तरह मेरी अपनी कोई कमी पूरी हो रही है, उस दूसरे में...मैं जो नहीं हूँ और जो होना चाहता हूँ, इसके संघर्ष में

पड़ने और उस संघर्ष का सब जोखिम उठाने के सिवाय मेरे पास एकमात्र रास्ता यही था कि मैं अपने रुग्ण और मार्बिड एहसासों के अँधे कुएँ में हमेशा के लिए गिर जाऊँ...इसीलिए मैं कहता हूँ मार्क्सवाद और मेरे आदर्शवादी स्वभाव में कोई अन्तर्विरोध नहीं।"

मार्क्सवाद ने शमशेरजी को चाहे उस अँधे कुएँ से भले निकाल लिया हो, पर उनकी असुरक्षा भावना को दूर न कर सका, क्योंकि मार्क्सवाद ने उनके सिर्फ एक जिन्दा हिस्से को अंगीकार करना चाहा, उनके सम्पूर्ण को नहीं। स्वत्व का सम्पूर्ण दान करने को उठा हुआ हाथ अधर में ही उठा रहा—"इनसान रोटी पर ही जिन्दा नहीं : इस सच्चाई को और किसने अपनी कड़वी मुस्कराहट-भरी भूख के अन्दर महसूस किया होगा एक तपते पत्थर की तरह, भुवनेश्वर : जितना कि तुमने!" —ये काव्य पंक्तियाँ 1955 में लिखी गयी थीं और शमशेरजी 'भुवनेश्वर' की जगह 'शमशेर' भी लिख सकते थे।

ऐसे असम्भव आदर्शवादी का इलाज क्या कविता हो सकती है?—वह कविता, जिसके लिए शमशेर छठी जमात से ही अपने 'वन ट्रैक माइंड' के साथ दीवाने रहे? "मैंने इतनी मेहनत की है, इतनी मश्क, कविता के मर्म को और शब्द-शब्द को समझने, साधने की—इस शिद्दत के साथ, कि लगता है मैंने कविता के सिवाय कुछ किया ही नहीं है...हाँ साब! इतना अभ्यास था मुझे छन्दों का कि मैं इम्तहान में अँग्रेजी के पर्चे गद्य के बजाय छन्दोबद्ध पद्य में ज्यादा आसानी से कर सकता था...उर्दू, हिन्दी और अँग्रेजी में समान रूप से मैं छन्द-रचना करता था..." यह जो स्वर में उत्साह और उल्लास की फाँक एकाएक बिखर-बिखर पड़ रही है क्या वह एक कवि के अपने माध्यम पर अधिकार के सहज दर्प को ही ध्वनित करती है? केवल रूप तन्त्र के सजीव अंकन के अपने हुनर का ही बखान करती है? क्या शमशेरजी ने अपने असम्भव आदर्श को कम-से-कम एक बार तो अपनी काव्यकृति में पा लिया है, रूप-अभिव्यक्ति के स्वनिर्मित 'टॉप लेवल' की कसौटी पर खरे उतरे हैं? और यह उत्साह और भोला गर्व उसकी स्वीकृति है? "...मैंने काव्य के इतने विविध रूप प्रकारों में, सम्पूर्ण भीतरी अर्जेंसी के साथ सफल ढंग से काव्य-रचना की है कि मैं समझता हूँ कि मेरे समवयस्कों में से किसी ने न की होगी..." क्या यह उस मौन उपलब्धि पर उनकी मुखर तस्दीक है?

पर इस निर्मम काव्य-शिल्प का नियम-बन्धन शमशेरजी ने क्यों अपनाया? क्या यह अपनी असुरक्षा को, कवि के सच्चे अन्तःमर्म से बेपरवा और भौतिक-मूल्यों की लसलसाहटों में चटखारे लेती दुनिया को बेबाक और क्रूर नजरों से, ढँक-मूँद कर खुद को आश्वस्त करने की, बल्कि उस आश्वस्ति में काव्य-मूल्य के कुछ दुर्लभ रत्न पा लेने की, कामना नहीं थी? शमशेर का आकर्षक शिल्प-बन्ध लोगों को धोखा देने में कितना कारगर सिद्ध हुआ है! अपनी दुखती सच्चाई के ऊपर जो

एक रंगारंग पर्दा शमशेर ने खींचा उस पर आलोचकों ने लिखा 'एक विशिष्ट कवि', और मानो बहुत-सी जहमतों से छुट्टी पा ली। नामवर को भी (एक प्रगतिशील मार्क्सवादी हमसफर से दाद पाने की इच्छा क्या अस्वाभाविक थी?) "मुझमें सिर्फ बिम्ब और काव्य-शिल्प और प्रतीक ही मिले...विचार नहीं, भाव (इमोशन) नहीं, सिर्फ अकेली कल्पना...अनुभूतियाँ भी इन्हें मेरी सीमित प्रकार की दिखीं हालाँकि ईमानदार...मानो वे कह रहे हों कि भई बस, इससे आगे मैं आपको डिफेंड नहीं कर सकता, क्योंकि हैं आखिर में आप व्यक्तिवादी ही, सामाजिक-यथार्थवादी तो नहीं।"...

ये दो साँचे हैं जिनमें आलोचकों ने गाहे-बगाहे उन्हें फिट करना चाहा है। उत्कृष्ट शिल्प-तन्त्र और सामाजिक यथार्थवाद। शमशेरजी को अपने आलोचकों से शिकायत नहीं है क्योंकि उन्होंने खुद ही अपने को इन साँचों में फिट करना चाहा है। एक साँचे का आग्रह भीतरी बनावट की विवशता है, दूसरे का अपने व्यक्ति की पुकारती हुई-सी माँग—अपने 'स्व' को वृहत्तर 'पर' से जोड़ने की अनिवार्य सजगता। पर शमशेरजी से कहो कि दोनों साँचो में एक साथ फिट होना आपका फिर वही असम्भव आदर्शवाद है तो पहले तो वे पुराने उस्तादों की बानगी पेश करेंगे, मसलन शेक्सपियर, तुलसीदास वगैरह; फिर अपनी 'नर्वस शक्ति' की सीमा देखते हुए बेबसी के एक स्वीकार के साथ कहेंगे कि भई, मैं तो कवि हूँ और कवि का यह आदर्शवाद पालने का मुझे अधिकार होना चाहिए। वे कह रहे हैं "...दरअसल जो मेरे संस्कार हैं, जो मेरा अनुभव है वे तो जड़ की तरह काम करेंगे ही और इन्हीं से मेरी कविता फूटेगी, लामुहाला...पर मैं कोई अनकांशस पौधा तो नहीं हूँ, मैं एक सजग संवेदनशील बाहरी प्रभावों को ग्रहण करने के प्रति उन्मुख पौधा हूँ। अतः मैं कभी-कभी जानबूझकर सजग तौर पर अपने को बीमार और मार्बिड से हटाकर शुभ और स्वस्थ की तरफ मोड़ूँगा—रामविलास की आलोचना यहीं मेरी मदद करती है। मैं उससे सहमत नहीं होता हूँ, हर कहीं, पर यह जरूरी नहीं है...मैं उनकी आलोचना के प्रकाश में अपनी कमजोरी को दूर करना चाहूँगा। अपने को तटस्थ ढंग से उन अँधेरे अस्वस्थ संस्कारों से दूर करना चाहूँगा...मेरे निकट रामविलास की आलोचना यही रोल अदा करती है...क्योंकि मैं कवि होने के साथ-साथ एक नागरिक भी हूँ और मैं अपने नागरिक के उत्तरदायित्व पर अपने कवि को आड़े नहीं आने देना चाहता...पर उन तमाम कलाकृतियों का रसास्वादन करने से भी मैं अपने को रोक नहीं सकता जो इस नजरिए पर खरी नहीं उतरतीं ...मिसाल के लिए रामविलास को मेरी 'टूटी हुई बिखरी हुई' कविता अस्वस्थ मनःस्थितियों की उपज लगी थी...आमतौर पर वे मेरी कविता के कटु आलोचक रहे हैं...पर मैं उस कविता को इस बिना पर रद्द नहीं कर सकता, अगर वह सच्ची कविता है तो।"

शमशेरजी में कहाँ कवि की सीमा खत्म होती है और नागरिक की सीमा शुरू हो जाती है और फिर कहाँ नागरिक की खत्म होकर कवि की शुरू हो जाती है, इसका पता लगाने की चेष्टा व्यर्थ है। यह मानो स्वप्न शिशु को यथार्थ की ठण्डी उँगलियों से छूना होगा।

मैंने पूछा : शमशरेजी आपने कविता से क्या पाया?

शमरेजी ने कहा : "कविता के माध्यम से मैंने प्यार करना—अधिक-से-अधिक चीजों को प्यार करना—सीखा है। मैं उसके द्वारा सौन्दर्य तक पहुँचा हूँ। मेरी चेतना इतनी, कह लो कि कंडीशंड हो चुकी है, कि हर चीज में मुझे एक अन्तःसौन्दर्य दिखाई देता है, बिना किसी अतिरिक्त कांशस प्रयत्न के, सौन्दर्य का पूरा एक कम्पोजीशन...दृश्य जगत पहले मेरी नजर में सौन्दर्य के एक कम्पोजीशन के रूप में ही आता है...मैं उससे प्रभावित होता हूँ...काव्य की कुछ उपलब्धियाँ निगेटिव मूल्य के रूप में होती हैं, समझ लो कि यह बरबस सौन्दर्य के एक खाके में अपने को अनायास महसूस कर लेना मेरी कविता की वही निगेटिव उपलब्धि है।"

मैं : और वह आदर्शवाद?

शमशेर : "उसके कारण मैंने हमेशा जीवन के शुद्धतर मूल्यों को ही अपनाया, दुनियावी मूल्यों को नहीं...इससे मैं मनुष्य के भीतर ज्यादा गहराई के साथ उसके मनुयत्व तक पहुँच सका, उसे सार रूप में ग्रहण कर सका। सांसारिक मूल्यों से असम्पृक्त और बेलौस रहने के कारण मैं कहीं अधिक तटस्थता से व्यक्तियों और चरित्रों का विश्लेषण कर सका, मैंने अपने अहम् को इसमें कभी बाधक नहीं बनने दिया...इस आदर्शवाद की वजह से ही मैं दूसरों को उतनी सहानुभूति दे सका जितनी कि स्वयं अपने को भी न दे सकता था...शायद यही मेरी कमजोरी भी रही... मैं जल्द दूसरों से प्रभावित हो जाता हूँ...मैं अपने साथ पूरा न्याय नहीं कर पाता..."

एक गहरा मौन जो किसी स्मृति के बोझ से भारी नहीं है, लग रहा है कि समय की भौतिक कारा से मुक्त कोई क्षण अपने अतीत की जड़ों को टटोल रहा है—जीवन-वृत्त से टूटकर गिरी किसी मर्म की पंखुड़ी को पुनः डाल से जुड़ जाने का आह्वान कर रहा है, "मैं समझता हूँ मेरी कविता, और जीवन भी, बिलकुल बेकार नहीं गये...मैं अपने सेंटीमैंट्स को भी एक मूल्य प्रदान कर सका...मैंने उन्हें किसी व्यक्ति या वस्तु से नहीं बाँधा...शायद मैंने प्रेम से नहीं, प्रेम के आदर्श से प्रेम किया है...पर प्रेम की इस भौतिकता से मुक्त होकर मैं सबका स्नेह पा सका, दे सका...यह कम तो नहीं?"

शमशेरजी में कहीं छिपा हुआ वह क्षण है, काव्य-कला के रस से पुष्ट, जो सहसा जीवित हो उठता है...क्या वे जिस सम्भव को असम्भव बनाकर बाजी खत्म कर चुके थे वह फिर शुरू हो रही है और वे असम्भव को सम्भव बनाने की नये सिरे से तैयारी कर रहे हैं? अभी उनके हौसले कम नहीं हुए हैं, चाहे आँखों की

पावर माइनस-16 तक भले पहुँच गयी हो।

× × ×

चाय पी चुकने के बाद उनका चेहरा रवे की तरह भरभरा आया था। कोट को चारों ओर से सकेलते हुए कुर्सी पर पालथी मारकर वे इत्मीनान की मुद्रा में आ गये। दोनों हाथ की उँगलियों को बालों में तेजी से रगड़ते हुए मालिश जैसी की, कनपटियों को मला, चश्मा उतार कर आँख के पपोटों पर हथेली फिरायी। फिर चश्मे को ठीक कर नाक के ज़रा नीचे मुंशियाने ढंग से रख लिया। तब सिर को ज़रा-ज़रा सा इधर-उधर हिलाया मानों चेहरे पर भरभरा आये रवों को परत-दर-परत एकसार जमा रहे हों...।

भाषा की चर्चा छेड़ने पर शमशेरजी खुश हो जाते हैं। बाहर की दो-तीन जबानें सीख लेना, इतना कि उनका साहित्य मजे में पढ़-समझ सकें...और दो-तीन भारतीय भाषाएँ, यह उनकी महत्त्वाकांक्षा रही है। धुन चढ़ने पर कई-कई बार यूनानी, रूसी और स्पेनी पढ़नी शुरू की, अपने ढंग से उनमें कुछ दखल भी हासिल किया; पर यह वह सिलसिला था जिसका कोई सिलसिला नहीं। संस्कृत का भी यही हाल रहा—दामोदर सातवलेकर की चौबीस खण्डों वाली संस्कृत-पाठमाला के ग्यारह-बारह सोपान रुक-रुक कर चढ़ गये, फिर उनके 'डिप्रेशन' ने उन्हें घेर लिया...भाषा का विधिवत् और सम्पूर्ण अध्ययन करना शमशेरजी का इष्ट भी नहीं, इष्ट हो भी तो वे इसे अपने शायराना मिजाज़ पर हावी नहीं होने देना चाहते। कहते हैं, "भाषा का अध्ययन मुझे भाषाशास्त्रीय दृष्टि से नहीं करना है, हालाँकि करूँ तो वह एक उपयोगी कार्य होगा,...मुझे तो इस अध्ययन से एक कवि के नाते भाषा की जड़ों को महसूस करने में सहायता मिलती है, शब्दों के आदि रूप, उनकी मूल ध्वनियाँ कैसे हमारे मन-मस्तिष्क को प्रभावित करती हैं, उन्हें क्रिया-प्रतिक्रिया के एक विशेष साँचे में ढालती हैं—इसका अध्ययन बहैसियत एक कवि के सचमुच कितना लाजिमी है...जरा आप शब्दों की जड़ों तक जाइए, आप एक-दूसरे ही सौन्दर्य में डूब जाएँगे...कैसा अद्भुत नियम काम करता है उनके पीछे! और इसका असर अनजाने भी हमारे संस्कारों पर पड़ता है...यह सब कुछ एक कवि-कलाकार ही देख सकता है, एक भाषाशास्त्री नहीं...भाषा का जो भी थोड़ा-सा अध्ययन मैंने किया है उससे मुझे विभिन्न भाषाओं के भीतर एक एकरूपता-सी दिखाई दी है, उनकी बुनियादी बनावटों में कोई लम्बा-चौड़ा अन्तर है। और उन्हें समझने में लिपि कोई बाधा नहीं बन सकती, क्योंकि बहुत-सी परस्पर भिन्न दिखने वाली लिपियाँ, जरा ध्यान से देखें तो, अपने सरल मूल आकारों में आपस में काफ़ी मिलती-जुलती हैं..."

तो भाषा भी शमशेरजी के लिए कविता है, सिर्फ एक माध्यम नहीं। और कविता भी कैसी? जिसमें बहते-बहते वे संस्कृति—नहीं, संस्कृतियों के उद्गम तक पहुँचने का उपक्रम करते हैं। उनकी 'चीन' शीर्षक कविता, जिसे लिखने में उन्होंने

पूरे दो साल लगाये, ऐसे ही किसी भाषा-उदात्त उपक्रम की उपज होगी। और शायद यही वह बिन्दु है जहाँ से शमशेरजी तेजी से अमूर्त्तन की दिशा में बढ़ने लगते हैं। तब भाषा अनुभूति को यथार्थ करने का नहीं, अनुभूति को अतिक्रमित करने का साधन बन जाती है—वे अपनी अनुभूतियों में दिक्-खण्डों के अन्तराल महसूस करते हैं, एक निस्सीम खुलापन, जिससे जब वे अभिभूत होते हैं तब 'मौन' होते हैं। उनकी कविताओं में शब्दों के बीच-बीच में आये विशाल दिक्-खण्ड अनुभूतियों के बीच के वे ही अन्तराल हैं, जिनसे अधिक-से-अधिक लगाव महसूस कर वे मानो अपने को अधिक से अधिक खोल पाते हैं। यह उनका वही अपना ढंग है—जब शमशेरजी अपनी जटिल-बोझिल अनुभूतियों के दबाव को कभी सरलता के आकाश में तिरा देते हैं और कभी मौन की नींद में सुला देते हैं।

सौन्दर्य की भाषा का उनका जो आदर्श है उसकी अभिव्यक्ति उनके मौन में ही हो सकती है। पर उनकी काव्य-भाषा का यह आदर्श नहीं। अज्ञेय ने उन्हें भले 'कवियों का कवि' बताया हो, स्वयं शमशेर की आकांक्षा हमेशा जनता का कवि बनने की रही है—बिना कला की उच्चतम शर्तों से समझौता किये हुए। और जनता का कवि वही बन सकता है जो जनता की भाषा में—उसकी बोलचाल के सहज, सरल, प्रवाहयुक्त, मुहावरों वाली भाषा में—अपने मर्म की बात रखे। शमशेरजी हिन्दी की खड़ीबोली में ऐसी भाषा का आधार उर्दू मानते हैं। उनका कहना है कि खड़ी बोली का बुनियादी ढाँचा उर्दू पर ही खड़ा है—"पश्चिमी उत्तर प्रदेश के गाँव की बोलचाल की भाषा देखिए, और यही पछाही इलाके तो दरअसल खड़ी बोली के इलाके हैं, तो आपको उसमें उर्दू की सी ही सादगी और प्रवाह मिलेगा। वह उर्दू अदबी, फसीह (कटी-छटी-परिष्कृत) और मजलिसी तकल्लुफ की भाषा न होकर आम बोलचाल की भाषा है। खड़ी बोली का स्वभाव उर्दू का है, संस्कृत का नहीं...अधिकांश हिन्दी के लेखक कवि आज जो भाषा इस्तेमाल करते हैं उसका रंग कितना फीका-फीका-सा लगता है, उसमें वह रचाव नहीं, न वह बोलचाल के ठेठ मुहावरों की पकड़ जैसे कि हम स्टैण्डर्ड उर्दू में पाते हैं। इस कमी को उर्दू के अध्ययन से काफी कुछ दूर किया जा सकता है। उर्दू जो फासले तय कर चुकी है उसे हिन्दी भी उर्दू के अध्ययन से अपने यहाँ ला सकती है...पर हमारे यहाँ शुद्धतावादी संस्कार इतने तगड़े हैं कि उर्दू को हिन्दी की एक शैली मानकर छुट्टी दे दी जाती है...हाँ, देखो न, त्रिलोचन तक की भाषा इस दोष से मुक्त नहीं है। जरा गहराई से उनकी भाषा का रस लेने लगो कि उसके पलस्तर अपने आप उखड़ने लगते हैं, उसके जोड़-जोड़ स्पष्ट हो जाते हैं—वह गालिब वाला सॉनेट ही देख लो।...त्रिलोचन में आम जन-बोलियों की जमीन की अच्छी पकड़ है, पर रचाव की कमी है, कारण उनके शुद्धतावादी संस्कारों का आग्रह और उर्दू के बाकायदा अध्ययन की कमी...।"

"मेरे भीतर भी कुछ छायावाद के प्रभाव से यह आग्रह बड़े प्रबल रहे हैं—मेरी भाषा तत्सम शब्द-पूर्ण, समास-युक्त और जटिल अर्थगुम्फित, असहज रही है। पर मुझ पर छायावाद के साथ-साथ उर्दू कवियों का—इकबाल और गालिब का—भी बराबर असर रहा है, जिसने छायावादी भाषा-संस्कार को मुझ पर हावी होने नहीं दिया और मेरी बाद की कविताओं की भाषा ज्यादा सहज, सादी और प्रवाहपूर्ण होती गयी।"

इस दृष्टि से तो निराला खड़ी बोली के मूल स्वभाव से बिलकुल ही अलग-थलग पड़ जाते हैं?...

"हाँ, शुरू की कविताओं में, अधिकांश कर। पर बाद में 'महँगू महँगा रहा' जैसी कविताओं में निराला ने खड़ी बोली के स्वभाव के अनुरूप अपनी भाषा सादी सहज और बोलचाल की रिद्म के निकट और काफी कुछ मुहावरेदार रखी है...

"...भाषा के सम्बन्ध में हरेक का अपना आदर्श होता है, मेरा भी एक है...मैं शायद दूसरों पर भी यह आदर्श आरोपित करता रहा हूँ। त्रिलोचन और दूसरे तमाम हिन्दी लेखकों के सम्बन्ध में मेरा रवैया शायद मेरा उन पर अपना वही आदर्श आरोपित करना है। पर अपने लिए जीवन्त भाषा को उसकी स्वाभाविकता में पकड़ने का मेरा आदर्श रास्ता यह है कि मैं खड़ी बोली वाले इलाकों के जन-जीवन के बीच रह कर उनकी बोल-चाल के लहजों, तौर-तरीकों, मुहावरों और अभिव्यक्ति के ढंग को अपने भीतर जज़्ब करूँ...उन सबके लिए अपने कान खुले रखूँ। पर यह आंचलिक होना नहीं है जो कि एक फ़ैशन के रूप में चल पड़ा है। मेरा आग्रह जन-बोलियों के संस्कार ग्रहण करने पर है, उनके अनुकरण पर नहीं—ज्यों-का-त्यों प्रयोग करने पर तो भाषा सपाट होगी। एक सच्चा कवि जन-भाषा की बुनियादी बनावट की रक्षा करते हुए उस सपाटता से बच सकता है ...इसके लिए काव्य में रेह्टरिक का इस्तेमाल और प्रभाव के लिए भाषा को तोड़ा-मरोड़ा जा सकता है...शेक्सपियर की भाषा का बुनियादी ढाँचा भी बोलचाल की लय का ही है, उसने इसी ढाँचे पर अपने भाव-गुम्फन आरोपित किये हैं। उसकी जटिलता भाषा की मूल बनावट की नहीं—जैसे कि मिल्टन में है—बल्कि उस पर गुम्फित अनुभूतियों की है, विचारों की गूढ़ता की है..."

शमशेरजी ने इधर एक कविता लिखी है—'प्रेम की पाती बसंता के नाम', इसे वे अपनी इधर की कविताओं में एक उपलब्धि मानते हैं। "इससे मुझे बहुत सन्तोष है। जैसी कविता में लिखना चाहता रहा हूँ उसे देखते हुए मैं इसे 50 परसेण्ट नम्बर दे सकता हूँ।" क्यों? "इसलिए कि इसमें जन-बोली के खास लबो-लहजे में अपनी बात कही गयी है।" पर एक चीज और है, यह शमशेरजी के चिर परिचित अन्तर्मुख गहरी हताशा की कविता नहीं, बल्कि आजकल के सामाजिक वैषम्य पर एक करारे व्यंग्य के मूड में लिखी गयी आब्जेक्टिव कविता है। क्या

डॉक्टर रामविलास शर्मा की आलोचना सचमुच रंग ला रही है?—"मैं जान-बूझ कर और सजग तौर पर अपने को अँधेरे और अस्वस्थ पक्ष से शुभ और स्वस्थ पक्ष की तरफ मोड़ूँगा"—शमशेर ने कहा था।

शमशेरजी अपने भीतर से बाहर की ओर आ रहे हैं, आना चाहते हैं, पहले शिल्प के पथ से, बाह्य रूपाकार के सहारे—"कविता की एक विधि वह है जिसमें कविता का फार्म ही कवि को कविता के भीतर खींच लेता है" (शमशेर)। पर उनके भीतर और बाहर के बीच जो एक दरार है क्या वह बाह्य प्रेरणा, चाह या सजग शिल्प से मूँदी जा सकेगी?

भीतर से बाहर आने की कोशिश शमशेरजी में नयी नहीं है। बल्कि उनके भीतर हमेशा से एक बाहर वर्तमान रहा है—कभी व्यक्ति के रूप में, कभी भाषा और भाव-सत्य के आदर्श के रूप में, कभी बाह्य सिद्धान्त के रूप में। यह बाहर वही वह 'दूसरा' है जिसकी तलाश शमशेरजी अपने भीतर की किसी कमी को पूरा करने के लिए करते रहे हैं। इस 'दूसरे' के दायरे में व्यक्ति रूप में जो आये वे वे थे जिन्होंने किसी बड़े मूल्य के लिए अपना उत्सर्ग किया, जो कला के प्रति सच्चे तौर पर पूरी तरह समर्पित रहे; जैसे निराला, कामरेड भारद्वाज, सुभद्रा कुमारी चौहान, माई, सुरामा, वगैरह। अपनी गूढ़-भाव शक्ति को जिस भाषा शैली में अभिव्यक्त करने का आदर्श शमशेर ने अपने लिए निर्धारित किया उसका एक प्रारूप—एक ग्यारह सूत्री कार्यक्रम की शक्ल में—उन्होंने अपनी 1945 की डायरी में दर्ज किया था। 'कल्पना' के अप्रैल '58 अंक में प्रकाशित उस कार्यक्रम के तीन मुद्दे ये थे—1. जिसको सब समझ लें, एकदम, आसानी से, आँख पड़ते ही। 2. जिसको पढ़कर सब कहें—कि बात सोलहों आने खरी है। 3. जो एक अपढ़ तक भी पहुँच जाय जल्दी। बाह्य सिद्धान्त के आदर्श के रूप में मार्क्सवाद का जनवादी पक्ष था ही—अभी भी किसी-न-किसी रूप में है। शमशेरजी की साँसत और संघर्ष उस बाहर को अपना लेने को लेकर नहीं—आदर्श को सच कर देने को लेकर नहीं—बल्कि अपने भीतर को नष्ट न होने देने को लेकर है। वे बाहर को भी भीतर की ही शर्त पर चाहते हैं; क्योंकि भीतर ही तो उनका वह कला-विवेक निवास करता है जो उनकी बाह्य मोर्चे पर हर शिकस्त में उन्हें टूटने-बिखरने नहीं देता। यही कला-विवेक पार्टी के अनुशासनात्मक निर्देशों की अवज्ञा करने की उन्हें सामर्थ्य देता है; यही उन्हें किसी भी वाद या फैशन या शैली के सीमा बन्धन को दृढ़तापूर्वक अस्वीकार कर देने का आत्मविश्वास देता है; यही उनके काव्य व्यक्तित्व को सुरक्षात्मक कवच प्रदान करता है। शमशेरजी यदि किसी से जीते हैं तो इसी भीतर के कारण, यदि किसी से हारे हैं तो उस बाहर के कारण। पर वे अपनी हार को जीत में बदलने का सपना संजोये हुए हैं। उनकी हार भी दो टूक शैली वाली हार नहीं है कि वे बिसात एकबारगी ही उलट दें। उनकी हार में एक ऐसी करुणा

है जो हर कोशिश की विफलता के क्षण को एक उदात्त फ्रेम में कस देती है : विजन न सही विजन प्राप्ति का एक आश्वासन ही सही : एक प्रतीक्षा; और यही शमशेरजी के अमूर्त्तन का क्षण है—अनन्त और मौन उस क्षण की सहज और सादी और प्रवाहपूर्ण भाषा है।

आसमान में हल्के-भूरे-स्लेटी रंग के बादल—बल्कि बादल भी नहीं, आसमान का हल्का, नरम, चिकना भूरा स्लेटी रंग...शमशेरजी की मनःस्थिति को यह बहुत अच्छी तरह व्यंजित करता है। क्या इसमें उनकी करुणा का वही रंग नुमायाँ होता है? शमशेरजी उस आसमान को देखते हैं गोया अपने आपको देखते हैं, एक असम्पृक्ति, एक उत्सर्ग, या दोनों साथ-साथ—"काश कि मैं न होऊँ/न होऊँ/न होऊँ,/तो कितना विस्तार/किसी पावन विशेष सौन्दर्य का/अवतरित हो!" ज़रा गौर से देखिए, ये शब्द मिटने की चाह का उतना नहीं जितना मिट न पाने की करुणा का इजहार करते हैं।

शमशेर में आसमान की सत्ता एक प्रतीक-भर नहीं है। मुक्तिबोध ने कहा था, 'शमशेर की चित्रकला और कविता एक ही सिक्के के दो पहलू हैं।' आसमान : दृश्य जगत : रंग : —शमशेर की कविता का वही दूसरा पहलू है। चित्रकला का माध्यम कभी वे शब्द चुनते हैं, कभी रंग और कूची। शमशेरजी का कहना है कि शुरू से ही उनमें कविता के साथ-साथ चित्रकारी की ओर जबरदस्त रुझान रहा है—इतना जबरदस्त कि एक समय में तो यह तय करना उनके लिए मुश्किल हो गया था कि वे चित्रकार बनें कि कवि। भावनाओं की गुत्थियाँ, जब कभी शमशेरजी शब्दों द्वारा न खोल पाते होंगे तब रंगों का सहारा लेते होंगे; क्योंकि शब्द एक सीमा तक ही अमूर्त्त हो सकते हैं, जबकि रंग प्रकृति से ही अमूर्त्तन के माध्यम हैं। कविता की तरह रंगों का अभ्यास भी सिर्फ़ अपने लिए था, इस बात की उम्मीद न थी कि कोई उन्हें सराहेगा, न ऐसी कोई चाह ही थी उनके मन में। कविता की तरह चित्रकारी भी उनका सुरक्षात्मक कवच बन गयी थी जिसके भीतर उनमें रंगों के बुलबुले, अनुभूतियों के बुलबुलों की तरह ही खामखाह फूटते रहते थे...पर चित्रकार शमशेरजी नहीं बन पाए; "पर मैंने अपनी चित्रकारी के शौक को कविता में काफी पूरा किया...मैंने चीजों को अक्सर पेंटिंग की शक्ल में ग्रहण किया है, भले ही उनका कोई बाह्य रूपाकार न हो, रंग न हो, पर रंगों के प्रभाव उनमें हैं—रंगों के भावात्मक रूप। मेरी कविताओं में जो इम्प्रेशनिज्म की बात कही गयी है वह यही है—मैंने मन पर पड़ने वाले प्रथम प्रभाव को ज्यों-का-त्यों यत्नपूर्वक शब्दों में ट्रांस्फर करने की कोशिश की है।...पर असल में कविता और चित्रकला दोनों ही बड़ी ईर्ष्यालु कलाएँ हैं, एक-दूसरे से भिन्न स्वभाव वाली। एक दृश्य-कला है, दूसरी शब्द कला। उनका एक साथ निर्वाह मुश्किल ही है जब तक कि कोई बहुत बड़ी प्रतिभा न हो...मैं समझता हूँ मेरे भीतर दोनों ने एक-दूसरे को

नुकसान पहुँचाया है..."

शमशेरजी को लगता है कि इस समय वे एक क्रासरोड पर हैं। जीवन के साठ वर्ष पूरे कर लेने के बाद अब उन्हें यह महसूस हो रहा है कि अपनी जिस चीज को वे अब तक गलत मानते आये थे (इस ग़लत के लिए कभी उन्होंने रुग्ण और मार्बिड विशेषण चुना और कभी उसे नर्वस ब्रेकडाउन का प्रयोगवादी आर्ट बताकर उसकी निन्दा की) वह उनका अपने प्रति अन्याय था। अपना सच ही सच होता है दूसरों का सच नहीं, इस इबारत को वे अब कहीं अधिक साफ़ पढ़ रहे हैं। निश्चय ही वे क्रासरोड पर हैं, पर उनकी मुद्रा संकल्प की मुद्रा नहीं है, फिलहाल। क्योंकि उनके सामने अब भी 'प्रेम की पाती बसंता के नाम' एक आदर्श की चुनौती की तरह खड़ी हुई है और यह चुनौती वे अपनी नसों में प्रतिपल महसूस कर रहे हैं।

[1971]

औसत भारतीयता का कवि

('दिगन्त' पढ़ने के बाद एक प्रतिक्रिया)

चाहे जिस भी नजर से देखें, घूम-फिरकर एक ही बात मन में आती है कि त्रिलोचन की कविता एक ठेठ भारतीय जन की कविता है। इस अहसास के साथ ही कहीं यह प्रश्न भी मन में अंकुरित होता है कि यह भातीय जन कैसे अब भी भारतीय रह गया है? इस प्रश्न की गुत्थी के तागे अलग-अलग करने की कोशिश करता हूँ तो इसमें से दूसरे कई प्रश्न और निकलते हैं, जो मूल प्रश्न की गुत्थी को सुलझाने के बजाय स्थिति का एक जटिल रूप सामने रखते हैं। 'भारतीयता', इस शब्द-प्रत्यय से जूझने की चेष्टा राजनीतिक, सांस्कृतिक और साहित्यिक स्तरों पर पिछले दिनों बहुत जोर-शोर से की गयी। यह चेष्टा अभी खत्म नहीं हो गयी है। उसकी गूँजें मेरे दिमाग में हैं। क्या 'भारतीयता' अब भी एक जीवन्त मूल्य-बोध है या वह महज एक इतिहास बोध रह गयी है, जिसका अर्थ सिर्फ हमारी 'स्मृति' में सुरक्षित है और जिससे हमारी संवेदना, हमारी दृष्टि और हमारा कर्म एक लाचारी की हालत में जुड़े हुए हैं?

तो क्या त्रिलोचन की कविता भारतीयता के इतिहास-बोध की कविता है?—भारतीयता के एक ऐसे बोध की कविता, जो हममें सूखे नल की तरह बूँद-बूँद अब भी रिसता है?—मूल्यवान पर व्यर्थ, सार्थक पर अप्रासंगिक?

मूल्य विकल्प-हीनता के तनाव में संवेदना की शिराएँ खिंचती चली जाती हैं—इस खिंचाव के चरम छोर पर उदासीनता और ऊब बैठी है—कि ऐसे ही किसी क्षण में (ऐसा दुर्लभ क्षण, जब स्वयम् पर से चेतना का अंकुश थोड़ा ढीला पड़ जाता है) भारतीयता के इतिहास-बोध की झरी हुई लाचार बूँदे इकट्ठी हो जाती हैं। बदली हुई परिस्थितियों से अर्जित आधुनिकता (और अन्तर्राष्ट्रीयता) की प्रखरता और सजगता भी रस-स्निग्ध भारतीयता को जला-तपा कर महज रिसता हुआ इतिहास-बोध ही बना पायी (मृतक का स्मारक नहीं), उसका एक खण्ड-खण्ड आकार उभरने लगता है। त्रिलोचन की कविता पढ़ने पर लगता है जैसे वे खण्ड-खण्ड आकार हममें अब भी कहीं जीवित पड़े हैं।

भारतीयता शब्द का इस्तेमाल आज खतरे से खाली नहीं है, जानता हूँ। इसमें लोगों को संकीर्णता और अबौद्धिकता की बू आने लगी है। पर मूल्य विकल्पहीनता की स्थिति में जो अहसास अब भी हमारी संवेदना के इर्द-गिर्द मँड़राते हैं, उनकी पहचान के लिए भारतीयता से बढ़कर उपयुक्त और कौन-सा शब्द हो सकता है?

हाँ, अपनी यही पहचान हम त्रिलोचन की कविता में पाते हैं। एक दुखती हुई पहचान। यह पहचान, हमें हमारी उन जड़ों की ओर ले जाती है, जिनमें से कुछ सूख गयी हैं, कुछ सूख रही हैं, पर कुछ में से अब भी रस फूट रहा है। त्रिलोचन की कविता खुद उन जड़ों की उपज है, पर साथ ही उन जड़ों की पहचान करवाने वाला गुण भी उसमें है, यानी तटस्थता। त्रिलोचन उन जड़ों के प्रति सम्पृक्त हैं, पर उनकी सम्पृक्ति जागी हुई है, स्वप्नमोहाविष्ट नहीं।

यहाँ ध्यान रहे कि त्रिलोचन की भारतीयता के गुण स्पृहणीय का पर्यायवाची नहीं है, बल्कि वह इस देश की जातीय काल-परम्परा का वह चिह्न-समूह है जिसके नक्श यहाँ के औसत आदमी के दिलो-दिमाग पर अब भी कायम हैं। त्रिलोचन की कविता उसी औसत भारतीय आदमी की कविता है। इस औसत भारतीय की जिन्दगी में एक ओर जहाँ यथार्थ की कटु सच्चाइयों से दो-चार होते रहने से उपजा पोढ़ापन है, तो दूसरी ओर वह सहज भावुकता भी है जो जरा-सी आँच लगते ही सुख-दुख के तरल रंगों में पिघलने लगती है। उसकी दृष्टि की पकड़ अत्यन्त वस्तुपरक, ठोस मूर्तमान है। वह अँधेरे को अँधेरा ही कहना जानता है, बल्कि अँधेरे को अँधेरा कहने को अपना अधिकार मानता है। अगर आस-पास हरियाली न हो तो यथार्थ को हरा दिखाने के लिए हरे चश्मे की छलना उसे पसन्द नहीं। त्रिलोचन के प्रकृति और जीवन के सूक्ष्म सटीक ब्योरों में, ठेठ भाषा-प्रयोग में, और जीवन के घटित को छोटे-छोटे सजीव पात्रों की सृष्टि कर नाटकीय यथार्थ में बदल देने के पीछे भी क्या इस औसत भारतीय जन की अचूक व्यावहारिक प्रतिभा नहीं काम कर रही है? इस वस्तुपरक दृष्टि के रहते ही वह औस्त आदमी अपनी औकात जानता है, अपनी शक्ति और कमजोरी, अपनी इच्छाएँ जो आकाश छूने का दम्भ नहीं पालतीं, अपनी मर्यादा और नेम, आहत होकर भी न झुकने का अभिमान और तब तक सब कुछ सहन करने का अटूट धैर्य जब तक कि पूरब में उजास न फूटे।

पर आम तौर पर मूर्त्त और ठोस को साथ रखने वाले इस औसत आदमी के भीतर कहीं एक छोटा-मोटा दार्शनिक भी छिपा बैठा है। जीवन के मूर्त प्रसंगों में सुख-दुख के क्षणों को तीव्रता से भोगते हुए भी पता नहीं किस पल में उसका चित्त उचाट हो जाता है और उसकी संवेदना-दृष्टि अमूर्त की ओर मुड़ जाती है। जो कुछ उसका अपना नितान्त निजी है, वह सहसा सार्वभौमिक, सार्वलौकिक हो जाता है। जिन्दगी के तन्मय क्षणों की कथा-कहानी कहते-कहते उसका स्वर एकाएक उदात्त

हो उठता है और व्यक्ति का सत्य सम्पूर्ण मानव का सत्य बनकर किसी सूक्ति में फूट पड़ता है। इस तरह की सूक्तियों से 'दिगन्त' भरा पड़ा है। यह आदमी राग के प्रबल क्षणों में आकर्षण महसूस करते हुए, विराग की रागिनी अलापने लगता है। भावना के हिलकोरों में बहते-बहते गूढ़ ज्ञान की बातें करने लगता है। एक साधारण जन के अ-रोमाण्टिक जीवन-संघर्ष में खटते हुए भी, उसे तात्कालिक अर्थ-सन्दर्भों में व्यक्त न कर प्रकाश और अन्धकार की शाश्वत लड़ाई की उदात्त रूपक वाली भाषा में व्यक्त करता है।

उसके जीवन-संघर्ष का स्वर भी जुझारू या लड़ाकू नहीं है, बल्कि बहुत कुछ अपने को उद्‌बोधन देने-जैसा है। उसमें संकल्प का ओज है, वह दहकती हुई आग नहीं जो अन्याय और असमानता को जलाकर राख कर दे। इसीलिए उसके क्रान्ति के आह्वान में भी एक शान्त, गम्भीर मन्त्रणा का पुट है, व्यवस्था और तन्त्र की ईंट-से-ईंट बजा देने वाली आक्रोशी ललकार नहीं। उसके जीवन संघर्ष की आँच बाहर से अधिक भीतर को प्रकाशित करती है। हृदय में घुटते हुए अहसास उसे थोड़ी देर के लिए निराश चाहे भले कर दें, हताश नहीं कर सकते। उसके पास एक गुण है—करुणा, जिसमें उसकी अपनी और दूसरों की भी कुण्ठा और निराशा घुल जाती है और उसे दारुण अकेलेपन की उस यातना से बचा लेती है जो आज के आधुनिक मनुष्य की नियति बनती जा रही है। उसे इस करुणा में एक दृष्टि मिलती है, दूसरों के भीतर झाँक सकने की, और साथ ही एक सामर्थ्य, तम से लड़ते रहने, उजाले की विजय की प्रतीक्षा करते रहने की।

ऐसा क्या है इस आदमी में जो हमें आकृष्ट करता है? शायद उसकी सहजता और भीतरी दृढ़ता। इस सहजता और भीतरी दृढ़ता के पीछे कोई किताबी दर्शन नहीं है, बल्कि वे उस धरती की ही उपज हैं ।जेससे अपने अस्तित्व के गहन रागात्मक स्तरों पर यह आदमी अब भी सम्पृक्त है। यह आदमी अब भी एक समर्पित व्यक्ति है—एक गहरे अर्थ में अब भी आस्थाशील है। इसके पास आस्था की, अनुराग की और मानव करुणा की विनयशीलता है—'पथ का वह रजकण हूँ जिस पर छाप पगों की/यहाँ-वहाँ है; मूक कहानी सहज डगों की।' उसके कड़वे-मीठे अनुभवों ने उसे सत्यदर्शी की-सी ऋजुता और बेलौसपन दिया है—'जीवन है दुनिया का सपना /जब तक आँखों में है तब तक ज्योति बना है,/अलग हुआ तो आँसू है या तिमिर घना है/बने ठीकरा तो भी मिट्टी को है तपना।' उसकी रचनाशीलता ऐसी है, जैसे चुपचाप, रातोंरात धूल में कोई फूल उग आये। उसके प्रेम के क्षणों में तन का नहीं, मन का विनिमय होता है, उनमें चंचल उफान या घोष नहीं, बल्कि एक ऐसा गहन मौन राग है जिसकी धारा पृथ्वी और सौर-मण्डलों तक को आप्लावित करती हुई प्राणों में चुपचाप बहती है।

त्रिलोचन इसी औसत भारतीय आदमी के चितेरे हैं। वे मानव अनुभूतियों की विशिष्टता के नहीं, मानव अनुभूतियों की मार्मिकता के कवि हैं। वे अनुभूति की

जटिलता को नहीं, उसकी सम्पन्नता को पकड़ते और अपनी कला में साधते हैं। वे मानव-मर्म के किसी नये स्तर का उद्घाटन नहीं करते, वरन् जीवन-जगत् की आपाधापी में जो सहज मानव-सत्य आँख की ओट हो गये हैं, उन्हें एक नयी और विश्वसनीय पहचान के साथ हमारे सामने लाते हैं। उनकी काव्य-अनुभूतियाँ सरल हैं (सपाट नहीं), जैसे आकाश, जैसे 'नींद की इच्छाएँ' (शमशेर)। सरल और सबकी। थोड़े को बढ़ाकर और बड़े को घटाकर रखने वाली वक्रता, कवि की दृष्टि में महज 'नवीन ऐयारी' है, छूछा अभिनय-कौशल।

त्रिलोचन की कला सेल्फ-कांशस कला नहीं है। उसमें संशय अथवा द्विविधा की दरार नहीं पड़ी है। वह जिस वस्तु को उठाती है, मुजस्सिम उठती है। त्रिलोचन का काव्य-स्तर चेतना के अन्तर्विरोधों से कँपकँपाता हुआ निश्चय और अनिश्चय के बीच झूलता डगमग स्वर नहीं है। रचनात्मक तनाव में इस काव्य-स्वर के पीछे कार्यरत साँस बहुत दूर तक खिंची रह सकती है, उसके बीच में ही टूट कर खण्डित हो जाने का अंदेशा नहीं रहता। यह एक साथ कवि की स्नायुविक ऊर्जा और उसके काव्य-संयम दोनों को ही उजागर करता है। कवि का अपने ऊपर अद्भुत नियन्त्रण है, उसकी रचनात्मक ऊर्जा अभिव्यक्ति के चौखटे को तोड़कर मुक्त नहीं बहने पाती। इसीलिए त्रिलोचन को पढ़ते समय एक कसाव का अनुभव होता है। कहीं-कहीं यह कसाव बहुत अखरता भी है। त्रिलोचन का क्लासिक की हद तक छूने वाला काव्य-संयम अक्सर हमारा ध्यान उनकी संप्रेष्य अनुभूति से हटा कर उनके शिल्प की तराश और चुस्ती पर ज्यादा केन्द्रित कर देता है। हम उनकी कविता के रूप-बन्ध की चातुरी पर मुग्ध होने लगते हैं। ऐसा शायद अनुभूति के ताप में कमी रह जाने—या अनुभूति को कम ताप वाले स्तर से उठाने—के कारण होता है। अनुभूति त्रिलोचन के यहाँ वैसे भी 'पिच' पर नहीं होती—यह उनकी कविता के क्लासिक स्वभाव के विपरीत पड़ता। त्रिलोचन अनुभूति का पका हुआ रूप रखते हैं, शान्त और ओजपूर्ण, जिसकी सह-अनुभूति क्षुब्ध संवेगों के घात-प्रतिघात के स्तर पर नहीं, विवेकयुक्त अन्तर्दृष्टि के स्तर पर की जा सकती है। त्रिलोचन की कविता इसीलिए एक सहृदय एवं परिवक्व मानसिकता की माँग करती है। इस कविता को भागते हुए तीव्र अहसासों के क्षण में पकड़ पाना मुश्किल, बल्कि दुस्साध्य है। इसे पकड़ने के लिए थोड़ा इत्मीनान वाला भाव लाना होगा, जिसमें आप इसके अन्तरंग सौष्ठव का, उसकी बनावट की एक-एक सजीव पत्ती का आनन्द ले सकें।

इस कविता की भाषा के पीछे जो रक्त बजता है, उसे सुनने के लिए आपको उसकी धमनी पर कुछ देर तक हाथ रखना होगा। यह भाषा तनाव-जर्जर, तनिक से स्पर्श से बिखर पड़ने वाली भाषा नहीं है। यह भाषा ठोस मज्जा और रुधिर से बनी भाषा है। यह भाषा अपनी जड़ों से कटी हुई, हवा से रस चूसने वाली दुस्साहसी भाषा नहीं है, इसके निर्माण में एक पूरी परम्परा बीज रूप में मौजूद है।

यह भाषा तटों के बीच से ही अपना मार्ग खोजती है। इस भाषा के शब्दों में अर्थ सिमटा कसा केन्द्रित-सा रहता है और लक्ष्य पर सीधी चोट करता है (या फिर लक्ष्य चूक जाने पर ऐसा नहीं कर पाता)। इस भाषा में अर्थ शब्दों के चारों ओर फूट-पसर कर संदिग्ध (सम्भावनापूर्ण?) व्यंजना का घेरा नहीं बनाता। इस भाषा में अस्पष्ट कुछ नहीं है, सब कुछ क्रिस्टल के समान है—अनेक पहलुओं वाला, पर साफ। अर्थ और अर्थ के बीच किसी तीसरे अर्थ का अन्तराल इस भाषा के शब्दों में नहीं है। यह कवि की अनुभूतियों की तरह ही एक सरल भाषा है (सपाट नहीं)। दूसरे शब्दों में, यह अपने काव्यनायक उस औसत भारतीय आदमी के समान ही, और उसके मर्म की अभिव्यक्ति के लिए उपयुक्त, एक औसत भाषा है।

हिन्दी में शायद त्रिलोचन ही एकमात्र ऐसे कवि हैं, जिन्होंने अपने को लोक जीवन से पूरी तरह जोड़ लिया है, सौन्दर्य की एक अन्तःगरिमा के साथ। सृजन के आह्लादकारी अनुभव के साथ, रचना की एक बराबर की साझेदारी के साथ। त्रिलोचन के लिए रचना किसी तनाव से मुक्त होने में नहीं, बल्कि जीवन का कुछ खोजने, पाने और फिर उसे बाँट देने में होती है। इसीलिए उनकी कविता की रचना-प्रक्रिया का कोई रहस्यमय पक्ष नहीं है। कला त्रिलोचन के लिए एक ऐसा आईना है जिसमें वे अपनी और दूसरों की अनुभूतियों के मर्म को सजीव थिरकते हुए रूपों में दिखा सकें। और इसमें उनकी कलाकारिता बस इतनी है कि वे उस आईने पर जरा भी धूल-धब्बा न पड़ा रहने दें, उसे झकाझक साफ पारदर्शी रखें।

अन्त में एक सवाल त्रिलोचन की कविता को लेकर किया जा सकता है : क्या उनकी कविता का औसत भारतीय आदमी समसामयिक वर्तमान की विसंगतियों के भीतर से उभरा रहे नये आदमी में अपने को ढाल सकता है? क्या वह अपनी आस्था और समर्पण के आधारों को तोड़-फोड़कर उस व्यापक मूल्य-अराजकता का अंग बन सकता है, जो आज की निपट नंगी और चीखती हुई सच्चाई है? या फिर वह उस इतिहास-बोध का जुज बनकर ही रह जाएगा जो बदलती हुई सामाजिक शक्तियों में तेजी से धुँधला पड़ता जा रहा है? क्या त्रिलोचन की कविता अपना कायाकल्प करने का जोखिम उठाने को तैयार है? त्रिलोचन का काव्य-विवेक अत्यन्त पुष्ट है, क्या वे समय के विवेक को अपनी रचनाशीलता में जगह देंगे?

इन प्रश्नों के उत्तर की सरल सुविधा फिलहाल त्रिलोचन की कविताएँ हमें नहीं देतीं। अतः इन उत्तरों को पाने की आशा सिर्फ कवि से ही की जा सकती है, जो इन कविताओं का रचनाकार है। शायद कभी वह दे। जब तक औसत भारतीय आदमी के आज के नये बदलते हुए आदमी में रूपान्तरण की प्रक्रिया असमंजस और द्विविधा के स्तरों पर भूलती-भटकती रहेगी तब तक हमें कवि के उत्तरों की प्रतीक्षा करनी ही पड़ेगी।

[1970]

डबडबाई आन्तरिकता

"बाह्य परिस्थितियों को बदलने से ही काम नहीं चल सकता, आदमी को भीतर से ही बदलना पड़ेगा...नया सबेरा आ रहा है, नयी रोशनी आवेगी, नयी जिन्दगी आवेगी, उसे कोई रोक नहीं सकता...निश्चय ही। लेकिन उसका आधार इन्सानियत पर होगा, करुणा और संवेदना पर होगा..."

ये पंक्तियाँ यद्यपि सर्वेश्वरदयाल सक्सेना के लघु-उपन्यास 'सोया हुआ जल' में आती हैं जो सर्वप्रथम 1955 में प्रकाशित हुआ था, पर उनके काव्य-व्यक्तित्व के निर्मायक तत्वों की छानबीन करने में, तथा उनकी विशिष्ट रचना स्थिति का मूल्यांकन प्रस्तुत करने में भी, इनका उपयोग बेखतर होकर किया जा सकता है। क्योंकि 'काठ की घण्टियाँ' से 'बाँस का पुल' तक की यात्रा में ऊपर की पंक्तियों में निहित कवि का मूल विश्वास कभी निस्संकोच आग्रह बनकर, कभी विवश मोह बनकर बराबर ध्वनित होता रहा है। यात्रा के जिन पड़ावों पर उसका मोहभंग व्यक्त हुआ है और जहाँ वह फिर-फिर लौट आने को विवश अनुभव करता है, वे भी उस मूल विश्वास के परिप्रेक्ष्य में ही भोगे हुए व्यंग की मार्मिक भंगिमा ग्रहण कर सके हैं। अन्तर केवल इतना हुआ है कि पहले की-सी दो टूक विज्ञप्ति दे सकने की स्फूर्ति अब एक कातर प्रतीक्षा में बदल गयी है अथवा मौन में सिमट गयी है। पर इस पर हम आगे विचार करेंगे।

सर्वेश्वर की काव्य-प्रतिभा जिन स्रोतों से परिचालित होती है उनमें 'आन्तरिकता' के प्रति बिना शर्त विश्वास एक केन्द्रीय धरातल पर प्रतिष्ठित है; और इसका एक ऐतिहासिक सन्दर्भ भी है जिसकी ओर पुनर्दृष्टिपात कर लेना यहाँ गैरमुनासिब न होगा। नयी कविता के पहले साहित्य चेतना का नियमन अक्सर उन मूल्यों एवं कसौटियों के आधार पर होता था जिनका मनुष्य इकाई के रूप में व्यक्ति की आन्तरिकता–प्रचलित शब्दावली में कहें तो स्वानुभूति–से कोई सीधा सम्बन्ध नहीं होता था; बल्कि जितने ही अंश में वह सम्बन्ध दूरतर और परोक्ष होता था उतना ही काव्य को यथार्थ का प्रतिनिधि माना जाता था। इस दृष्टिकोण ने छायावाद और प्रगतिवाद के दो मूल्य-स्तरों पर जिस रूढ़ि एवं हठधर्मिता का रूप

अख़्तियार कर लिया और उससे काव्य-मूल्यों की जो हानि हुई उसके विपरीत वह बिलकुल उलटा दृष्टिकोण विकसित हुआ, जिसने शुद्ध प्रतिक्रिया का फेन निथर जाने के बाद नयी कविता के आन्दोलन का रूप ग्रहण किया। नयी कविता ने अपने उन्मेषकाल में—जिसका एक छोर प्रयोगवाद से जुड़ा हुआ था—न केवल उस आरोपित बाह्यलोक को नहीं माना वरन् स्वतन्त्र सर्जनात्मक प्रक्रिया के महत्त्व को प्रतिपादित कर एक अपना अन्तर्लोक भी रचा और मनुष्य को उस लोक के केन्द्र में प्रतिष्ठित क्रिया। ध्वनि देने की बात है कि बाह्यलोक का विरोध कर नया अन्तर्लोक रचने का काम छायावाद ने भी किया था, जैसा कि अन्तर्लोक का विरोध कर बाह्यलोक को प्रतिस्थापित करने का काम प्रगतिवाद ने किया। परन्तु छायावाद का विद्रोह किसी नवीन मानव-सम्बन्ध स्थापन की प्रेरणावश नहीं हुआ था, इसीलिए वह मुख्यतः अमूर्त्त विचारों एवं प्रत्ययों का काव्य बन कर रह गया। यदि सर्वेश्वर की काव्य-पीढ़ी में छायावादी तत्त्वों से तारतम्य और विरोध ढूँढ़ना हो तो इस अन्तर को दृष्टि में रखना जरूरी होगा। इस काव्य-पीढ़ी के सामने बाह्यलोक और अन्तर्लोक प्रत्यक्ष विद्यमान थे और उसकी समस्या उनमें एक सार्थक सन्तुलन की खोज की थी। अज्ञेय ने दूसरा सप्तक में 'तथ्य' और 'सत्य' अथवा 'वस्तु-सत्य' और 'कवि-सत्य' के जिस फर्क पर जोर दिया है, गौर करें तो उसकी पृष्ठभूमि में उस समय की हवा में साथ-साथ तैरते उन दोनों लोकों की ही टकराहट सुनने को मिलेगी। सर्वेश्वर की आदमी को भीतर से बदलने की बात को भी उसी सिलसिले की अगली कड़ी के रूप में देखा जा सकता है।

अज्ञेय और सर्वेश्वर की तुलना यहाँ मेरा उद्देश्य नहीं है, पर कम-से-कम आन्तरिकता के प्रति उनकी इस समान मूलदृष्टि एवं विश्वास की तुलना से 'बाँस का पुल' के कवि को समझने में कुछ मदद मिल सकती है। अज्ञेय ने जब एक बार यह विवेक कर लिया कि क्या 'तथ्य' है और क्या 'सत्य', तब उनके सामने कोई उलझन नहीं रह जाती। उसके बाद से उनका काम रह जाता है कि अपने उस 'काव्य-सत्य' में गहराई के अधिक से अधिक आयाम भरें या उसे उच्चतम शिखर तक ले जाएँ। उनका निर्मम काव्य-संयम और उदात्त अभिव्यंजना शक्ति न सिर्फ उस उलझन के अस्तित्व का ही निराकरण कर देती है वरन वह उसका कारण भी है। युग-सत्य को कवि-सत्य के माध्यम से उपलब्ध करने के प्रयास में अज्ञेय की सफलता-असफलता का आकलन यहाँ समीचीन नहीं, पर इस दृष्टिकोण की अपर्याप्तता सर्वेश्वर की काव्य-संवेदना को अवश्य रेखांकित करती है। सर्वेश्वर यह कहते जरूर हैं कि मनुष्य की आन्तरिकता ही मूल्य-रचना का आधार है, युग-सन्दर्भ में वही उसका एकमात्र सच्चा एवं प्रामाणिक पक्ष है, किन्तु उनकी कविताएँ हमें यह भी बराबर महसूस कराती हैं कि वे इस दृष्टिकोण से अपने महत्त्वाकांक्षी काव्य-व्यक्तित्व की सम्पूर्ण संगति नहीं बिठा पाते। अन्दरूनी सच्चाई

से बाहर उससे तटस्थ निरपेक्ष भी एक सच्चाई है, जो है, और जिसे एकमेव कवि की निपट असहायता की प्रतीति ही झेलने योग्य बना सकती है, दृष्टि के किसी खास कोण से उसे अनुभूति में पचा ले जाने की सामर्थ्य नहीं। सर्वेश्वर के लिए वे दो लोक दो स्वतन्त्र इकाइयाँ न होकर एक ही इकाई की दो तहें हैं; उनके अन्तर्लोक में भी उनका बाह्यलोक प्रतिबिम्बित होता रहता है, एक स्तर पर तो उस बाह्यलोक के फैलाव का अन्तर्लोक के सामने मौजूद रहना उसके अस्तित्व के लिए ही जरूरी हो जाता है। सर्वेश्वर आन्तरिकता की ही कसौटी पर बाह्य से तदाकार होते हैं, पर साथ ही उस अन्तःप्रदेश के बाहर जो निरा 'तथ्य' ('सत्य' की सम्भावनाओं का समूह) है, उसके प्रति भी वे 'सबल उत्कण्ठा, नवल आवेग', महसूस करते हैं। जीवन के विविध लोकपक्षीय रूपों में उनकी सम्पृक्ति का यही राज है। उनके आन्तरिक विश्वासों को रची हुई लय से छूटा हुआ 'बाहर' का जटिल तथ्यात्मक विश्व उन्हें बार-बार चुनौती देता है, सर्वेश्वर उस चुनौती को स्वीकार करने के लिए जब-जब सिर उठाते हैं तब-तब उन्हें चोट मिलती है। चोट से उपजी अनुभूति का क्षण उनके लिए एक सम्भ्रम का भी क्षण होता है जो यह व्यंजित करता है कि वे दोनों लोकों का पूर्ण पार्थक्य नहीं स्वीकार करते—कहीं दोनों ही एक दूसरे में अन्तर्भुक्त लगते हैं, शायद वही आज के जीवन का व्यंग्य है। अनिर्णय की इस अनुभूति को सर्वेश्वर व्यंग्य विपर्यय की ही स्थिति में झेलते हैं, और जितना ही अधिक वे उन परस्पर अन्तर्भुक्त लोकों की स्थिति के प्रति संवेदित होते हैं उतना ही अधिक वह व्यंग्य प्रखर और मार्मिक बनता है।

दोनों लोकों का यह सह-अस्तित्व एक बेचैन तनाव बनकर सर्वेश्वर की काव्य-रचना पर छाया हुआ है। इन दोनों लोकों के पीछे वास्तव में कवि का भिन्न मूल्यबोध ही स्पन्दनशील है। बाह्यलोक यदि उसका युगधर्म है तो अन्तर्लोक स्वधर्म। युगधर्म को वैचारिक स्तर पर वह परधर्म की तरह भयावह, अतः त्याज्य, नहीं मानता; पर वह उसकी संवेदना दृष्टि के आगे समसामयिक जटिल जीवन-रूपों का एक ऐसा विषम ताना-बाना प्रस्तुत करता है जो उसकी सहज अविकृत उदार जीवन-लालसा के अनुकूल नहीं पड़ता। न सिर्फ़ वह अनुकूल नहीं पड़ता वरन् वह उसकी आन्तरिकता—उसके सहज जीवन-बोध—का मखौल उड़ाता, उसे काटता-पीटता-सा भी लगता है। सर्वेश्वर की खोज उस जटिल युगबोध के भीतर ही सहज जीवन-रूपों की खोज है। उनकी सर्जनात्मक कल्पना उस जटिलता को अपने आन्तरिक सहज रागबोध की उन्मुक्त पावन तरलता में घुलाकर रिक्त-शेष नहीं करना चाहती, वरन् उस जटिलता के परिप्रेक्ष्य में ही सहजता की मूल्यवत्ता सिद्ध करना चाहती है।

पर यह युग की जटिलता आखिरकार है क्या? वस्तुतः इसका निर्धारण उन सहज जीवन-मूल्यों पर कवि के आग्रह एवं अनुरक्ति, उनके प्रति उसके अनन्य

रागात्मक तादात्म्य से ही हो जाता है जिनसे फूटती आलोक-धारा में बाहर का सब कुछ कुंचित, वक्र और जटिल लगने लगता है, क्योंकि वह अन्ततः जीवन की सहज लालसा को विकृत करता है या उससे सीधे साक्षात्कार में बाधक होता है। इसीलिए अपने आन्तरिक सहज जीवन-मूल्यों के आदर्शलोक के बाहर सर्वेश्वर को जो लोक दिखाई देता है वह एक सुखपोश लगाये हुए लोगों का, पोस्टरों का-सा शोख पर खोखला जीवन जीने वाले यन्त्र-चलित व्यक्तियों और ऊपरी मानवीय रूपों के पर्दे में अमानवीयता का विष पनपाने वाले 'तमाम समझदार लोगों' का लोक है; ऐसा लोक जहाँ सभी कुछ बिकता है, थोथा है, दिखावा है, जहाँ आन्तरिकता की पग-पग पर हत्या होती है, जहाँ व्यक्ति के तेजस्वी रूप को काट-छाँटकर लोग लघुता के साँचे में ढाल देते हैं और 'सोचते हैं (कि) उसे सुख और आराम दे रहे हैं'। यदि प्रस्तुत संग्रह से केवल एक कविता का उदाहरण देना हो तो मैं 'दिवंगत पिता के लिए' का उल्लेख करूँगा, यद्यपि मेरे विवेचन को पुष्ट करने के लिए इससे अधिक प्रभावपूर्ण कविताएँ 'बाँस का पुल' में मौजूद हैं। इस कविता के पीछे काव्यानुभूति में उन दो मूल्य-दृष्टियों के टकराव की गूँज और तज्जनित मार्मिक करुणालाप बड़े सहज आवेग के स्तर पर व्यक्त हुआ है। इसके साथ ही कविता में व्याप्त आत्म-विपर्यय का टोन मानों उन मूल्य-दृष्टियों की अनिवार्य टक्कर पर कवि की अनुभूत्यात्मक टिप्पणी प्रस्तुत करता है। दिवंगत पिता स्वयं उन्हीं मूल्यों के प्रतीक हैं जिनसे कवि की भी सम्पृक्ति है, और जो अपनी सच्चाई के बावजूद सर्वत्र झूठे ही प्रमाणित हुए हैं। 'सोया हुआ जल' में सर्वेश्वर ने नये सबेरे को जिन मूल्यों पर आश्रित बताया था वह थे इन्सानियत, करुणा और संवेदना। इसमें कोई आश्चर्य नहीं कि 'दिवंगत पिता' के रूप में उन्होंने जिन मूल्यों को सराहा है और जिनकी 'मृत्यु' पर अपनी मूक शोकांजलि अर्पित की है वे आज के जीवन परिवेश में आबद्ध एक आधुनिक मनुष्य की मूल्याकांक्षा के प्रतीक न होकर जीवन के सहज रूप को आत्मसमर्पण करने वाले एक सादालौ निष्ठावान मनुष्य के मूल्य हैं। फ़र्क सिर्फ इतना है कि 'सोया हुआ जल' में सर्वेश्वर उनके प्रति आश्वस्त थे, पर 'बाँस का पुल' में उनके मन में वह शंका घिर गयी है कि इन मूल्यों ने उन्हें अनाथ, निराश्रित और विपन्न ही बनाया है। पर केवल इसीलिए वे उन्हें त्याग सके हों, ऐसी बात नहीं; अतः उनके स्वर में नवीन युग परिस्थितियों, दिशाओं एवं सम्भावनाओं के स्वीकार से उत्पन्न कोई नया संकल्प न होकर एक विगत अनुभूति-कथन के मिथ्या हो जाने का दर्द और कचोट भर है।—'पिता! तुम्हारी अन्तिम यात्रा में वे नहीं आये/वे नहीं आये।'

जीवन के जिन जटिल क्रूर रूपों में सर्वेश्वर मानवीय मूल्यों का स्खलन देखते हैं, उसे वैसा व्यंग्य की अनेक स्थितियों में भोगते हुए भी, वे उसकी नियति से अपने को काट नहीं सकते, इसलिए उसके लिए अपने को भी उत्तरदायी मानते हैं। सम्भवतः यही कारण है कि वे बेहद निर्मम होकर अपना निरीक्षण करते हैं—

कभी-कभी ऐसा लगता
कि मुझे मेरे शरीर से अलग कहीं
प्रतिष्ठित कर दिया गया है,
मैं अपने ही तन से निर्वासित हूँ
'कभी-कभी लगता है'

वह क्या है
जिसने मुझे पंगु कर दिया है,
जिसके कारण मैं स्वयं से डरता हूँ?
'कभी-कभी लगता है'

अपने से 'निर्वासित' होकर कभी वे 'साथी अहं' पर हँसते हैं और कभी अपनी ही परछाईं के माध्यम से अपने ऊपर व्यंग्य करते हैं। इसी आत्म-व्यंग्य के एक गहन स्तर पर उनकी अनुभूति-दृष्टि का वह बाह्यलोक और अन्तर्लोक दोनों ही पीछे छूट जाते हैं और कवि अस्तित्व के निपट अकेलेपन की स्थिति में 'हवा की मार से चीथड़ा हुए निस्तेज फीके झण्डे' सा अपने को अनावृत्त बेगाना खड़ा पाता है—'यह वह दुनिया नहीं है जहाँ मेरे पूर्वज रहते थे/या जहाँ रहने के लिए मैं पैदा हुआ हूँ।' 'कभी-कभी लगता है' अपने उस उत्तरदायित्व से ऊपर उठकर उस दर्द को पी जाने की इस बेलौस अनुभूति के क्षण से सर्वेश्वर जब वापस लौटते हैं जो उस उत्तरदायित्व का बोध उनकी रागात्मक तन्त्री को और भी झनझनाने लगता है। वे 'बाहर' की रिक्तता को अपने अन्दर के 'रस' से पूरना चाहते हैं। शायद इसी तरह वे उस उत्तरदायित्व का निर्वाह कर सकते हैं।

किन्तु बाहर की खोखल को भीतर के रस से पूरने का काम दिनोदिन मुश्किल होता जाता है—'जिसमें जितना ही रस होता है, वह उतना ही निःशब्द टूटता है।' अतः ऐसा कर पाने के विश्वास के खण्डित हो जाने पर कवि 'होंठ काट कर रह जाता' है। 'बाँस का पुल' की अधिसंख्य कविताओं में सर्वेश्वर की राग-तन्त्री से फूटने वाली झनकार विवशता और असफल प्रतीक्षा की झनकार बन जाती है। वे स्वीकार करते हैं कि उनके लिए 'यात्रा! अब धर्म नहीं विवशता है।' वह विवशता सर्वेश्वर की कविताओं में मुद्रा बन कर नहीं प्रकट हुई है, उसे वे एक निष्ठा की तरह जीते-से लगते हैं। विवशता की यह निष्ठा ही उन्हें व्यापक मानव-मर्म से जोड़ती है, और यही इनके काव्य स्वर की आत्मीयता का भी कारण है। सम्भवतः इस ऋजुताशील आत्मीयता के कारण ही सर्वेश्वर की कविताओं में कहीं भी कुछ ऐसा ठोस वैचारिक तत्त्व नहीं होता जिसे पकड़ कर सीधे कवि के व्यक्तित्व को स्थानबद्ध किया जा सके : कवि अपनी कविताओं में एक खुशबू की तरह बसा हुआ लगता है। सर्वेश्वर के सामान्य पाठकों को उनकी यह चीज ही सबसे अधिक आकर्षित करती है।

पर काव्यानुभूति की इस ऋजुता में कहीं-कहीं अनुभूति का सौन्दर्यात्मक पक्ष भी पीछे छूट जाता है। ऐसी कविता—जिसके उदाहरणस्वरूप प्रस्तुत काव्य संग्रह की कम-से-कम एक कविता 'ओ युद्ध भूमि में लड़ने वाले सैनिकों' का नाम लिया जा सकता है—मानों कविता होने की सीमा को भी अतिक्रान्त कर देने को उत्सुक दिखाई देती है। सर्वेश्वर अपनी अभिव्यक्ति में अपने अनुभूत युगबोध का जटिल रूप-विधान नहीं रचते, सम्भवतः उससे कतराते भी हैं। इसके विपरीत उनमें यह चेष्टा (उनकी सहज जीवन मूल्योन्मुखी ऋजुता के आग्रहवश ही) अवश्य दिखाई देती है कि वे अपनी बात का सीधा मर्म जगाने के लिए कविता पर से 'कविता' का मुखौटा भी उतार दें।

एक दूसरे स्तर पर सक्रिय सौन्दर्यबोध की कमी उन कविताओं में भी दिखाई देती है जो महज प्रकृति के दृश्य-रंगों को ही उभारती है। उदाहरण के लिए संग्रह की 'सूरज : नट', 'साँझ एक चित्र', 'दस्तकारी की दुकान', 'जाड़े की धूप', 'आये महन्त बसन्त' आदि कविताओं को लिया जा सकता है, जो चित्रात्मक वर्ण शिल्प, ध्वनि-रंग-संयोजन और मँजी हुई अभिव्यक्ति की दृष्टि से पूर्ण होते हुए भी किसी सक्रिय सौन्दर्य बोध का पक्ष नहीं उद्घाटित करतीं। प्रकृति-सम्बन्धी कुछ ऐसी भी कविताएँ हैं जिनमें कवि द्वारा अपनी आन्तरिक रिक्तता को बाहर की मनोरम दृश्य-रंगानुभूति में बिसरा देने की मनःस्थिति के अंकन की चेष्टा है। पर इस चेष्टा में भी वह हमेशा सफल नहीं होता, स्मृति की सूखी डाल रह-रह कर हिल जाती है।

सर्वेश्वर की प्रतिभा प्रश्नमुखी है, यद्यपि यह सही है कि मोह और विवशता की मनःस्थितियों से उबर कर वे किसी क्रियात्मक जीवन-बोध के स्तर पर आघात नहीं करते। वे अपनी काव्य-चेतना के जिस सन्धि-बिन्दु पर हैं वहाँ मानो आकर परस्पर मिलती हुई उनके बाह्यलोक तथा अन्तर्लोक की दो धाराएँ अपनी चरम उपलब्धि प्राप्त कर चुकी हैं; इसलिए उनका प्रश्न जो आह्वान बनकर व्यक्त हुआ है ('निडर आगे बढ़ो—/तुम्हारी राह में यह एक छोटा सा बाँस का पुल है) उनके काव्य-स्वर की थकान में एक फीकी लालसा बनकर रह गया है—

अब मैं कुछ कहना नहीं चाहता,
सुनना चाहता हूँ
एक समर्थ सच्ची आवाज
जो कहीं हो।

'अन्त में'

सर्वेश्वर अपनी संघर्षशील काव्य-पीढ़ी की विरासत के समर्थ और सच्चे कवि हैं। उन्होंने अपनी पीढ़ी की विसंगतियों और व्यंग्य-स्थितियों को काव्य के स्तर पर

सबसे अधिक जागरूक, सम्पृक्त और आत्मीय रूप में पहचाना है, पर उनकी काव्य प्रक्रिया अनुभूतिगत परिवेश की जिन वैयक्तिक मजबूरियों तथा भावबोध के जिन विशिष्ट संवेदनों से परिचालित होती है उन्होंने उनकी दृष्टि के आगे एक ऐसा बन्धन लगा रखा है जो उन्हें कविता के तटस्थ एवं निर्वैयक्तिक भावबोध की आधुनिकता के साथ-साथ आगे जाने नहीं देता। उनमें अपने बन्धनों को तोड़ने की कामना जरूर है, पर यह कामना उनमें या तो एक भावुक आवेश पैदा करके रह जाती है या फिर प्रतीक्षा के अन्धकार में डूब जाती है। परिणामतः जिस बाह्यलोक और अन्तर्लोक की परस्पर टकराहट से उद्भूत रचनात्मक प्रश्नशीलता के उद्रेक से सर्वेश्वर की कविताएँ शुरू होती हैं वहीं पर वे समाप्त भी हो जाती हैं। सर्वेश्वर की विफलता उनकी पीढ़ी की विफलता है और उनकी उपलब्धि उनके व्यक्तित्व की उपलब्धि, जो नयी कविता की भी उपलब्धि है। 'बाँस का पुल' उनकी और नयी कविता की उन्हीं उपलब्धियों का सूचक है, आगे की सम्भावनाओं का संकेत चाहे वह न भी हो।

(1964)

× × ×

'एक सूनी नाव' की कविताएँ सर्वेश्वर की काव्य-संवेदना के विस्तार की कविताएँ नहीं हैं, न ही वे नयी कविता की संवेदना के विस्तार की कविताएँ हैं। वे सर्वेश्वर के काव्य-स्वर की थकान की कविताएँ हैं। और यह बिलकुल अजब नहीं कि इस बात का सबसे अधिक अहसास स्वयं कवि को ही है, क्योंकि 'एक सूनी नाव' की कविताएँ मूलतः इंस्टिंक्ट पर चलने वाले एक ईमानदार आदमी की कविताएँ हैं।

लेकिन कवि में यह थकान क्यों है? कवि के पिछले काव्य-संग्रह (बाँस का पुल) की कविताओं को याद कर इस संग्रह की कविताएँ पढ़ते समय इस प्रश्न का उत्तर किसी भी जागरूक पाठक को मिल जाएगा। नहीं तो स्पष्ट रूप से स्वयं कवि ने ही लिखा है :

अपने को दोहराते-दोहराते
अब मैं थक गया हूँ

× × ×

जिसको आना हो आये
जाता हूँ मैं

यह मात्र काव्य-उक्ति नहीं है, बल्कि इस कथन में कवि की अनुभूति की पूरी सच्चाई व्यक्त हुई है। उस 'दुहराव' की अनुभूति की सच्चाई का इससे बढ़कर सबूत और क्या होगा कि कुछ इसी आशय की पंक्तियाँ अनुभूति की पूरी सच्चाई

के साथ 'बाँस का पुल' में भी व्यक्त की गयी थीं :

अब मैं कुछ कहना नहीं चाहता
सुनना चाहता हूँ
एक समर्थ सच्ची आवाज...

यहाँ फ़र्क सिर्फ यह है कि 'बाँस का पुल' में यह थकान कवि को यात्रा के अन्त में महसूस हुई थी और 'एक सूनी नाव' में यह थकान कमोबेश शुरू से ही मौजूद है और संग्रह के अन्त तक पहुँचते-पहुँचते अन्तिम कविता में बड़े वेग से अपने ऊपर फेंकी गयी तोहमत की तरह व्यक्त हो गयी है।

इस तरह एक बात स्पष्ट है कि 'एक सूनी नाव' की कविताओं के कवि को अधिक नजदीक से समझने के लिए 'बाँस का पुल' की कविताओं में बार-बार जाना पड़ेगा, दरअसल अनेक स्तरों पर दोनों के बीच एक समान पथ जाता है जिधर से होकर कवि गुजरा है। यह अप्रासंगिक नहीं कि 'बाँस का पुल' की शुरुआत 'यात्रा अब धर्म नहीं, विवशता है' के आत्म-स्वीकार से होती है और 'एक सूनी नाव' की पहली कविता इस बोध को रेखांकित करती हुई समाप्त होती है कि 'अक्सर एक व्यथा यात्रा बन जाती है' इसके अलावा स्थूल रूप से लें तो काव्य-विषय, चित्र बिम्ब और प्रतीक तथा बहुत कुछ भाषा के मामले में भी दोनों संग्रहों में बहुत सी समानताएँ हैं। और तो और 'एक सूनी नाव' की कई कविताओं में 'बाँस का पुल' की कविताओं की अनुगूँज, स्वर का खास लहजा और भाव-संगीत भी सुनाई पड़ जाता है। जैसा कि ऊपर संकेत किया गया, सिर्फ एक चीज दोनों संग्रहों को अलग करती है—अनुभूति की तीव्रता। दोनों में अनुभूति का प्रकृतिगत स्तर समान होते हुए भी 'एक सूनी नाव' में उसकी विशिष्टता खो गयी है, क्योंकि उसमें 'बाँस का पुल' की तीव्रता नहीं रही। अनुभूति की इस तीव्रता, दूसरे शब्दों में, अनुभूति की विशिष्टता, का न होना ही वह थकान है जिसे पाठक के साथ-साथ खुद कवि भी महसूस करता है।

इस थकान का उत्स सर्वेश्वर के कवि-व्यक्तित्व की उस प्रकृति में निहित है जिसमें न सिर्फ कोई तात्विक परिवर्तन घटित नहीं हुआ, वरन् जो किसी भी परिवर्तन को चुनौती देकर ही खड़ा रह सकता है। 'एक सूनी नाव' के फ़्लैप पर छपी इन पंक्तियों पर गौर कीजिए जहाँ 'बाँस का पुल' के बिम्ब (बिम्ब या प्रतीक?) की व्याख्या करते हुए कहा गया है कि बाँस का पुल 'लचकीला, केवल नमन-शील नहीं होता बल्कि (उसका गुण) विस्थापित होकर भी फिर बिना विकृति के अपने स्थान पर लौट आता है।'

अतः यह कहा जा सकता है कि कवि की थकान एक जगह सतत खड़े रहने से उपजी थकान है। आश्चर्य यहाँ उस थकान के होने में नहीं है, बल्कि इसमें है

कि क्यों कवि 'विकृत' हो जाने के भय से जीवन की कर्ममय संपृक्ति की वाहक दृष्टि का निषेध कर खुद ही अपनी यात्रा का मार्ग बन्द कर देता है।

लेकिन इस पहलू के विस्तार में जाने से पहले उस जमीन का विश्लेषण कर लेना आवश्यक है जिस पर कवि खड़ा है। 'बाँस का पुल' के विवेचन सन्दर्भ में कुछ बातों पर विचार किया गया है। यहाँ मैं कवि की सर्जनात्मकता के मूल प्रेरक तत्त्व, उसके आत्मसंघर्ष को ही, प्रस्तुत काव्य-संग्रह के परिप्रेक्ष्य में फिर से उठाऊँगा।

सर्वेश्वर का आत्मसंघर्ष मनुष्य-जीवन के 'भीतर' की 'सच्चाई' और 'बाहर' की 'सच्चाई' को लेकर है। कवि एक के लिए दूसरे का परित्याग नहीं कर पाता वरन् दोनों की परस्पर टकराहट को भोगता है। इस टकराहट में वह मानव-अनुभूतियों की उन क्राइसिसों का साक्षात्कार करता है जिनकी व्याप्ति आज के विपर्ययग्रस्त मानव-मूल्यों और जीवन के कटु विद्रूपों तक है। यहाँ यह समझ लेना भूल होगी कि सर्वेश्वर की बेचैनी, 'भीतर' और 'बाहर' की उस टकराहट के बीच कोई अर्थपूर्ण सामंजस्य स्थापित करने की—उन्हें किसी एक तीसरे सत्य में संघटित करने की है। इसके विपरीत 'बाहर' और 'भीतर' का आपस में निरन्तर तनावपूर्ण सह-सम्बन्ध बनाये रखना कवि को अपने 'जीवित' होने को महसूस करने के लिए आवश्यक प्रतीत होता है। यह उसकी संवेदना को पैना और धारदार बनाने के साथ-साथ उसे 'यात्रा' का—मानव-सत्यों की प्रतीति के अन्तराल में चलते रहने का—भी बोध देता है। इस तनावपूर्ण सह-सम्बन्ध की आग को सर्वेश्वर अपने भाव-संवेगों की आहुति देकर जीवित रखते हैं, इसीलिए वे उस तनाव को 'प्रबल आवेग' से महसूस करते हैं और हमेशा उस 'हरहराते निर्मल, निर्द्वन्द्व प्रवाह' की कामना करते हैं जो उन्हें बहा ले जाय और चूर कर दे। वस्तुतः उस तनाव को अक्षुण्ण रूप से महसूस करते रहना कवि के लिए एक आस्था का दर्जा रखता है। इसीलिए जब कभी 'बाहर' और 'भीतर' के तनावपूर्ण सह-सम्बन्ध की चेतना को कवि अपनी अनुभूति में एक चुभते हुए काँटे की तरह बनाये रखने में असमर्थ हो जाता है, तब उसे लगता है कि वह अपने कवि-धर्म से चूक गया है, अपने आप से निर्वासित स्वयं के लिए पराया हो गया है जिससे उसकी परछाईं तक घृणा करने की हकदार हो जाती है।

भाव-संवेगों के कवि सर्वेश्वर की यह शक्ति ही मानी जाएगी कि अपनी काव्य-यात्रा के आरम्भ से लगभग अब तक वे बाहर-भीतर के उस तनावपूर्ण सह-सम्बन्ध को अपनी अनुभूतियों में बराबर जिलाते आये हैं और नयी कविता से आज की कविता के क्रमशः अलग होते हुए भावबोध के वृत्त से निरन्तर छूटते जाकर भी आज के जीवन-बोध के मूल में निहित व्यापक सर्जनात्मक बेचैनी और असन्तोष से जुड़े रह सके हैं। किन्तु 'बाँस का पुल' के अन्त तक पहुँचकर कवि

को यह भी लगने लगा कि केवल 'सम्पूर्ण आवेगों' की ही शक्ति पर बाहर-भीतर के अन्तर्द्वन्द्व का यह नाजुक सन्तुलन तेजी से बदलते हुए समय-परिदृश्य में अधिक देर तक कायम नहीं रह सकेगा। सर्वेश्वर उस तनाव को किसी अमूर्त जीवन-दर्शन में अतिक्रमित नहीं कर सके तो इसकी वजह यह है कि उसके लिए जिस सजग बौद्धिक आधार की आवश्यकता होती है, वह उनमें नहीं है। दूसरे, जैसा कि पहले कहा गया, इस तनाव को कायम रखने के सिवा किसी समाधान या अन्वेषित सत्य की तरफ बढ़ना कवि का अभीष्ट भी नहीं है। यह आवश्यक नहीं कि कवि किसी समाधान अथवा अन्वेषित सत्य की ओर बढ़े ही, पर सर्वेश्वर के कवि-व्यक्तित्व की ट्रेजेडी यह है कि वे उस तनाव को सिर्फ और सिर्फ भाव-संवेगों के धरातल पर ही बनाये रखना चाहते हैं। उनकी काव्य-दृष्टि उन तनावों के अधिक जटिल और गहन नैतिक रूपों तक नहीं जाती। दरअसल वे कोई बड़ा जोखिम उठाना नहीं चाहते, अपने को नैतिक रूप से किसी अराजक स्थिति में डालना नहीं चाहते। अफसोस तो यह है कि जोखिम से बचने की प्रक्रिया में वे अपने कवि-कर्म की बुनियादी जमीन—बाहर-भीतर के तनावपूर्ण सह-सम्बन्ध की चेतना को भाव-संवेगों की लौ से दीप्त रखने की प्रक्रिया—पर भी हमेशा की तरह मजबूती और आस्था से टिके नहीं रह सके हैं। 'एक सूनी नाव' की कविताएँ इसे बखूबी स्पष्ट कर देती हैं।

इस संग्रह की कविताएँ पढ़कर दो बातें सामने आती हैं—एक तो इस संग्रह में प्रेमपरक कविताओं की संख्या सबसे ज्यादा है, दूसरे इसमें बाहर-भीतर की टकराहट का वैसा सीधा और प्रखर साक्षात्कार नहीं है जैसा हमें 'बाँस का पुल' में मिलता है। प्रेम का विषय कवि के लिए अधिकांश में टकराहट के दंश से पलायन कर स्मृति के अन्तरंग क्षेत्र में जाने की सुविधा प्रदान करता है। इस पलायन का एक विषय प्रकृति भी है, पर सर्वेश्वर की कविताओं में अक्सर प्रेम और प्रकृति एक-दूसरे में घुलमिल कर आते हैं। लेकिन 'बाँस का पुल' की प्रेमपरक कविताओं की पृष्ठभूमि में उस तनाव की अनुगूँज बराबर सुनाई पड़ती है—कवि समर्पण और प्रेम-विस्मृति के क्षण में भी अन्तरद्वन्द्व को छिपा नहीं पाता—और इसी कारण उन कविताओं का स्वर अधिक गहरा और तीखा है और मार्मिक करुणा की एक सूक्ष्म लकीर उनमें शुरू से आखिर तक दौड़ती है। अतः उनकी अभिव्यक्ति में एक ऐसा संश्लिष्ट कसाव है जो खूब खींचकर छोड़े गये तीर की तरह अपने निशाने पर अचूक बैठता है। 'एक सूनी नाव' की प्रेमपरक कविताएँ उस तनाव की छाया से मुक्त हैं, पर उनमें पूर्ण तन्मयता भी नहीं है। स्मृति के क्षणों में पहले वाली डुबान, डूबकर उबरने की तडफड़ाहट और उनके छूटते जाने की गतिजनित तीव्रता नहीं रही बल्कि अब स्मृतियों को मक्खियाँ समझने के सिनिसिज्म का भाव भी आ गया है। असल में ये कविताएँ प्रेम की कविताएँ न होकर प्रेम की प्रतिध्वनि की

कविताएँ हैं। प्रकृति का रूप भी इनमें काफी हद तक पालतू हो गया है। सर्वेश्वर अपनी अभिव्यक्ति के बहुत से औजार प्रकृति से ही जुटाते हैं, पर बार-बार के इस्तेमाल से ये औजार अब भोंथरे हो गये हैं और सधे उपयोग के बावजूद मन पर मर्म की कोई खरोंच नहीं पैदा कर पाते। इसके अलावा 'एक सूनी नाव' की कुछ कविताओं में, जिनमें अपेक्षाकृत जटिल नगरबोध-जनित काव्य-संवेदना का अंकन किया गया है, प्रकृति से लिये गये अभिव्यक्ति के इन औजारों का उपयोग बचकाना लगता है। 'चाँद जेब में पड़ा हुआ', 'सूरज को गिलहरी पेड़ पर बैठी खाती है', 'दुनिया मटर का दाना', 'दृष्टि कनटोप सा लगाती है', 'खामोशी कपड़े पहनाती है', 'नीला जाँघिया पहने चाँद', 'बादलों का सुथन्ना पहने भविष्य', 'किरनों के छाते लिये बूँदे', 'बर्फ़ के मोजे पहने प्यार' आदि (ये उदाहरण संग्रह के शुरू की केवल दो कविताओं से हैं) तथा और भी इसी तरह के प्रयोग गाँव और कस्बे के भावबोध वाली कविताओं के साथ तो खप सकते हैं, पर शहर के वयस्क और जटिल भावबोध वाली कविताओं में ऐसे प्रयोग बदमज़गी ही पैदा करते हैं। फिर कवि के इस तीसरे संग्रह में भी इन प्रयोगों को देखकर—जोकि रचनात्मक अन्वेषण के जोखिमपूर्ण काम के स्थान पर रचनात्मक सुविधा को पकड़े रहने की वृत्ति से उपजे हैं—इसी बात की पुष्टि होती है कि कवि एक बिन्दु पर ठहर गया है। उसके स्वर में वह पहले वाली लड़खड़ाहट नहीं रही जो रचनात्मक द्वन्द्व की तीव्रता का परिचय देती थी, बल्कि एक निश्चितता आ गयी है, अभिव्यक्ति का एक सधापन जो उन्हीं-उन्हीं औजारों के बार-बार प्रयोग करने के अभ्यास से आता है।

नये औजारों की तलाश रचनात्मक स्तर पर मानव-अनुभूतियों की नयी क्राइसिसों के साक्षात्कार में होती है और थकान के जिस मूड में कवि इस संग्रह की कविताओं में पहुँच चुका है, उसमें वह किसी नयी क्राइसिस में पड़ना नहीं चाहता। कवि की रचनात्मक चेतना में वह बाहर-भीतर का संघर्ष समाप्त नहीं हो गया है, पर वे अब एक-दूसरे के प्रति तीव्रता से प्रतिक्रिया नहीं करते। कभी-कभी तो यह भी लगता है कि उनके आपसी सम्बन्धों में उदासीनता का तत्त्व भी आ गया है। न सिर्फ यह, बल्कि कवि में उनकी द्वन्द्वात्मक स्थिति की रचनात्मक अर्थवानता के प्रति एक अनिश्चय और सन्देह का भाव भी विकसित होता दिखाई पड़ने लगा है। सर्वेश्वर जब यह कहते हैं कि :

भेद कठिन कुट्टिम छत
टपकी एक बूँद
इस घोर वृष्टि से
पूर्ण पृथक हो

× × ×

वह मेरी है
मैं उसका हूँ
बाहर का विशाल जल-प्लावन सदा पराया।

'एक बूँद'

या

मेरा एकान्त ही मेरा विजय स्थल है
जहाँ मैं हर दौड़ के बाद
गर्व से जाकर खड़ा हो जाता हूँ...

'इस अपरिचित नगर में'

अथवा जब एक सात्विक रोष में वे यह गुहार लगाते हैं कि :

मैं स्वयं एक युद्ध हूँ
मेरा किसी और के लिए
निर्माण मत करो

'युद्ध-स्थिति'

तब वे उसी अनिश्चय को व्यक्त करते है जिसमें वे बाहर की चुनौती और उसके कसाव से छुटकारा पाने के बीच जबरन अपने को एक पक्ष में झुकाने की विवशतापूर्ण आत्मप्रवंचना में मुब्तिला होते हैं। बाह्य सच्चाई, नियम, सिद्धान्त, मतवाद एवं आदर्श और इन सबको मनुष्य की आन्तरिक सच्चाइयों पर आरोपित करने के विरुद्ध आवाज उठाना सर्वेश्वर की कविता का नया स्वर नहीं है, लेकिन ऐसा करते समय कवि के पास निश्चित विकल्प के रूप में एक मजबूत भीतरी आधार–सार्वजनीन मनुष्य की आन्तरिक सच्चाइयों की मूल्यवत्ता में आस्था का आधार–रहता था, जो बाह्य सच्चाइयों की उपस्थिति में ही शक्ति प्राप्त करता था। अब जब सर्वेश्वर बाह्य सच्चाइयों पर आक्रमण करते हैं तब जैसे अपने भीतरी आधारों को ही कमजोर बनाते हैं, क्योंकि उन आधारों पर अब कवि की भी सम्पूर्ण आस्था नहीं रह गयी है।

गाँव से कस्बे और कस्बे से शहर की यात्रा में आधुनिक सभ्यता के संशय ने उसे डंस लिया है। पहले बाह्य अनुशासन के विरुद्ध वे सार्वजनीन मानव-मूल्यों की तरफ से लड़ते थे, अब इस लड़ाई का उद्देश्य अपने क्लान्त व्यक्ति मन के लिए एक छायादार कोना तलाश कर लेना है जहाँ उन्हें अपनी चेतन की फटकार न सुननी पड़े। इसके बावजूद जब कभी कवि बाहर-भीतर की लड़ाई में भीतर को तरजीह देता है तो लगता है, वह उन डूबते आधारों को ही मजबूती से पकड़ लेना चाह रहा है–सार्वजनीन मनुष्य में आस्था के आधारों को। वह उनकी ओर एक

बार फिर लौटना चाहता है, हालाँकि वह यह भी जानता है कि नगर-बोध के संशय-ग्रस्त मूल्यों का ज्ञान उनके 'जूतों से चिपक रहा है।' अपने आदि तेजस्वी कविरूप की याद कर वह किसी साहस और संकल्प के क्षण में यह निश्चय भी दुहराता है कि :

> **यूँ छोड़ने को मैं**
> **ये जूते भी छोड़ सकता हूँ,**
> **बिलों और बसों के टिकटों पर**
> **पैर रखता हुआ**
> **राह मोड़ सकता हूँ,**
> **पर दूकानें बन्द हैं**
> **और मुझे अपनी कीमत चुकानी है**
>
> **'एक शहर'**

कीमत चुकाने की बात कवि की ईमानदारी हो सकती है, पर हम जानते हैं कि जिन सिक्कों (भावसंवेग) में वह कीमत चुकाएगा, वे अपना मूल्य खो चुके हैं। ईमानदारी के ही क्षण में शायद कभी कवि को यह लगे कि 'एक सूनी नाव' की कविताएँ एक बार फिर उसे चुनौती दे रही हैं कि वह अपने को इस ठहराव की जड़ता से मुक्त करे। कवि इस चुनौती को स्वीकार करेगा या नहीं, यह हम नहीं जानते। पर इतना निश्चित है कि इस ठहराव से मुक्त होने के लिए उसे अपने को नयी रचनात्मक 'क्राइसिसों' में झोंकने के साथ-साथ लड़ाई के नये औजार भी तलाश करने होंगे। कल के औजारों से आज की लड़ाई नहीं लड़ी जा सकती।

[1967]

स्मृति में बन्द रचना

निर्मल वर्मा अपने देश वापस लौटकर भी वापस नहीं लौटे हैं। वे एक अन्तराल में हैं। इस अन्तराल के एक छोर पर है अतीत, अनुभव के मिथ की तरह। दूसरे छोर पर है वर्तमान, अनुभव की वास्तविकता की तरह। अतीत एक जादू है जो स्मृति बनकर उन पर छाया हुआ है, वर्तमान उन्हें अपनी तरफ खींचता है क्योंकि उसी में सम्भावना है। तनाव वे दोनों का महसूस करते हैं। वर्तमान के प्रति ललक उनमें है, पर आधे मन की या शायद आधे से भी कम मन की। वर्तमान का 'खुलापन' उनकी दृष्टि में अटकता है, कहीं भीतर बींधता भी है, पर इससे ज्यादा नहीं। स्मृति का पलड़ा ज्यादा भारी है, वे स्मृति के जिये गये सजीव रेशों से बुनी अपनी दुनिया के पास से पासतर रहना चाहते हैं। हकीकत यह है कि रचना निर्मल वर्मा के लिए स्मृति में ही है। स्मृति में हर बार कुछ-न-कुछ छूट जाता है—समय-बोध के जाल से छूटकर गिरे क्षणों जैसा—और यह कुछ छूटा हुआ ही बार-बार उन्हें रचने को प्रेरित करता है। निर्मल वर्मा के लिए उस छूटे हुए को बार-बार पकड़ने-बाँधने की चेष्टा न तो पुरानी पड़ी है, न उस चेष्टा में जिस अर्थ की रचना उनसे हो जाती है उस पर उनकी पकड़ ही ढीली हुई है। उनकी रचना का स्रष्ट अर्थ उनकी स्मृति की तरह ही एक जगह ठहरा हुआ है। जगह नहीं, अन्तराल।

इस अन्तराल की एक शक्ल 'बीच बहस में' की इन कहानियों में कुछ यों उभरती है कि इनमें जो कुछ घटित होता है वह या तो किसी ट्रेन के डिब्बे में, पब में, पार्क के मैदान में या अस्पताल के एक क्यूबिकिल में। अस्थायीपन और फिलहालियत की मुहर लगाये ये सब स्थान रचना में सिर्फ भौतिक सन्दर्भ बनकर नहीं आये हैं, बल्कि ये मूल्यों के प्रतीक भी हैं। इस मूल्य में सम्पूर्ण सम्पृक्ति का निषेध है, अपने आपको पूरी तरह दे दिये जाने का निषेध, कहीं एक जगह रम जाने, बस जाने, किसी का होकर रह जाने का निषेध—पर घटित का निषेध इनमें नहीं है, जो घटित हो रहा है, वह हो रहा है क्योंकि वह जीवन के किन्हीं बहुत जरूरी अनुभवों को पूरा करने के लिए एक लम्बी यात्रा के क्रम में है।

यह कहीं न बँधने की अनिश्चितता और चलते रहने का टेम्प्रेरीपन हर कहीं

है। जैसे दृश्य में, वैसे ही मानक-सम्बन्धों में। 'छुट्टियों के बाद' में प्रेम-प्यार के नाते छुट्टियों की समाप्ति के साथ—बल्कि एक स्टेशन और दूसरे स्टेशन के बीच ही बदल जाते हैं। 'वीक एण्ड' की प्रेमिका अपने विवाहित प्रेमी से केवल वीक एण्ड के भागते अन्तराल में ही जुड़ पाती है, किसी स्थायित्वपूर्ण रिश्ते की आत्मनिर्भर एकाग्रता में नहीं। 'दो घर' में देश और विदेश के बीच की द्विविधापूर्ण मनःस्थिति में जीने का उखड़ापन है। 'बीच बहस में' में पिता-पुत्र के सम्बन्धों पर अस्पताल की विषण्ण छाया है—वे एक-दूसरे से न तो पूरी तरह जुड़ पाते हैं, न पूरी तरह कट पाते हैं। इन कहानियों के पात्र अपने अतीत से चलकर दूर निकल आये हैं, पर जहाँ वे हैं वहाँ न तो अतीत से मुक्ति है न वर्तमान का स्वीकार। इन्हें आप कहीं भी, किसी काल या देश में, स्थानबद्ध नहीं कर सकते। ये जब अपने अनुभव-सत्यों की रोशनी में चमकते हैं तब अपने पीछे की पृष्ठभूमि को—अपने अस्तित्व की भौतिक जमीन को—प्रकाशित नहीं करते। ये क्लोज-अप की तरह आपकी भाव-संवेदना की आँख पर कुछ इस तरह छा जाते हैं कि आपकी सजग चेतना में वर्तमान की पहचान वाटर कॅलर की तरह फैलकर उनके चेहरों के पीछे तिरोहित हो जाती है। देश-काल से परे नहीं, पर एक प्रकार के अस्तित्ववादी नोमैन्सलैण्ड में डोलते ये चेहरे हवा के थपेड़ों से मार खाती भागती उन पत्तियों की तरह ही हैं जिसका वर्णन लगभग हर कहानी में आता है। भागना, चलना नहीं, इनकी नियति है—एक दृश्य से दूसरे दृश्य में, एक स्थिति से दूसरी स्थिति में। ये सिर्फ लौटते हैं, कहीं जाते नहीं। जाने में आगे की एक दिशा छिपी रहती है जो कहीं पहुँचने की तरफ इशारा करती है। पर इन्हें कहीं नहीं पहुँचना है। ये भागते हुए भी ठहरे हुए हैं।

यह भागना इतना धीमे-धीमे होता है कि ठहरा हुआ लगता है—स्लोस्पीड मूवी फिल्म की तरह। एक साथ भागने और ठहरा होने में कई चीजें पैदा होती हैं। पहले तो एक गीतात्मक लय, जो अनुभूति में ही नहीं भाषा में भी है। निर्मल वर्मा अनुभूति को किसी विक्षुब्ध मनोभूमि से नहीं उठाते, बल्कि हमेशा एक उदास गीतिलय की मनोभूमि से उठाते हैं जिसे तनाव के छोटे-छोटे आघातों से गहरा करते जाते हैं। अनुभूतियों में से अपनी रचना का अर्थ सम्प्रेषित करते हुए वे कभी-कभी अर्थ के परे चले जाते हैं, जैसे कि अर्थ की ठोस प्रतीति कराना नहीं, अर्थ को पकड़ने में निरन्तर खुद के भटकने का अहसास देना उनका मकसद हो। एक लय में, भावानुभूतियों के एक सन्तुलित उतार-चढ़ाव में, भटकना। इस भटकने के संगीत को अपनी अनुभूतियों में महसूस करना और शब्दों में अंकित करना। शब्दों में इस गीतिलय को इतना पारदर्शी बना देना कि उसे आप न सिर्फ सुन सकें बल्कि देख भी सकें। 'वीक एण्ड' कहानी का एक पैराग्राफ देखिए—

"अब अँधेरा था—दुपहर की रोशनी के बीच एक काला द्वीप, गर्म, साफ,

उसकी साँसों को सहता, समोता हुआ, कहीं कुछ गलत है, उसने सोचा, कहीं कुछ इतना ज्यादा गलत है कि लगभग सही जान पड़ता है। उसने अँधेरे में टटोलकर अपने मुख को बाहर निकाला, एक सन्दिग्ध सिक्के की तरह उसे खटखटाया, बहुत ध्यान से उसकी खनक को सुना, कान लगाकर, जैसे सबकुछ उस पर निर्भर हो। सिर्फ हवा की गूँज थी—और कुछ नहीं। मिटती दुपहर का सन्नाटा—और बच्ची की चीखें थीं, पंखों से भी ज्यादा हल्की। वे सब असली थीं—उसके अपने नकली अँधेरे में।"

रचना का अर्थ पकड़ने के उपक्रम में यहाँ भागने और ठहरे होने के बीच की दूरी इतनी कम है कि रुक-रुककर बोलते शब्द एकटक देखते चित्रों की तरह एक के बाद एक उभरते चले आते हैं, एक तटस्थ भावोद्रेक में अपनी अलग-अलग पहचान बनाये हुए भी परस्पर गुँथे हुए, जो बहुत आहिस्ते-आहिस्ते घटित हो रहा है, उसको उतने ही वजन और ताप में झेलते और झलकाते हुए।

इस गीतात्मक लय में एक प्रकार का इत्मीनान है, रचाव है, और चीजों को पकड़ने का सलीका। चूँकि कहीं जाने या पहुँचने की हड़बड़ी नहीं है, इसलिए अपनी रचनात्मक भटकन में निर्मल वर्मा हर दृश्य में ठहरते, उस दृश्य के अन्तरतम में पैठते और उसमें छिपे मर्म को अपनी कला के सुघड़ हाथों से छूते, उघारते चलते हैं। पर इन अनुभूति-दृश्यों में वे ज्यादा देर तक नहीं ठहरते। ऐसा करना गोया ठोस सम्पृक्ति के उस बीहड़ दलदल में प्रवेश करना है जो कि उसकी रचना की मूल प्रकृति की शर्तों के विरुद्ध पड़ता। दरअसल जब आप कहीं न होते हुए भी कहीं होते हैं (निर्मल वर्मा की रचना की केन्द्रीय स्थिति यही है) तो इस होने का अन्त एक करुणा में ही हो सकता है। सारी तकलीफ और छटपटाहट बाजुओं में उतरने के पहले ही इस उदास करुणा में ढल जाती है।

निर्मल वर्मा की यह करुणा आत्मदया नहीं है। यह एक समझदार और वयस्क करुणा है। यह करुणा जीवन में विसंगतियों को देखती है और उन्हें समझती है, गोकि कुछ करती नहीं। निर्मल वर्मा की कहानियों के पात्र एक-दूसरे को भीतर से समझते हैं, इसीलिए उनमें आपस में कोई विरोध या संघर्ष नहीं है, वे एक-दूसरे को काटते नहीं, एक-दूसरे के अस्तित्व की प्रतिज्ञाओं को तोड़ते नहीं। एक अर्थ में वे यथास्थितिवादी हैं। वे अपने केन्द्र पर अपनी अनुभूति की पूरी सजीवता से डोलते हुए सिर्फ स्थिर रहना चाहते हैं, न अपने आपको न अपने परिवेश को और न इन दोनों के सम्बन्ध को ही बदलना चाहते हैं।

निर्मल वर्मा की संवेदना का इलाका धूपछाँही रंगवाला इलाका है—अपने तमाम बारीक रंग-रेशों और बुनावट के साथ। उनका अँधेरा वह अँधेरा नहीं जिसे आप आमतौर से जानते हैं, बल्कि एक साफ, तरल और पारदर्शी अँधेरा है। उनकी धूप बदन को तपाने झुलसानेवाला नहीं है, उनकी पीड़ा मन में दरारें तो बनाती है पर

उसे तोड़ती नहीं। लगाव है पर संशय भी है कि जो लगाव को जड़ नहीं जमाने देता। इन कहानियों में जो मन व्यक्त होता है उसके नीचे की जमीन खिसकती हुई है। उसके भागने के लिए कई अनुभव-प्रदेश हैं—अफलित प्रेम, अतीत और भविष्य से डर का वर्तमान, सम्बन्धों के बीच की रिसती हुई दरार, यादें। पर यह विस्थापित और असुरक्षित मन इन सबमें कहीं भी नहीं टिक पाता। इसीलिए प्रेम प्रेम होकर भी प्रेम नहीं है क्योंकि वह खालीपन को भरता नहीं, खालीपन को उजागर करता है ('वीकएण्ड'), डर डर नहीं है क्योंकि उसका चेहरा कहीं सामने नहीं आता, चेतना की किन्हीं अदृश्य पर्तों में ही छिपा रह जाता है ('दो घर'), सम्बन्धों के बीच की दरार जितना अलग करती है उतना ही जोड़ती जाती है ('बीच बहस में'), यादें बीते हुए दिनों का स्मरण कर उनमें घटित अनुभव से मुक्त हो जाने के लिए नहीं, उस अनुभव को अपने और भी पास खींच लाने के लिए, उसे अपने लिए और भी संवेद्य बनाने के लिए हैं।

इस संवेदना के अनुरूप ही निर्मल वर्मा का गद्य है। धूपछाँही गद्य। वे चिलचिलाती धूप के लिए 'तितीरी' धूप लिखते हैं। तितीरी शब्द में चमक तो है पर दाह नहीं। यह गद्य स्मृति की कविता का गद्य है, वर्तमान की आँच में तपता सपाट मैदानी गद्य नहीं। समर्थ गद्य हो, पर सशक्त गद्य, नहीं। क्योंकि इस गद्य की मांसपेशियाँ लड़ने-भिड़ने से, गैर-तत्व के साथ जोर-आजमाइश न करने के कारण चीमड़ हो गयी हैं, मोम की तरह मृदु चमक लिये, पर चीमड़। ऐसा गद्य आपमें ऐन्द्रिक संवेदन की फुरफुरी दौड़ा देता है, एक सेन्सुअस उत्तेजन जगाता है, आपकी नसों को झनझनाता नहीं, झिंझोड़ता नहीं, मथता नहीं। आप इस गद्य से अगर प्रभावित होते हैं तो उदास हो जाते हैं, अन्तर्मुख हो जाते हैं। कुछ सोचने-से लगते हैं, आपमें कुछ बहुत धीरे-धीरे पिघलने लगता है। आप उससे फड़कते नहीं, चकित नहीं होते, उठते नहीं, बस डूबने लगते हैं, उड़ते नहीं, सिकुड़ते हैं, फैलते नहीं, बँधने लगते हैं, खुलते नहीं।

शब्द अब भी निर्मल वर्मा के लिए जादू है। वे बड़े प्यार-दुलार से शब्दों को उठाते हैं और पास-पास रखते हैं। उन्हें हमेशा साफ-सुथरा रखने के लिए उन्हें झाड़ते-पोंछते भी रहते हैं। शब्दों को बरतने का ढंग उन्हें आता है। वे शब्दों को फुसलाना और फुसलाकर उनसे अपने मतलब की बात कहवा लेना जानते हैं।

शब्द जादू की कुंजी है जिससे निर्मल वर्मा अपनी स्मृति के बन्द कमरे को खोलते हैं। कमरे में जो बन्द है उनका आपा है, उनकी अस्मिता। इस अस्मिता के लिए जो शब्द लगभग मन्त्र की तरह इन कहानियों में बार-बार आता है वह है 'घर'। इन कहानियों के पात्रों का कोई घर नहीं है, 'कोई आत्मीय जगह' जो बचपन में घर की रसोई हुआ करती थी, कोई आत्मीय बिस्तर, कोई जगह जहाँ जाया जा सके, सिर्फ लौटा नहीं। घर की यह अनुपस्थिति ही घर को मुखर रूप से

उपस्थित बनाती है, लगता है वही इन कहानियों का केन्द्रीय चरित्र हो। "कुछ लोग छुट्टियों के बाद भी घर नहीं लौटते, सिर्फ दूसरों को देखकर उन्हें विश्वास होता है कि छुट्टियाँ खत्म हो रही हैं।" (छुट्टियों के बाद)। "घर कहीं नहीं था इसलिए घर की आवाज अच्छी लगती थी।" (वीक एण्ड)। "आप घर क्यों नहीं लौट जाते?" "घर..." उन्होंने भयभीत दृष्टि से मेरी ओर देखा—"कौन-सा घर?" "मैं आपका मतलब नहीं समझा।" (दो घर)। "घर लौटने के लिए तो जिद नहीं करते?" "कैसा घर?" "अपना घर, और कैसा घर?" माँ ने झुलझुलाते हुए कहा। (बीच बहस में)। घर शब्द जब भी आता है किसी खाली जगह को भरने, लहूलुहान मर्म को काँपती उँगलियों से छूने जैसा आता है, और जितनी उत्कट अर्थ-सम्पृक्ति के साथ आता है उतनी ही उत्कटता से अपने छूछेपन का अहसास करा जाता है, खालीपन बजाय भरने के और भी नंगा और रक्तरंजित हो उठता है।

निर्मल वर्मा के लिए इस 'घर' का कोई विकल्प नहीं, इस 'घर' को वे किसी दूसरी चीज से बदल नहीं सकते, इस 'घर' की जरूरत को पूरा करने के लिए कोई दूसरी चीज रच नहीं सकते। क्योंकि इस रचने में अपनी स्मृति के बन्द कमरे से बाहर-आना होगा, उस खुले और क्रूर वर्तमान में, जिसकी खटखटाहट वे कमरे के दरवाजे पर सुनते हैं। यह वर्तमान निर्मल वर्मा के लिए एक 'मकान' है, एक ऐसा मकान जिसमें कोई प्राइवेसी नहीं, अँधेरे व्यक्तिगत कोनों का कोई रहस्य नहीं है जिसके आसपास स्मृतियाँ नहीं जुड़ी हैं। स्मृति पर जो इतना जोर निर्मल वर्मा देते हैं वह इसीलिए—'मकान को घर' बनाने के लिए। जो उखड़ा-उखड़ा, संस्कारहीन, अश्लील और ओछा है उसे परिष्कृत, गरिमायुक्त, सुसंस्कृत सौन्दर्य की आन्तरिकता से समृद्ध बनाने के लिए। जहाँ स्मृति है वहीं निर्मल वर्मा अपने को सुरक्षित महसूस करते हैं, उसके बाहर वे एक 'मरुस्थल', एक विषाद और अन्तहीन ऊब देखते हैं जिनसे उन्हें सिर्फ डर लगता है।

यह डर ही उन्हें खुलने नहीं देता। स्मृति के बाहर के बेलौस जलते और ऊबड़खाबड़ प्रदेशों में भटकने, रमने नहीं देता। उनमें खुलेपन के प्रति एक ललक जरूर है—वे गलियों, छतों और चौराहे की खुली जीवनधारा की चर्चा करते हैं—पर जब कभी वे अपनी स्मृति के कमरे के बाहर आने की कोशिश करते हैं तो उन्हें धूप और पिकनिक और हवा में हँसती-खिलखिलाती लड़कियाँ याद आती हैं।

स्मृति पर इतना आग्रह रखने के बावजूद निर्मल वर्मा की रचना स्मृति-निर्भर नहीं है, जैसे कि मार्सेल प्रूस्त की थी। प्रूस्त में स्वप्न और यथार्थ इस तरह एक हो जाते हैं कि उन्हें एक-दूसरे से अलग नहीं किया जा सकता, वहाँ स्वप्न ही यथार्थ है और यथार्थ भी ऐसा जो स्मृति में संचित अनुभव संवेदनों के अलावा अपनी सत्यता के लिए किसी और चीज का मोहताज नहीं। निर्मल वर्मा की रचना इस हद तक स्मृति-निर्भर नहीं है। वे स्मृति के संवेदन और यथार्थ के संवेदन के बीच

स्थित वस्तुगत दरार को महसूस करते हैं। यह अहसास कि स्मृति-लोक में रहकर भी रक्षित नहीं रहा जा सकता, उनमें बढ़ता जा रहा है। उन्हें लगने लगा है कि बाहर की सच्चाई से मुठभेड़ अवश्यम्भावी है। पर दिक्कत यह है कि वे स्मृति के संवेदन और यथार्थ के संवेदन के बीच की उस वस्तुगत दरार को अधिकाधिक चौड़ा करते जाने और इस प्रक्रिया में नये-नये जोखिमों से टकराने की नियति को अपने लिए स्वीकार नहीं कर पाते। उनकी मुद्रा अभी भी अपनी भीतरी कैद को छोड़ने और बाहर आने के बीच के तनाव को महसूस करने और उसे कला की तकलीफ में ढालकर चित्रित करने की है। यह तनाव भी विस्फोटक होने की हद तक नहीं बढ़ने पाता। इसका कारण यह है कि निर्मल वर्मा वर्तमान को भी अतीत बनाकर ही जीते हैं, क्योंकि वे अतीत के साथ-साथ वर्तमान के अनुभव को भी स्मृति में ही जीते हैं, किसी अगली कार्रवाई की भूमिका के रूप में नहीं।

अतः निर्मल वर्मा बार-बार अपनी रचना-संवेदना के परिचित दायरों की ओर वापस लौटते हैं। हर बार चोट की एक नयी तीव्रता के साथ लौटते हैं, और जितना ही लौटते हैं उतना ही वह कुछ जो परिचित है और भी परिचित, आत्मीय और गहरा होता जाता है। अनुभव के ऊपर की फालतू परतें छिलती जाती हैं, और रचना अपनी मूल संवेदना के निकट अधिक पारदर्शी होती जाती है। निर्मल वर्मा की रचना की पारदर्शी चमड़ी के नीचे आप उस अनुभव को धड़कते सुन सकते हैं, छू सकते हैं। यह अनुभव बड़ा निरीह और निष्कवच है। आपको लगता है कि यह अपनी कला की पतली झिल्ली के बाहर की बरसती आग और बजते शोर की जाब नहीं सह पाएगा। यह अहसास निर्मल वर्मा की रचना के प्रति एक करुणा जगाता। आपकी इस करुणा को भी जज्ब कर लेनेवाली जड़ निर्मल वर्मा की रचना में है। मलाल आपको अगर होता है तो इस बात का कि एक ही जैसे अनुभव-वृत्त और एक ही जैसी कला-संवेदना की लगातार इन-ब्रीडिंग से वह करुणा तेजी से आत्मदया में बदलती जाएगी। इससे उनकी रचना की जो हालत होगी इसके लिए आपको अभी से तैयार रहना पड़ सकता है।

नया रचनाकार : अभिव्यक्ति की समस्या

आज कविता लिखना शुरू करते समय एक बिलकुल नये कवि के आगे एक विचित्र-सी स्थिति दिखाई पड़ती है। इस स्थिति की तुलना मनोविज्ञान के 'सीखने के पठार' से की जा सकती है। नयी कविता की विकास-यात्रा में एक ऊँची कठिन चढ़ाई चढ़ लेने के बाद इस एकरूप समतल 'पठार' में पहुँचकर नया कवि अनुभव करता है कि कविता में जिन चीजों को उपलब्ध करने के लिए किसी जमाने में कई-कई पर्वत लाँघने पड़े थे, कई छोटी-मोटी क्रान्तियाँ खड़ी करनी पड़ी थीं वे तो अब उसके लिए सहज ही सुलभ बन गयी हैं। संवेदना का विस्तार एवं गहराई, बिना किसी साहित्यिक-राजनैतिक चश्मे के जीवन को देखने वाली मानवीय दृष्टि, अभिव्यक्ति का संयम और लालित्य, काव्य-भाषा द्वारा सूक्ष्म से सूक्ष्म जटिल संवेदनाओं को अंकित कर सकने की परिष्कृति—यह सब उसे विरासत में मिला हुआ है। पुराने रूढ़ प्रतीकों और बिम्बों से पिण्ड छूट चुका है और नितान्त वैयक्तिक संवेदन-स्रोतों से नये बिम्ब तथा प्रतीक रचने की पूरी स्वतन्त्रता है, भाषा अधिक मुहावरेदार और बोलचाल के निकट है। उसे अब इस बात की स्मृति भी नहीं कि बच्चन की परम्परा में भवानीप्रसाद मिश्र से लेकर सर्वेश्वर तक की पीढ़ी को इसके लिए कितने विरोधों का सामना करना पड़ा है। यथार्थ के गहरे स्तरों का उद्‌घाटन हो रहा है और कवि केवल कविमात्र न रहकर विचारक भी हो गया है (यह बात पहले 'कवि' की पराजय समझी जाती थी)। संक्षेप में यह कि जो कुछ पहले आन्दोलनकारी समझा जाता था अब सहज स्वीकार्य है। किन्तु दुर्भाग्यवश यह स्थिति ही एक अवरोध, एक जकड़ाव की स्थिति बन गयी है और इस जकड़ाव में एक बिलकुल नये कवि के साथ वे कवि भी घिर गये हैं जो नयी कविता की विकास-यात्रा में अलग-अलग दूरियों-पड़ावों पर सहयात्री रहे हैं।

इतना होने पर भी नयी कविता की यात्रा इस एकरूप समतल 'पठार' के बाद आगे रुकती दिखाई नहीं देती। इस 'पठार' से उबरने की जी-तोड़ कोशिशें चल रही हैं। इस 'पठार' से आगे कदम उठाने पर हमें एक 'दलदल' मिलता है। नयी कविता को इस 'दलदल' से मुक्ति का रास्ता भले ही मिल गया हो, लेकिन उसकी

चेतना इस दलदल की स्मृति से पूर्णतः मुक्त नहीं दिखती। उसका भावी स्वरूप क्या होगा यह इस बात पर निर्भर करता है कि वह इस दलदल का समाधान किस रूप में करती है। आखिर वह 'दलदल' है क्या?

वर्तमान युग-जीवन में व्यापक स्तर पर घटित होने वाले यथार्थ के अनुभव की प्रतिक्रिया के स्पष्ट ही दो ध्रुव बन गये हैं, जिसका परिणाम है खण्डित संवेदनीयता। अतः हम पाते हैं कि यथार्थ के अनुभूत-पक्ष और उसके चिन्तन-पक्ष में एक गहरी खाई बन गयी है। यथार्थ के अनुभव की इस ध्रुवाभिमुखता तथा उनके बीच परस्पर वैषम्य के अनेक रूपों के उदाहरण इधर की कविताओं में देखने को मिल जाएँगे। ये दो ध्रुव एक साथ समानान्तर गतियों में कवि-मानस को प्रभावित करते से लगते हैं। ऐसी स्थिति में लिखी जाने वाली अधिकांश कविताएँ काव्य-अनुभूति का एक सम्पूर्ण संघटित प्रभाव नहीं उत्पन्न कर पातीं। कभी-कभी ये दोनों एक में गड्डमड्ड हो जाते हैं, तब कविता दुरूहता का एक अच्छा-खासा नमूना बन जाती है। कभी ऐसा भी होता है कि ये दोनों ध्रुव परस्पर एक दूसरे पर हावी होना चाहते हैं। ऐसी स्थिति में या तो कविता अमूर्त्तन की ओर झुकती है या फिर एक आवेश-जनित बौखलाहट के रूप में व्यक्त होती है। प्रत्येक स्थिति में एक प्रकार का स्नायुविक तनाव कविता में दिखाई पड़ता है।

आधुनिक विज्ञान ने ज्ञान तथा संवेदना के सभी क्षेत्रों-स्रोतों का इस हद तक विश्लेषण कर दिया है कि अब कोई चीज रहस्यमय नहीं लगती। अतः कविता अब किसी प्रकार का भ्रम रच सकने में असमर्थ हो गयी है। बहुत अंशों में इस तथ्य को सम्पूर्णतः स्वीकार न करने के कारण नया कवि इस डाइलेमा से ग्रस्त दीखता है कि कविता अब भी उस 'भ्रम' की सृष्टि कर सकती है। ऊपर हमने जिस दुरूहता का उल्लेख किया वह वस्तुतः इसी डाइलेमा का परिणाम है, और उस 'दलदल' के ही एक पक्ष को उजागर करता है।

'दलदल' का एक और रूप नये कवि की उस चेष्टा में भी व्यक्त होता है जब वह क्षण से उपजी अनुभूति में अधिक से अधिक आयाम अन्वेषित करने अथवा उसमें भरने का आग्रह रखता है। यह नये कवि के उत्तरदायित्व-बोध, उसकी यथार्थ की जटिल परिस्थितियों के प्रति सजगता तथा अनुभूति-क्षेत्रों के विस्तार का सूचक अवश्य है, किन्तु यह उसे कविता के प्रति जिन रवैयों का निर्माण करने की ओर प्रेरित कर रहा है वह नयी कविता के विकास की दृष्टि से आशाजनक नहीं कहा जा सकता।

अनुभूति में अधिकतम आयाम ढूँढ़ने या भरने के कई तरीके हैं। एक है उसे इतिहास के अनुभव-स्रोतों से जोड़ना (इलियट का उदाहरण इस सन्दर्भ में अब भी कवियों को ताजा लग सकता है)। दूसरा तरीका है स्मृति में पुंजीभूत संवेदनों, अनुभूति-खण्डों एवं कल्पनाओं को जगाना। स्मृति का तत्त्व प्रायः भाषा की रचना

में ही निहित होता है, क्योंकि भाषा अपने अर्थ एवं ध्वनि सम्बन्धी विकास-नियमों की श्लथ गति के कारण स्मृति से पूर्णतः कभी मुक्त नहीं हो पाती। इन तरीकों से कविता में अर्थ-गाम्भीर्य भले आता हो, अनुभूति का एक छोर सुदूर कालातीत अतीत का स्पर्श भले करने लगता हो, वर्तमान क्षण से उद्भूत संवेदना का स्मृति के संवेदनात्मक सन्दर्भों से नैरन्तर्य भले स्थापित हो जाता हो, किन्तु इससे वर्तमान-क्षण के यथार्थ का सही परिप्रेक्ष्य अवश्य घट-बढ़ जाता है। इससे यथार्थ के विकासमान स्वरूप को भाषा द्वारा सम्प्रेषित करने की सम्भावना खत्म हो जाती है।

जब यह एक बार स्पष्ट हो जाय कि वर्तमान यथार्थ अनुभव को नया कवि न तो नये-नये बिम्बों की रचना करके अभिव्यक्त कर पा रहा है, न मात्र अमूर्त्तन द्वारा, तब भाषा को ही काव्य की नयी सम्भावनाएँ विकसित करने का आधार बना लिए जाने का पक्ष सामने आता है। यद्यपि भाषा द्वारा अर्थ के नये सृजनात्मक आयामों का सम्प्रेषण मूलतः अमूर्त्तन की ही क्रिया है, किन्तु सौन्दर्यबोध के जिस स्तर पर यह बल देता है वह अमूर्त्तन की क्रिया से भिन्न है।

भाषा में निहित नये काव्य-अर्थ की सम्भावनाओं के उद्घाटन के लिए भाषा की आन्तरिक रचना और इस आधार पर उसकी शक्तिमत्ता का ज्ञान होना आवश्यक है। हममें भाषा के व्यक्तित्व को न सिर्फ महसूस कर सकने वरन् उसे विश्लेषित कर सकने की क्षमता भी होनी चाहिए। यह एक प्रकार से उन औजारों की पहचान करना है जिन्हें हम नये सिरे से नये उद्देश्यों के लिए इस्तेमाल करेंगे। भाषा का यह शुद्ध यान्त्रिक पक्ष है और उसके नियम-विधान से हमारी जानकारी जरूरी है। शुरू में नयी कविता में भाषा से अर्थ का नया आयाम उभारने के लिए प्रायः ध्वनि-चिह्नों, कोलन, डैश, शब्दों को टुकड़े-टुकड़े करके रखने के क्रम आदि का प्रयोग किया जाता था, किन्तु भाषा के इस आन्तरिक नियम-विधान (मैकेनिज़्म) से परिचय उस समय तक नये कवि का नहीं था। इसीलिए उस प्रकार का भाषा-प्रयोग एक छिछले किस्म का 'चमत्कार' ही उत्पन्न कर पाता था। देखा जाय तो इस नियम-विधान की गैरजानकारी ही एक सीमा तक अभिव्यक्ति में मैनरिज़्म और जकड़ाव बनकर उपस्थित हुई है। कविता में भाषा-प्रयोग की विधि, उसमें प्रयुक्त शब्दों का निश्चित व्याकरणिक क्रम (सिन्टैक्स), उसका विशिष्ट वाक्य-विन्यास प्रायः आज नये अर्थप्रभावों को पनपने ही नहीं देता। संवेदना चाहे कितने ही अछूते सन्दर्भों से उठाई गयी हो, अनुभूत-सत्य कितना ही नवीन हो, अभिव्यक्ति का रुख कितना ही सशक्त हो, भाषा-प्रयोग का यह प्रचलित नियम और नियमों के साँचे में ढला हुआ परिष्कृत संस्कार उसे बासी बना देता है। बहुधा हम जो अर्थ ध्वनित करना चाहते हैं वह होता ही नहीं, अर्थ की वह नयी छटा जो एक हल्के से इशारे से मुखर हो उठती उसके द्वार पर पुराना ताला पड़ा हुआ होता है।

(इस कठिनाई को हल करने का एक उपाय है भाषा में शब्द योजना और

वाक्य-विन्यास के क्रम में मूलभूत परिवर्तन। यह निश्चय ही साहसिक कार्य है और अर्थ का अनर्थ हो जाने का भी खतरा है। किन्तु नयी कविता के विकास की यह एक मौलिक दिशा हो सकती है।)

भाषा के इस नियम-विधान से नया कवि बिलकुल ही अपरिचित हो—ऐसी बात नहीं। उदाहरण-रूप में एक अजितकुमार का ही नाम लिया जा सकता है। साधारण बोलचाल के शब्दों द्वारा नया अर्थ सम्प्रेषित करने की उन्होंने चेष्टा की है और कमोबेश वे इसमें सफल भी हुए हैं। किन्तु काव्य की नयी दिशा का निर्णायक-सूत्र वह नियम-विधान मात्र न होकर, यथार्थ-अनुभव की व्यापकता, मार्मिकता, उसकी सघनता एवं तीव्रता है। और इसी सन्दर्भ में मुझे कुछ नये कवियों की काव्य-रचना के उदाहरण दिलचस्प लगे हैं जिनमें वे भाषा के उस मूलभूत मन्त्र—भाषा को संचालित करने वाले नियम-विधान—से अवगत होते हुए भी अपने भावबोध में कुछ पीछे ही रहे हैं। केदारनाथ सिंह की 'सम्प्रति' में प्रकाशित तीन कविताएँ मेरे इस कथन का उदाहरण हो सकती हैं। उनमें नये अर्थसम्प्रेषण की चेष्टा, जो किसी सीमा तक सफल है, होने के बावजूद उनकी संवेदना का वातावरण और भंगिमा रोमांटिक ही लगती है। व्यापक यथार्थ से उद्भुत जीवन्त काव्यानुभूतियों की यह कमी ही यदि अजितकुमार में न होती तो शायद भाषा के उस नियम-विधान की दृष्टि से वे आधुनिक काव्य-दिशा को वहन करने वालों में एक सशक्त कवि होते।

कविता में नया सृजनात्मक अर्थ भरने एवं उस अर्थ का नया आयाम रचने के लिए भाषा के नियम-विधान का ज्ञान आज के कवि की आवश्यकता है। किन्तु यथार्थ के संश्लिष्ट सृजनात्मक अनुभव की गत्यात्मकता ही भाषा के इस पक्ष को शक्ति प्रदान कर सकती है। यह नियम-विधान अनुभूति की बहुत थोड़ी 'खुराक' से चलता रह सकता है। जितने ही अंशों में अनुभूति क्षेत्रों का विस्तार होगा, उनसे क्रियात्मक सम्पृक्ति होगी, जितने ही अधिक अनुभूति के क्रास-सेक्शन्स होंगे उतने ही अंशों में भाषा द्वारा नया अर्थ सम्प्रेषित करने की कठिनाइयाँ बढ़ती जाएँगी और कवि-सामर्थ्य की परख हो सकेगी। नहीं तो कालान्तर में यह नियम-विधान एक ऐसी-कविता को जन्म दे सकता है जो हुनरमन्दों की कविता बनकर रह जाएगी और मिस्त्रीगिरी के काम की तरह एक विशेषित क्रिया का स्थान ग्रहण कर लेगी। ऐसी स्थिति में एक टुटपुँजिए कवि और एक सच्चे कवि में फ़र्क करना कठिन होगा।

नये कवि की स्वचेतनता का उसके रचना-कर्म को प्रभावित करने में आज महत्त्वपूर्ण स्थान माना जाने लगा है। साधारण भाषा के माध्यम से असाधारण अर्थ व्यक्त करने और रचना-संवेदना का नया स्तर कायम करने के लिए कवि में अपने चतुर्दिक परिवेश के प्रति जागरूकता के अतिरिक्त रचना-प्रक्रिया के प्रति स्वचेतन

होने का तत्त्व भी जरूरी हो गया है। 'माध्यम मैं' बने रह सकने की स्थिति अब सम्भव नहीं। किन्तु इस स्वचेतनता के तत्त्व ने कवि-कर्म में कई कठिनाइयाँ भी उपस्थित कर दी हैं। आरम्भ में ही हम यह संकेत कर आये हैं कि वर्तमान ज्ञान-विज्ञान की तीव्रतर गति ने किसी भी वस्तु का रहस्यमय बना रहना असम्भव कर दिया है। पहले कवि-कर्म की सार्थकता एवं सफलता इस बात में मानी जाती थी कि वह कविता में यथार्थ का 'भ्रम' रच सकने और उस भ्रम द्वारा पाठक अथवा श्रोता को 'विमुग्ध' कर सकने में किस हद तक समर्थ है। अब चूँकि भाषा के अत्यधिक पारदर्शी होने की वजह से उसके आर-पार किसी भी शब्द का बिलकुल सही-सही अर्थ देखा जा सकता है और किसी प्रकार के 'भ्रम' अथवा परिकल्पना की गुँजाइश नहीं, अतः कवि के रचना-कर्म की सफलता इस बात पर निर्भर हो गयी है कि वह किस हद तक उन्हीं-उन्हीं साधारण, अरहस्यमय, परिचित शब्दों अथवा शब्द-समूहों से एक सर्वथा नया अछूता अर्थ-सन्दर्भ रच कर पाठक या श्रोता को 'चकित' कर सकने में समर्थ है। दोनों का यह अन्तर कई दृष्टियों से महत्त्वपूर्ण है। दूसरी प्रक्रिया एक चेतन प्रक्रिया है और नये कवि को अपनी ताकत एक ऐसे रास्ते से आजमाने का अवसर देती है जिसके निर्माण में वह अपने जाने-माने औजारों का उपयोग कर सकता है। इसके साथ ही यह प्रक्रिया पाठक के रचनाक्षण के अनुभव में क्रियात्मक सहयोग के तत्त्व को भी रेखांकित करती है, अर्थात् पाठक के उस नये सम्प्रेषित अर्थ द्वारा चकित हो सकने पर बल देती है। अर्थ-विस्तार का यह एक ऐसा आयाम है जो आज के पहले सम्भव नहीं था। तब पाठक या तो विमुग्ध होता था या नहीं होता था (तब उसे अ-रसिक मान कर, छुट्टी दे दी जाती थी), इससे कवि का रचना-कर्म तनिक भी प्रभावित नहीं होता था। आज पाठक का चकित हो सकना काव्य की प्रेषणीयता के पहलू को एक समस्या के रूप में कवि के सामने रखता है।

फिर भी ऐसा लगता है कि पाठक की संवेदनक्षमता को प्रेरित करने तथा भाषा का नया सृजनात्मक अर्थ खोलने में कवि की यह 'स्वचेतनता' एक सीमा के बाद अवरोध बनती जा रही है। जब कवि अत्यधिक सतर्क सजग बन जाय (और ऐसी स्थितियाँ आज तेजी से बनती जा रही हैं), तब वह शब्द के सम्पूर्ण अर्थ को निचोड़ लेना चाहेगा, जबकि पाठक चकित हो इसके लिए यह आवश्यक है कि स्वयं कवि में भी अपने को चकित होने देने का माद्दा हो। उसके पास एक ऐसी भावभूमि रहनी चाहिए जहाँ से स्रष्ट होने वाले अर्थों का एक आयाम सर्वदा छूटा हुआ हो और जिस तक पहुँचने की कोई बँधी बँधाई फ़ार्मूलाबद्ध प्रणाली न हो। एक दृष्टि से देखा जाय तो पूर्ण सुनिश्चित तरीके से, अर्थ की सभी छवियों को जान-बूझ लेने पर, या कम-से-कम वैसी चेष्टा व्यक्त करने पर, अर्थ का वह नया स्तर बन ही नहीं सकता। ऐसी दशा में कविता पढ़ते समय बराबर यह लगता है

कि हम 'कविता' पढ़ रहे हैं। इससे कविता के सृजनात्मक अनुभव का आयाम सीमित हो जाता है। पाठक (और कवि भी) जब इस सीमा तक 'कविता सजग' हो जाय तो कविता बेमानी-सी लगने लगती है। तब लोग कविता में दिलचस्पी खो बैठते हैं, काव्य-चर्चा सुनने या करने से घबराने लगते हैं, कविता छोड़ कर कथा-लेखन-पाठन (या दूसरी किसी साहित्य-विधा) में प्रवृत्त होते हैं। कुछ लोग उकता कर यह भी कहते देखे जा सकते हैं कि कविता का फार्म ही मर चुका है।

नये कवि की 'स्वचेतनता' के सन्दर्भ में सृजनात्मक अभिव्यक्ति की समस्या का एक पहलू और भी है। आज ऐसा लगने लगा है कि इस स्वचेतनता के कारण वर्तमान युग-जीवन के असंख्य जटिल एवं मार्मिक रूपों का नया कवि केवल द्रष्टा-मात्र रह गया है। वह इस तीव्रता के साथ यथार्थ का अनुभव करने लगा है, और वैचारिक स्तर पर उसके इतने विविध पक्षों से सम्पृक्त है, कि सब कुछ चुपचाप भोगते रहने के सिवा उसके पास कोई चारा नहीं, क्योंकि आगे की सभी स्थितियों तथा गतियों को वह पहले भाँप ले रहा है। परिणामतः 'कर्म' से स्थगित होकर कविता का 'मैं' एक नैरेटर मात्र है, कविता के अनुभव का गत्यात्मक पात्र नहीं। कविता में अनुभति की मार्मिक स्थितियाँ वर्णित हो जाती हैं, वे किसी द्वन्द्व को 'घटित' नहीं कर पातीं। यथार्थ के कटु अनुभव को या तो शान्तिपूर्वक शुद्ध सौन्दर्यबोध के रंगीन जाम में भर कर पी डालिए या फिर उससे बौखला कर काव्यात्मक अनाप-शनाप बकिए—कुछ इसी तरह की हालत आज देखने को मिल रही है। किन्तु उस दर्द की तल्ख अनुभूति और उसके द्रष्टापम के बोध से सच्ची 'नाटकीयता' की सृष्टि नहीं हो पा रही है, जो कविता की एक महत्त्वपूर्ण दिशा बन सकती है।

[1963]

सर्जनात्मक लेखन में भाषा का बदलता हुआ रूप

भाषा पर विचार करते समय उसका जो एक सर्वस्वीकृत-सा रूप हमारे सामने आता है वह यह कि भाषा अभिव्यक्ति का—मानव अनुभूतियों को एक व्यक्ति से दूसरे व्यक्ति तक ले जाने का माध्यम है। भाषा के सन्दर्भ में कृतिकारों को जब-जब सर्जनात्मक संकट का बोध हुआ है तब-तब वह इस रूप में ही व्यक्त हुआ कि कृतिकार जो अभिव्यक्त करना चाह रहा है वह नहीं हो पाता या वह कुछ हो पा रहा है जो वह नहीं चाहता। और संकट के ऐसे प्रत्येक अनुभव-क्षण में कृतिकार अपनी आस्तीनें चढ़ा कर और मुक्का तान कर भाषा पर पिल पड़ा है, उसमें जरूरी या गैर-जरूरी तोड़-फोड़ की है और उससे बलात् वह कुछ 'कहलवा' लेना चाहा है जो उसकी मंशा है। भाषा उसके लिए हमेशा से एक ऐसी रत्नगर्भा धरती रही है जिसमें जितनी दूर तक प्रतिभा की फाँक खुबोई जायगी वह उतना ही प्रभूत मात्रा में रत्न देगी। यहाँ ध्यान देने की बात सिर्फ इतनी है कि अब तक भाषा का अस्तित्व प्रायः कृतिकार-व्यक्तित्व से पृथक नहीं माना जाता था, बल्कि सामान्य रूप से आग्रह तो इस बात पर भी रहा है कि एक समर्थ रचनाकार के पास उसकी एक विशिष्ट भाषा भी होनी ही चाहिए जिस पर उसके स्वामित्व की स्पष्ट छाप हो। ऐसा कभी नहीं हुआ, जैसा कि आज हो गया लगता है, कि भाषा अपने रचना-प्रयोग का एक विकास-क्रम पूरा कर चुकने के बाद कृतिकार-व्यक्तित्व के एक निर्वैयक्तिक बोध-स्तर पर कृतिकार से छिटक कर दूर जा खड़ी हो और उससे बड़ी हो जाय—भाषा के सन्दर्भ में इस कोटि का सर्जनात्मक संकट बोध कि भाषा सृजन-कर्म का साधन न रह सके वरन् सृजन-कर्म की सहकर्त्री बन जाय—कभी-कभी सृजन का पर्याय ही बन जाय।

खड़ी बोली हिन्दी को सृजन की भाषा का दर्जा मिलने के समय से अब तक भाषा इन्हीं दो मूल स्थितियों के बीच यात्रा करती रही है। पहली स्थिति में भाषा सृजन की भाषा है, दूसरी में 'सर्जनात्मक भाषा'। आगे विस्तार में जाने के पूर्व यह स्पष्ट कर देना उचित होगा कि दोनों के बीच का यह सूक्ष्म अन्तर बाल की खाल निकालने वाले दृष्टिकोण की पुष्टि न कर वस्तुतः भाषा के संवेदनशील प्रयोगकर्ता

के रूप में एक रचनाकार की समग्र मूल्य दृष्टि को ही ध्वनित करता है। अतः सर्जनात्मक लेखन का भाषात्मक कोई भी विवेचन भाषा चेतना की पृष्ठभूमि में कार्यरत सौन्दर्यात्मक मूल्यों तथा उनके भी पीछे की सामाजिक-नैतिक पृष्ठभूमि को भी उचित परिप्रेक्ष्य में देखने का एक प्रयत्न है। आज विभिन्न युगों के सर्जनात्मक संकल्पों एवं आधार भूमियों की खोज 'जीवन-दर्शन' की खोज द्वारा नहीं पूरी जा सकती; न सिर्फ वह पूरी नहीं की जा सकती वरन् अकसर भ्रामक भी सिद्ध हो सकती है। क्योंकि 'जीवन-दर्शन' जैसा शब्द रचनात्मक उपलब्धि की जिस सुचिन्तित प्रणालीबद्ध कोटि को अपने भीतर समाहित करके चलता है उसकी लीक का अनुसरण करने से सर्जनात्मक प्रक्रिया के उन छोटे-छोटे अनेक चक्रों को नजरअन्दाज कर दिया जा सकता है जो सर्जनात्मकता के विकास चरणों के रूप में अपनी अद्वितीयता एवं विशिष्टता के कारण ही महत्त्वपूर्ण होते हैं। विभिन्न युगों के भावबोध की आन्तरिक सच्चाई और सर्जनात्मक चेतना के स्तर पर जो नया बिन्दु जुड़ा हो उसे पकड़ने में जीवन-दर्शन अपर्याप्त सिद्ध होता है। आज यदि इस बात का उत्तर देने की बाध्यता आन पड़े कि हम अपनी पूर्व पीढ़ी से किस बिन्दु पर भिन्न हैं तो इसके लिए अन्य किसी स्थूल रास्ते पर न जाकर सर्जनात्मक लेखन की भाषा की सूक्ष्म तहों को ही उलटना-पलटना श्रेयस्कर होगा, जिसके भीतर कितनी ही अमूर्त रचना-शक्तियाँ समसामयिक जीवन-बोध से प्रेरित किसी अग्रिम मूल्य-बोध की प्रतीति से टकरा-टकरा कर कोई निश्चित आकार लेने को आकुल हैं। दो पीढ़ियों का यह अन्तर दिखाने के लिए यह आवश्यक नहीं समझा जाना चाहिए कि निश्चित परिपाटियों की तरफ ही इशारा किया जाय—नयी पीढ़ी भिन्न जीवन-बोध के बावजूद अभी कोई भिन्न मूल्य-बोध नहीं रच पायी है। भिन्न जीवन-बोध की अनिवार्यता से क्रमशः स्फुरित भिन्न मूल्योन्मेष की सत्ता यहाँ एकमात्र भाषा-पक्ष के अध्ययन से ही प्रमाणित की जा सकती है।

भाषा का रूप उसके 'आचरण' से निर्धारित होता है। यह आचरण भी बहुत कुछ उन ऐतिहासिक शक्तियों द्वारा परिचालित होता है। ये शक्तियाँ या तो सामाजिक-चेतना के स्तर पर या व्यक्ति-चेतना के स्तर पर क्रियाशील होती हैं। भाषा के परिप्रेक्ष्य में ऐतिहासिक शक्तियों की सक्रियता के ये दो ध्रुव हैं। अक्सर ये दो ध्रुव परस्पर मिल जाते हैं और भाषा का वह 'आचरण' जो अन्यतम ध्रुव-स्थितियों में बिल्कुल 'निश्चित'-सा रहता है, उनके मिल जाने से 'अव्यवस्था' अथवा अराजकता का परिचय देने लगता है। उदाहरण-रूप में कहा जा सकता है कि द्विवेदीयुगीन भाषा सामाजिक आचरण की भाषा थी और छायावाद युग की व्यक्तिवादी आचरण की। भाषा के आचरण की तीसरी स्थिति के लिए प्रयोगवादकालीन भाषा का नाम आसानी से लिया जा सकता है। यहाँ 'भाषा के आचरण' को स्पष्ट कर देना आवश्यक है। वास्तव में भाषा के 'आचरण' की परिकल्पना उस सम्बन्ध

की ओर इंगित करती है जो भाषा के प्रयोगकर्त्ता के रचनाकार-व्यक्तित्व तथा उसके परिवेश के बीच स्थिति है। भाषा की इकाई के रूप में शब्द में निहित अर्थ इस सम्बन्ध का ही प्रतिफलन है, या यों कहें कि इस सम्बन्ध का बोध ही वह अर्थ है जिसका शब्द हमें ज्ञान कराता है। यह सम्बन्ध भाषा की धारक-शक्ति के रूप में कितना महत्त्वपूर्ण तत्त्व है यह इस बात से ही प्रमाणित हो जाता है कि जब भी कभी, किसी बाह्य या आन्तरिक कारण से वह सम्बन्ध बदला है शब्द का अर्थ ही बदल गया है। जिन भी परिस्थितियों में रचनाकार और उसके परिवेश में एक प्रकार का सम्बन्ध निर्मित हो गया है भाषा उसके अनुरूप ही आचरण करेगी। इस सन्दर्भ में यह सहज ही देखा जा सकता है कि भाषा के आचरण की अग्रिम परिकल्पना और तत्सम्बन्धी आवश्यक रचनात्मक संपृक्ति ही भाषा के एक निश्चित प्रकार के आचरण में परिवर्तन ला सकती है। भाषा-विज्ञान की शब्दावली में सम्भवतः इसे ही भाषा का विकास कहा गया है जिसका अर्थ यहाँ इतना ही समझ लिया जा सकता है कि भाषा एक प्रकार की सम्बन्ध-पूर्णता से दूसरी सम्बन्ध-पूर्णता की ओर बढ़ती है। अवश्य ही यह पूर्णता (saturation) ऐतिहासिक शक्ति-चक्र की धीमी या तेज गति द्वारा अपनी आयु प्राप्त करती है। भाषा के सन्दर्भ में संकट तब उपस्थित होता है जब उस ऐतिहासिक-चक्र की गति का साथ देने में वे सम्बन्ध पीछे रह जाते हैं। तब भाषा अभिव्यक्ति का जीवित उपादान न रह कर एक अलंकृत मुद्रा का रूप अख्तियार कर लेती है।

द्विवेदी-युग में इस सम्बन्ध का नियमन बहुत मुखर रूप में वे ऐतिहासिक शक्तियाँ कर रही थीं, जिन्होंने देश की राष्ट्रीय चेतना को जाग्रत किया था और जो साहित्य के क्षेत्र में एक 'सामाजिक अहं' के रूप में सामने आयीं। इस सामाजिक अहं से प्रेरित उस युग के रचनाकार समाज को उसकी वस्तुवादी रेखाओं के बीच पहचानने की कोशिश कर रहे थे। उनमें ऐतिहासिक शक्तियों के अन्तर्मंथन से उद्भूत उस नितान्त वैयक्तिकता का आग्रह नहीं था कि वे अपने परिवेश को (जो उस वक्त 'समाज' की परिकल्पना तक ही सीमित था) अन्तर्मुख आँखों से उसका कल्पनात्मक रूपान्तरण करके देखते। इसलिए उनकी खोज राष्ट्रीय चेतना की लहर से संयुक्त सामाजिक चेतना के ज्वार से उत्सर्जित वस्तुस्थितियों की सही पहचान करने और उन्हें सही शब्दों में व्यक्त कर डालने तक ही रही। इस दृष्टि से पद्य और गद्य की भाषा में कोई तात्त्विक भेद करना कठिन है, चाहे उस युग के निर्माता महावीरप्रसाद द्विवेदी को भले ही यह शिकायत रही हो कि 'हिन्दी ही एक ऐसी भाषा है जिसके गद्य में एक प्रकार की और पद्य में दूसरे प्रकार की भाषा लिखी जाती है।' दोनों ही क्षेत्रों में स्पष्ट रूप से शब्द पर ही बल दिया जाता था, चाहे वह मैथिलीशरण गुप्त की प्रवाहयुक्त सादी भाषा हो या अयोध्यासिंह उपाध्याय की संस्कृत-शब्द प्रधान क्लिष्ट भाषा। उस समय के कृतिकार का एकमात्र प्रयत्न

(भाषा के सम्बन्ध में प्रयोग) यह रहा है कि उसकी भाषा किस प्रकार अधिकाधिक दुरुस्त, सटीक और उपयोगी हो जिससे वह सामाजिक परिस्थितियों का यथातथ्य चित्रण कर सके। द्विवेदी युग में भाषा का एक प्रतिमान रूप स्थिर करने के पीछे यही व्यावहारिक चेष्टा काम करती दिखाई देती है। इस परिप्रेक्ष्य में यहाँ भाषा की मूल संघटना का स्वरूप देखा जा सकता है। यहाँ भाषा रचनाकार और उसके परिवेश के सम्बन्ध की साक्षी मात्र है, एक ऐसा निष्क्रिय यन्त्र जो उतना ही काम करता है जितना उससे करवाया जाता है—बल्कि यहाँ तो इस बात की भी सजग चेष्टा है कि वह उतना ही काम करे जितना उससे करवाया जाय, न घट कर न बढ़ कर। रचनात्मक स्तर पर भाषा का यह रूप पराश्रित रूप है—रचनाकार पर आश्रित, और उससे भी अधिक रचनाकार और उसके परिवेश के एक खास कोटि के सम्बन्ध पर आश्रित। अतः रचनाकार और भाषा का सम्बन्ध भी आश्रयदाता और आश्रित का सम्बन्ध है, दो स्वतन्त्र गतिशील (डाइनैमिक) इकाइयों का सम्बन्ध नहीं।

भाषा का एक वर्णनात्मक ढाँचा होता है, कथ्य के आदि, मध्य, अन्त को सिलसिलेवार रखने का क्रम। गद्य में यह ढाँचा कमोबेश अनिवार्य सा होता है—उस बुनियादी ढाँचे का रहना गद्य के होने की ही शर्त है। कविता भाषा के इस वर्णनात्मक ढाँचे को स्वीकार नहीं करती, और इस सामान्य अर्थ में द्विवेदी युग की काव्य-भाषा और गद्य-भाषा जरूर अलग-अलग हस्तियाँ हैं। पर इसके अलावा भी भाषा का एक वर्णनात्मक रूप-गठन होता है जिसमें शब्द अर्थों की, और अपने अपेक्षाकृत अधिक संवेदनशील प्रयोगों में (जो कि आगे चल कर सम्भव हो सका) अर्थ-अनुगुंजों की लड़ी लिये हुए आते हैं; इस शब्द-लड़ी का अर्थ अपने आप में पूर्ण होता है, वे अपनी जगह पर पूरा अर्थ देते हुए 'स्थिर' होते हैं : उनके क्रम में अदला-बदली तो की जा सकती है—और इस तरह अर्थ-वैभव का विस्तार किया जा सकता है—पर उनकी क्रमता के बीच कोई ऐसा अन्तराल, ऐसा निर्वात नहीं पैदा किया जा सकता जिसमें सर्वथा नया अर्थ अन्वेषित कर सकने की गुंजाइश हो। उन्हें अधिक से अधिक लोचदार बनाया जा सकता है, जिससे भावानुभूतियों के तापमान के अनुसार वे कभी परुष, कभी कोमल, कभी सूक्ष्म, कभी ठोस रूप ग्रहण कर सकें। पर जिसे मैं 'सर्जनात्मक भाषा' कहता हूँ, वह भाषा में रचनाकार की अनुभूतियों के दीपक से दीपक जलाने क़ी क्रिया से नहीं पैदा होती, चाहे रचनाकार की वे भावानुभूतियाँ कितने ही वेग और तीव्रता से भाषा की सीमा से टकराएँ। 'सर्जनात्मक भाषा' भाषा-प्रयोग की एक ऐसी शर्त है जिसमें रचनाकार भाषा की इकाई के रूप में शब्द के अस्तित्व के प्रति अत्यधिक सचेत होता है—उसका सचेत होना इस बात की गवाही मात्र है कि वह भाषा के अब तक के प्रयोगों की सीमाओं से परिचित है और यही नहीं वरन् उन सीमाओं को संवेदना के

स्तर पर झेल भी चुका है। इसे चाहें तो भाषा की अस्तित्ववादी परिकल्पना कहा जा सकता है, जिसके लिए यह आवश्यक है कि रचनाकार अपने कृतिकार-व्यक्तित्व के प्रति भी अत्यधिक सचेत हो। ऐसी स्थिति में रचनाकार भाषा के साथ अपने सम्बन्ध में उससे अपनी भावानुभूतियों को मात्र अभिव्यक्त करने की सहूलियत नहीं चाहेगा, वरन् वह भाषा को अनुभूति का एक निर्वैयक्तिक आयाम मान कर उसके द्वारा नये अर्थ की ओर एक सम्मिलित यात्रा करेगा। इस प्रकार के भाषा-प्रयोग में शब्द कृतिकार के मोहताज न होकर एक ऐसे संवेदनशील जीवित-खंड होंगे जिनके प्रति तनिक भी लापरवाही रचना के उन सौन्दर्यात्मक मूल्यों के उन्मेष को ही ध्वस्त कर सकती है जिसे रचनाकार अपनी कृति के माध्यम से साक्षात्कृत करना चाहता है। सर्जनात्मक भाषा रचनाकार की अपने परिवेश की पहचान को कोई निश्चित आकार, संज्ञा या रूप देकर नहीं व्यक्त करती, वरन् वह वस्तुओं को उनके मूल आकारों, संज्ञाओं, रूपों के साथ इस तरह से प्रतिनिधित्व देती है कि उनका जुटा हुआ समवाय किसी तीसरी अर्थ-सत्ता के अस्तित्व को प्रेषित करता है। यह अर्थ का तीसरा आयाम अर्थ के उन दो आयामों से भिन्न होता है जिसके अन्तर्गत एक में अर्थ महज 'समझा' जाता है और दूसरे में महज 'महसूस' किया जाता है। वह उस प्रतिक्रिया ('आचरण') पर निर्भर करता है जो वस्तु—और उसे सामने लाने वाले शब्द-रूप—तथा वस्तु के बीच घटित होता है। इस प्रतिक्रिया के लिए इतना ही आवश्यक नहीं है कि दो वस्तुएँ—दो शब्द रूप—एक साथ जुटा दिये जायँ; वरन् उनको एक साथ जुटाने में एक विशेष संगति, एक विशेष क्रम या तरतीब का होना भी अपेक्षित है। रचनाकार की क्षमता इस बात में है कि वह उन वस्तुओं को एक साथ विभिन्न तौर तरीकों में इस तरह रखे कि वे परस्पर तभी प्रतिक्रिया करें जब कोई तीसरी अर्थ-सत्ता मौजूद हो।

यदि रचनाकार के भीतर ही सब कुछ घटित होता है और बाहर का लोक रचना-क्षण के पहले तक रचनाकार से असम्पृक्त एक न्यूट्रल 'कच्चा माल' भर ही है तो वह 'गति' नहीं होगी जो दो स्वतन्त्र वस्तु-सत्ताओं के 'होने' की सूचक है। यह 'गति' काल की ही एक उद्भावना है, यद्यपि सर्वत्र उस पर आधारित नहीं है। यह काल (युगबोध) वह तीसरी सत्ता है जिसकी पृष्ठभूमि में जब दो वस्तुएँ विरुद्ध दिशाओं में चलती हुई दिखाई देती हैं तब 'गति' (आधुनिकता) का बोध होता है। अभी तक प्रायः यह होता रहा है कि रचना-क्षण के पहले तक या तो एक वस्तु चलती दिखाई देती थी (द्विवेदी युग : सामाजिक अहं) और दूसरी स्थिर भावोद्दीपन की प्रतीक्षा में ('रचना' का विषय बन कर) पड़ी रहती थी; या दूसरी वस्तु चलती दिखाई देती थी (छायावाद : अन्तर्मुख अहं—व्यक्तिमन में पड़ती हुई बाहर की छाया) और पहली उससे परे असम्पृक्त रहती थी। इन दोनों ही स्थितियों में रचनाकार एकमंचीय पात्र के समान अपनी भावानुभूतियों के लिए जिस भाषा को

चुनता है–इन स्थितियों में जो भाषा निर्मित होती है–वह चाहे वस्तुवादी हो (द्विवेदी युगीन) या भाववादी (छायावाद युगीन), उसमें 'तनाव' नहीं होता जिसका कि होना इस बात का अत्यन्त प्रभावशाली संकेत होता है कि रचना का आशय खिंचे हुए बाण की तरह किसी तीसरी अर्थ-सम्भावना की दिशा में छूटने-छूटने को है।

भाषा को इस हद तक स्वशक्ति-चालित एवं निर्वैयक्तिक बना देना कि वह रचनाकार को दाय के रूप में मिले परिचित अर्थ-रूपों के द्वारा ही वस्तु-सत्य का नया कोण उद्घाटित कर दे, वस्तुतः रचनाकार की रचना-तन्त्र के क्षेत्र में अपनी तैयारी ही है। यह तैयारी होने से रचनाकार कम-से-कम अपने भाषा-प्रयोग द्वारा अपनी अनुभूतियों की सौन्दर्यात्मक 'अनुकृति' को ही 'सर्जन' मानने की भूल नहीं करेगा। परन्तु इस तैयारी में सबसे बड़ी बाधा हमारी साहित्यिक परम्पराएँ रही हैं, जिन्होंने हिन्दी के रचना-मानस को बहुत समय तक न सिर्फ अनुप्राणित किया वरन् उसे एक विशेष तापमान पर निर्भर भी रखा। बाधा इस रूप में कि रचनाकार का इन साहित्यिक परम्पराओं के अतिरिक्त किसी इतर ज्ञान-बोधात्मक परम्परा से इस हद तक लगाव नहीं हो सका कि वह रचना-चिन्तन के स्तर पर–और यह केवल स्वचेतनता की स्थिति में ही सम्भव है–कोई बड़ा जोखिम मोल ले। ये साहित्यिक परम्पराएँ भावबोध के गहन स्तर पर हिन्दुस्तान के समग्र सांस्कृतिक उत्तराधिकार से जुड़ी हुई हैं। इसीलिए सम्भवतः उनकी जड़ें इतनी गहरी हैं कि उनसे पूरी तरह आज भी मुक्त नहीं हुआ जा सका है। हमारी सांस्कृतिक चिन्ता-धारा के प्रतिफलन के रूप में ये साहित्यिक परम्पराएँ मूलतः अद्वन्द्वमूलक रही हैं। पश्चिम की द्वन्द्वमूलक ज्ञान-बोधात्मक परम्पराओं ने जब भी इस देश की रचनात्मक-प्रतिभा का संस्पर्श किया–और परिणामस्वरूप जब-जब उसको अपनी धुरी खिसकती-सी लगी–उसमें एक प्रकार के भाव तारल्य ने ही जन्म लिया। इस भाव तारल्य ने कभी-कभी पश्चिम-प्रेरित उन द्वन्द्वमूलक परम्पराओं को ऐंद्रजालिक रहस्य से आवृत्त देखा, तो कभी उन्हें अराष्ट्रीय मान कर उनके प्रभावों का अतीतोन्मुख समाहार ढूँढ लिया। भाव तारल्य के उसी धरातल से उनके प्रभावों का अपेक्षाकृत अधिक आधुनिक समाहार राष्ट्रीय जीवन में 'आध्यात्मिकता' के रूप में किया गया तो सर्जनात्मक लेखन में–काव्य में 'बिम्ब' और कथा में 'वातावरण' के रूप में। इस समाहार का प्राचीन रूप साहित्य-बोध के लिए 'रस' तत्त्व की अनिवार्यता में व्यक्त हुआ था जिसमें आस्था रखने वाले सम्प्रदाय साहित्य-जगत् में आज भी दुर्लभ नहीं हैं।

यहाँ इतना संकेत कर देना समीचीन होगा कि अद्वन्द्वमूलक सांस्कृतिक चेतना से निःसृत उन साहित्यिक परम्पराओं ने भाषा के 'वर्णनात्मक' प्रयोग को ही पुष्ट किया है। क्योंकि अद्वन्द्व की स्थिति में कृतिकार के भावयन्त्र में वह विशिष्ट

'तनाव' नहीं होता जो पहले तो दो स्वतन्त्र वस्तु-सत्ताओं को स्वीकार करे, फिर उन्हें अपने रचना-व्यक्तित्व के धरातल पर आमने-सामने ऐसे प्रतिष्ठित करे कि वे 'मौका' पाते ही रचना-प्रेषण के क्षण में एकाकार हो जायँ और एक नये अर्थ की सृष्टि कर दें (अभिव्यक्ति नहीं)। और सम्भवतः इसीलिए अद्वन्द्व की स्थिति में भाषा की मूल संघटना में कोई मौलिक परिवर्तन कर सकने की सम्भावना नहीं होती। इसके विपरीत द्वन्द्व की स्थिति में तनाव होता है और तनाव में वस्तु-रूपों के पूर्वपरिचित सम्बन्ध बिखर जाते हैं। यह बिखराव शायद उन परिचित वस्तु-रूपों में एक नया सर्जनात्मक अर्थ-सम्बन्ध-क्रम स्थापित करने के लिए आवश्यक है, क्योंकि अन्ततः इससे भाषा पर नयी सान चढ़ती है। वर्तमान युग-परिवेश में उस द्वन्द्व-धर्मी रचना-प्रवृत्तियों से अप्रभावित न रहते हुए भी अब तक की साहित्यिक परम्परा में दीक्षित और भावबोध के स्तर पर सम्पृक्त रचनाकार उस बिखराव को प्रायः साहित्यिक अवमूल्यन की दृष्टि से ही देखता आया है, और परिणामस्वरूप अवचेतन के स्तर पर उससे बचाव की राह ही खोजता रहा है।

यह द्रष्टव्य है कि उन साहित्यिक परम्पराओं में दीक्षित होने के कारण ही हिन्दी की साहित्यचेतना के विभिन्न कालों में जब भी कोई नयी लहर आयी—चाहे वह द्विवेदी-युगीन राष्ट्रीय चेतना की लहर हो, छायावादकालीन रोमैण्टिक चेतना की लहर या प्रयोगवाद काल में पश्चिमी ज्ञान-विज्ञान की लहर—रचनाकारों ने उन परम्पराओं से अपने को नये सिरे से नये-नये रूपों में सम्पृक्त करने की ही चेष्टा की। यह एक तरह से युगीन परिस्थितियों में परम्परा का मूल्यांकन भी था। परम्परा के प्रति जब विद्रोह भी व्यक्त हुआ तब भी उसके अस्तित्व को—और उस अस्तित्व के पीछे उसकी अक्षुण्ण संजीवनी शक्ति को—अस्वीकार नहीं किया गया। अज्ञेय को आलोचकों ने एक समय सबसे अधिक मुखर रूप में परम्परा-द्रोही घोषित किया था, पर उनका परम्परा-द्रोह भी महज इतना ही था कि वे परम्परा को बोझ-स्वरूप 'गठरी' मानने से इनकार करते थे। (और अपने को स्पष्ट रूप से 'अपरम्परावादी' बताने वाले कुछ लेखकों का न सिर्फ रचना-बोध वरन् भाषा-प्रयोग भी उन साहित्यिक परम्पराओं से मुक्त नहीं है।)

इलियट की इस उक्ति के परिप्रेक्ष्य में परम्परा की जीवन्त उपलब्धियों का सर्जनात्मक उपयोग कर सकने के लिए वैयक्तिकता का सजग बोध एक आवश्यक शर्त है, देखें तो उन युग-संचित सांस्कृतिक साहित्यिक परम्पराओं का द्विवेदी युग में रचनात्मक उपयोग—विशेषकर भाषा-प्रयोग के क्षेत्र में—बहुत आरम्भिक स्तर पर था। उस युग के रचनाकारों ने परम्परित साहित्यिक उपकरणों को ज्यों-का-त्यों तो लिया पर उनका उपयोग सीमित अर्थों में ही किया। छायावादियों ने न सिर्फ़ भाषा में परम्परा से गृहीत छन्द, अलंकार आदि के उपकरणों में अपनी कल्पनाशीलता से नया निखार पैदा किया, वरन् अपने पूर्ववर्ती काल की अपेक्षा अधिक विपुलता से

संस्कृत की रस-सिद्ध परम्परा से सीधा सम्पर्क जोड़ते हुए वर्ण-शिल्प, लय, चित्र-बिम्ब आदि सूक्ष्मतर उपजीव्यों का भी सन्धान किया। द्विवेदी युग की सारभूत उपलब्धि यह थी कि उसने भाषा को, जबकि वह निर्माणावस्था में ही थी, एक ठोस वस्तुवादी धरातल प्रदान किया। छायावाद ने उस धरातल से खड़े होकर भावात्मक उड़ानें लीं और अपनी रचनात्मक शक्ति को केन्द्र मान कर भाषा के रूप-गठन में मानसिक दिवास्वप्नमयता का तत्त्व भरा। छायावादी काव्य मुख्यतः बौद्धिक संवेगों का काव्य था, इसलिए अपने भाषा प्रयोग में वह रचनात्मक अनुभूतियों का सूक्ष्म छायाभास और भाव-कल्पना का चित्रात्मक विस्तार तो ला सका, पर अपने यथार्थ परिवेश से क्रियात्मक सम्पृक्ति न होने के कारण उसमें अनुभूति की आयामयुक्त गहराई नहीं आ पायी। कुछ अजब नहीं कि छायावादी काव्यभाषा क्रियापदों से शून्य अलग-अलग चित्र-खण्डों के समान मनोरम होते हुए भी किसी सक्रिय-बोध से जुड़ी नहीं लगती। निराला व्यक्तित्व का पौरुष और काव्य-शिल्प का स्फूर्त ओज लिये हुए जरूर आते हैं और अन्य छायावादियों के मुकाबले शुद्ध संवेगों के कवि के निकट भी पहुँचते हैं—और वस्तुतः इस शुद्ध संवेग के कारण ही जहाँ वे छायावाद के भाषा-संवेदनों को (अपनी गीति-प्रधान कविताओं में) वहन करते हुए भी उसके सबसे स्फोटक बिन्दु पर हैं, वहीं दूसरी ओर वे 'नये पत्ते' में प्रयोगवाद की भाषा-संवेदना का भी स्पर्श कर सके—पर अपने प्रतिनिधि काव्य-रूप में वे भी सांस्कृतिक-साहित्यिक राग-सन्दर्भों का वैभवशाली ठाठ ही खड़ा करते हैं। इसलिए उनकी काव्य-भाषा अपेक्षाकृत अधिक घनीभूत, क्रिस्टल और संश्लिष्ट होते हुए भी संघटनात्मक दृष्टि से अन्य छायावादियों से भिन्न नहीं है। छायावाद के विशिष्ट भावबोध में चूँकि प्रत्येक अनुभव रचना-स्तर पर अतिक्रमित हो जाता था, इसलिए उसकी भाषा मानव अनुभूतियों की वास्तविकता को व्यक्त करने के बजाय उसका 'भ्रम' रचती-सी लगती है। भ्रम रचने की इस प्रवृत्ति को उस मानसिक दिवास्वप्नमयता के भी परिपार्श्व में देखा जा सकता है, जिसमें भाषा ठोस मानव-सम्बन्धों को उनकी समसामयिकता में उद्घाटित कर सकने का सन्दर्भ नहीं रचती, बल्कि मानव-सम्बन्धों पर अनुचिन्तनात्मक टिप्पणी प्रस्तुत करती है। इसलिए छायावाद की भाषा ने प्रकृति-चित्रों की यथार्थता के अतिरिक्त मानव-सम्बन्धों की यथार्थता को रच सकने की सम्भावना नहीं दी। इसके साथ ही यदि छायावादी भाषा के उन प्रवृत्तिमूलक तत्त्वों को, जो परवर्त्ती कालों की भाषा-संवेदना में संक्रमित हुए, भावबोध के प्रमुख कवियों के साथ प्रतिरूपित करके देखा जाय तो लगेगा कि प्रसाद की भाषा से दिवास्वप्नमयता, पन्त की भाषा से चित्रात्मकता, महादेवी की भाषा से लयधर्मिता और निराला की भाषा से संश्लिष्ट उदात्तता के तत्त्व परवर्त्ती युगों को प्राप्त हुए। इन तत्त्वों के साथ प्रवृत्ति-रूप में छायावादी भाषा ने भविष्य की भाषा रचना के बुनियादी पैटर्न पर काफ़ी दूर तक अपनी छाप अंकित कर दी। यह

छाप अवश्य ही भिन्न भावबोध-जनित और-और छापों के साथ मिलकर कालान्तर में इतने जटिल एवं संश्लिष्ट रूपों में प्रकट हुई कि सहसा उसकी मूल रेखाएँ ढूँढ़ पाने का प्रयत्न आज दुस्साहसिक ही माना जायगा।

अगला साहित्यिक अभियान मनुष्य और वस्तुजगत् के परस्पर सम्बन्धों की भाषा की खोज के रूप से सामने आया। यह प्रवृत्ति उत्तर छायावाद काल में ही शुरू हो गयी थी; इसीलिए बच्चन, नरेन्द्र शर्मा, भगवतीचरण वर्मा, बालकृष्ण शर्मा 'नवीन' आदि की भाषा में छायावादी भावबोध का खासा अंश होते हुए भी यथार्थ मानव-अनुभूतियों और उसके रचना-शिल्प के बीच उतना बड़ा अन्तराल नहीं है जितना छायावाद में मिलता है। इस दृष्टि से यदि यह कहा जाय कि उत्तर-छायावाद छायावाद और प्रयोगवाद के बीच का वह सेतु है जिसके माध्यम से छायावादी काव्य-भाषा के विशिष्ट तत्त्व छनकर परवर्त्ती साहित्य चेतना में संक्रमित हुए तो अत्युक्ति न होगी। इसका एक सबल उदाहरण अज्ञेय की आरम्भिक रचनाएँ हैं। और यदि प्रयोगवाद तथा आरम्भिक नयी कविता की भाषा में छायावाद से सीधा सम्बन्ध दिखाना हो तो शमशेर का नाम लिया जा सकता है। शमशेर में निराला की संश्लिष्ट क्रिस्टल भाषा का रचना-संवेग, महादेवी की कोमल लयधर्मिता और पन्त का चित्र-शिल्प एक साथ मिलता है। छायावादी भाषा-संवेदना-तत्त्वों का यह संक्रमण एक अन्य स्थिति ने और भी अनिवार्य बना दिया।

साहित्य-संचेतना की अब तक की अद्वन्द्वात्मक पृष्ठभूमि में प्रगतिवाद पहली बार द्वन्द्वात्मक प्रेरणाएँ लेकर आया। यों तो इस द्वन्द्ववाद की झलक उत्तर-छायावादियों में—विशेषकर बच्चन में—ही दिखाई पड़ने लगी थी, पर वह ज्यादातर वैयक्तिक वर्जनाओं तक ही मुखर हो पायी थी। प्रगतिवाद ने उस द्वन्द्वात्मकता को विचार-प्रत्यय के स्तर पर ग्रहण किया। देखा जाय तो इसकी आवश्यक पृष्ठभूमि द्विवेदी-युग की वस्तुवादी चेतना द्वारा ही निर्मित हो चुकी थी। प्रगतिवाद ने द्विवेदी-काल के उस व्यावहारिक वस्तुवाद से संकेत लेकर अपना अभियान शुरू किया। पर जिस उग्रता के साथ उसने द्वन्द्वात्मक वस्तु-चेतना को अपने परिवेश पर आरोपित करना चाहा उसमें वस्तुस्थितियों की ठोस जानकारी के अभाव और अब तक की सांस्कृतिक-साहित्यिक परम्परा के मूल-तत्त्वों को उचित परिप्रेक्ष्य में पहचान न सकने के कारण एक योद्धा किस्म के रोमैंटिक का आवेश ही व्यक्त हो सका। इस आवेश में प्रगतिवाद ने मानव-स्थितियों का सरलीकरण किया, और इस प्रकार मानव-यथार्थ की वास्तविकता और उसके व्यक्त साहित्य-रूप के बीच की दूरी को—जिसे कम करने का कमजोर-सा प्रयास उत्तर छायावादियों ने किया था—घटाने के बजाय बढ़ाया ही। साहित्य-संचेतना की मौलिक प्रेरणा-भूमि न होने और प्रत्यय-प्रधान आरोपित दृष्टि होने से उसके पास अपनी भाषा की रचना कर सकने के लिए आवश्यक मानव-अनुभूतियों की वास्तविकता का सृजन-सन्दर्भ नहीं था,

जो कि द्विवेदीयुग की वस्तुवादी चेतना की सीमित परिधि में भी मिल जाता है। छायावाद की अमूर्त्त एवं श्लथ भाषा प्रगतिवाद की उग्र द्वन्द्वात्मक चेतना का वेग नहीं सहन कर सकती थी। अतः प्रगतिवाद ने उत्तर-छायावाद की अपेक्षाकृत ठेठ और सहज भाषा के साथ समझौता किया। अपने स्वप्नों की परिकल्पित सत्यता में आस्थावान प्रगतिवादी लेखक उस समझौते में निहित खतरे को नहीं समझ पाये जो आगे चलकर उनकी शक्ति के विघटन का कारण बना। उत्तर-छायावादियों की भाषा जन-जीवन के अनुभूति-सन्दर्भों से अपरिचित न होते हुए भी मूलतः रोमैंटिक अर्थ-छवियों से आच्छन्न भाषा थी। प्रगतिवादियों की भाषा में उत्तराधिकार से प्राप्त रोमैंटिक तत्त्व समयातीत की गूँज लिये लोकगीतों, जन-जागरण की फार्मूलाबद्ध प्रभात फेरियों के सामूहिक संगीत, जन-भाषा के मुहावरेदार चलताऊपन और आवेशजन्य नारों के सर्वहारापन में व्यक्त हुए। द्वन्द्वाश्रित विचार-चिन्तन की तेज गति में भाषा संवेदना के ये तत्त्व प्रगतिवाद के साहित्यिक आन्दोलन में अन्तर्विरोध बन कर प्रकट हुए। इस ऐतिहासिक भूल के कारण ही युग-सन्दर्भों से उपजी मानव-अनुभूतियों तथा उसको वहन करने वाली भाषा के बीच जो व्यवधान छायावाद ने अपने कंडीशंड भावबोध द्वारा पैदा कर दिया था, उसे दूर करने और उस यथार्थोन्मुख वस्तुवाद की ओर प्रेरित करने का प्रथम सक्रिय प्रयास विफल हो गया। एकमात्र प्रेमचन्द ने प्रगतिवादी आन्दोलन की मूल प्रेरक शक्तियों को उनके उचित परिप्रेक्ष्य में पहचान कर और प्रगतिवाद के द्वन्द्ववाद को राष्ट्रीय चेतना की भूमि में प्रतिष्ठित कर उस अन्तर्विरोध में पड़ने की भूल नहीं की। उन्होंने अपने वस्तु-सत्य की संवेदनात्मक प्रकृति से मेल खाते हुए ही अपनी भाषा की बुनियाद खड़ी की, इसीलिए उनका भाषा-प्रयोग (उर्दू की रंगीनी और रवानी के बावजूद) सादा और समरस है, उसमें न तो दूर की कौड़ी लाने वाली कल्पनाशीलता है, न दिवास्वप्नी बुनावट का बुलबुलापन। पर शायद प्रेमचन्द अपने युग के काफ़ी आगे थे, इसीलिए साहित्य-संचेतना के एक नाज़ुक दौर में वे प्रगतिवाद की असफलता को सफलता में नहीं बदल पाये। फलस्वरूप प्रगतिवाद के बाद जो निर्वात उत्पन्न हुआ उसमें अगली साहित्यपीढ़ी की सर्जनात्मक चेतना में उत्तर-छायावाद के चोर दरवाजे से छायावादी भाषा-तत्त्वों का वह संक्रमण घटित हुआ जिसकी ओर ऊपर संकेत किया गया।

पर जिस द्वन्द्वात्मकता को प्रगतिवाद ने उस समय आरोपित करना चाहा था उससे भाषा के पैटर्न में इतना परिवर्तन अवश्य हुआ कि वह छायावादी और बहुत कुछ उत्तर-छायावादी अ-क्रियात्मक श्लथ संचरण से मुक्त हो गयी और तेजी से बदलती हुई युग की मानसिक भावभूमि के अनुरूप अधिक तरल प्रवाहमान और यथार्थ धरातल ढूँढ़ने लगी। इसीलिए आश्चर्य नहीं कि 'राहों के अन्वेषी' भाषा के भी अन्वेषी थे। पर भाषा की यह खोज एक ऐसे क्षुब्ध और अन्तर्मथित रचना-धरातल

से आरम्भ हुई थी जिसमें बाहर और बाहर के साक्षात्कार से भीतर की जाग्रत अनेक ज्ञात अज्ञात संवेदन शक्तियाँ परस्पर टकरा रही थीं, और उस स्थिति में प्रगतिवादी 'समझौते' की कोई जगह नहीं थी। इस शताब्दी की चालीसी सर्जनात्मक संक्रान्ति की ऐसी श्रृंखला लेकर उपस्थित हुई जिसके प्रभाव को आज का समसामयिक लेखन भी उसी रचना-भूमि पर शायद कुछ अधिक तीव्रता के साथ जी रहा-सा लगता है। यहाँ ध्यान देने की बात यह है कि साहित्य संचेतना के स्तर पर इन विभिन्न शक्तियों की कशमकश में भाषा-प्रयोग पर से एकदम से वह 'रोक' उठ गयी जो छायावाद के विशिष्ट भाववाद का अभिन्न अंग थी। इसके साथ ही अभी तक पद्य की भाषा और गद्य की भाषा के बीच जो एक कृत्रिम दीवार थी वह टूटने लगी। सम्भवतः इसी का परिणाम है कि गद्य की विधाएँ जो बहुत कुछ अपने निश्चित अभिप्राय, कथ्य या उद्देश्यगत स्वभाव के कारण सर्जनात्मक-प्रेरणा के आन्तरिक एवं सूक्ष्म सौन्दर्य-स्पर्श से वंचित रही थीं, उनमें भी काव्य का-सा अपेक्षाकृत अमूर्त्त भाव-स्तर भरने लगा। प्रेमचन्द, सुदर्शन, कौशिक आदि के बाद जैनेन्द्र, इलाचन्द्र जोशी और अज्ञेय का गद्य पढ़ने पर यह परिवर्तन स्पष्ट हो जाता है। दूसरी ओर युग की गद्यधर्मी प्रवृत्तियों-शक्तियों ने कविता की भाषा संवेदना को कहीं अधिक गहराई से प्रभावित किया। उस 'रोक' के उठ जाने से रचनाकार जहाँ एक ओर मनुष्य को उसकी नितान्त वास्तविकता में देखने की ओर प्रवृत्त हुआ तो वहीं दूसरी ओर सर्जनात्मकता की कोई व्यक्ति निरपेक्ष वस्तुवादी कसौटी न रह जाने से भाषा—विशेषकर काव्य-भाषा—संस्कारहीन हो गयी। नकेनवादियों की भाषा इस संस्कारहीनता का अच्छा नमूना प्रस्तुत करती है। उस वक्त सम्भवतः एकमात्र कसौटी व्यक्तिगत निष्ठा की ही हो सकती थी, जिसका एक छोर तो व्यक्तिगत अराजकता के रूप में नकेनवाद की ओर ले जाता है और दूसरा सांस्कृतिक-साहित्यिक परम्परा के उन सघन रससिद्ध रूपों की ओर जो अज्ञेय तथा हजारीप्रसाद द्विवेदी में मिलता है। तारसप्तक के कवि उस कसौटी के परिप्रेक्ष्य में बँटे हुए दिखाई देते हैं, पर उस वक्त की युग-स्थिति को देखते हुए ऐसा लगता है कि प्रगतिवाद के बाद जो निर्वात उत्पन्न हो गया था उसे रचनाकार अपने-अपने व्यक्तिगत प्रयत्नों द्वारा ही भर सकते थे। इस प्रयत्न की अनिवार्यता के कारण ही (जो उस समय एक विवशता की अनिवार्यता थी, स्वतन्त्र वरण की अनिवार्यता नहीं) प्रयोगवाद काल के भाषा-प्रयोग में एक स्नायुविक ऊर्जा का आभास मिलता है, जिसमें एक साथ छायावाद की कल्पनाशीलता (जो युगबोध के यथार्थवादी सींखचों में बन्द होने के कारण 'उड़ान' की नर्वस शक्ति उत्पन्न करती थी), उत्तर-छायावाद की रोमैंटिक विषण्णता (जो प्राचीन मूल्यों के मिथ्या हो जाने से विपयर्य के रंग में रंग उठी थी), प्रगतिवाद की जन-आह्वान शैली की स्फूर्ति और स्वयं प्रयोगवाद की अनस्थिर वैयक्तिकता का अन्तर्मुखी दबाव स्पष्ट है। युग-संवेदना का नियमन करने वाली

कोई वस्तुपरक कसौटी न होने से भाषा की संस्कारहीनता उस युग के 'मिजाज' के अनुरूप तत्कालीन विसंगति-बोध को व्यक्त करने के लिए एक संजीव आईना साबित हुई। इस विसंगति-बोध का सबसे खरा रूप तारसप्तक के कवियों में से केवल प्रभाकर माचवे की कविताओं में मिलता है। रामविलास शर्मा की भाषा संवेदना उस विसंगति-बोध के केवल बाहरी रूपों का स्पर्श करके ही रह जाती है। मुक्तिबोध की भाषा उत्ताल तरंगों पर हिचकोले खाते हुए एक विशाल जहाज का परिचय देती है, और जो स्नायुविक ऊर्जा उस जहाज को चला रही होती है उससे इस बात का निरन्तर खतरा लगा रहता है कि किसी भी वक्त वह उस जहाज को किसी भयानक चट्टान से ले जाकर भिड़ा देगी। मुक्तिबोध की शक्ति इस बात में है कि वे भाषा की उठान और गिरान के अन्तिम बिन्दु तक उसका अपनी अटूट संवेदना से साथ देते हैं। पर उनकी यह साहसिक यात्रा उनके सैद्धान्तिक आग्रहों के बावजूद मूलतः अन्तःप्रदेश की ही यात्रा है। अतः बाह्य जगत् के समस्त कार्यव्यापारों को उनकी भाषा एक ऐसे विशद बिम्बलोक में परिवर्त्तित कर देती है जिसकी प्रत्येक वस्तु रचनाकार की मानसिक ऊर्जा में खिंची 'गति' का चित्रलिखित रूप प्रस्तुत करती है। इस स्तर पर मुक्तिबोध की भाषा छायावादी-भाषा-संवेदना की दिवास्वप्नमयता का आभास देने लगती है। अन्तर केवल यह है कि छायावादी लेखक प्रकृति के बाह्याभ्यंतरिक रूपों में स्वप्न की उड़ान भरा करते थे और मुक्तिबोध अवचेतन के उन रहस्यमण्डित अन्धगह्वरों के भीतर, जहाँ एक वैभवशाली मानव-संस्कृति के विद्रूपमय ऐतिहासिक खण्डहर पड़े हुए हैं। भाषा को स्मृति के रचनात्मक सन्दर्भों से अनुरंजित करने की जो प्रक्रिया छायावाद-काल में आरम्भ हुई, जिसमें उत्तर-छायावाद ने अवसाद का तत्त्व जोड़ा और प्रयोगवाद-काल में मानव के तीव्रतर आत्मसंघर्ष से उपजी विषयग्रस्त करुणा से जिसमें गहराई उत्पन्न हुई, उसका शृंखलाबद्ध रूप मुक्तिबोध में मिलता है। ये स्मृतियाँ विस्फोटक-द्रव्यों से भरपूर हैं और उन्हें वहन करने वाली भाषा भी एक प्रकार के 'तनाव' से युक्त आचरण करती है, पर यह विस्फोटकता तथा 'तनाव' दोनों ही रचनाकार के व्यक्तित्व से आक्रान्त हैं। उस युग में शायद यह रचनाकार की नियति थी कि जो युग-संवेदना के प्रति जितना ही अधिक सम्पृक्त होता था वह उतना ही अधिक अपने मनोमय लोक—अपने 'वैयक्तिक अहं'—की ओर आकर्षित होता था। संवेदना के स्तर पर इस युग-स्थिति के सन्धि बिन्दु पर भावानुभूतियों को रूपान्तरित करने के दो औजार रचनाकार के पास सहज ही सुलभ थे—प्रतीक और बिम्ब। मुक्तिबोध बिम्बात्मक प्रतीकों के कवि हैं; जबकि अज्ञेय प्रतीकात्मक बिम्बों के।

युगीन सामाजिक शक्तियों और वैयक्तिकता के आग्रहों के उस सन्धिबिन्दु पर खड़े होकर भी अज्ञेय की भाषा में स्मृति-सन्दर्भों का वैसा अतिरेक नहीं मिलता जैसे मुक्तिबोध और प्रभाकर माचवे में, हालाँकि उनकी मानवीय-संस्कृति एवं

इतिहास से रागात्मक सम्पृक्ति (महज जानकारी नहीं) कम गहरी नहीं है। मुक्तिबोध अपने 'वैयक्तिक अहं' को लेकर बाह्य-जगत् में कूद पड़ते हैं और उस जगत् को ही एक अद्भुत बिम्बलोक में रूपान्तरित कर देते हैं। इसके विपरीत अज्ञेय पहले अपने अनुभूति-तन्त्र से उस बाह्य जगत् को अपने मनोमय लोक में अवतरित करते हैं, फिर अपनी चयनधर्मी कलादृष्टि से उसमें एक ऐसे वस्तु-रूप का अन्वेषण करते हैं जो विशिष्ट सन्दर्भ-जनित अनुभूतियों की तात्कालिकता और तीव्र रागबोध को वहन करते हुए भी व्यापक भावबोध के प्रतीक-स्तर पर अतिक्रमित हो जाता है। इसीलिए अज्ञेय का भाषा-प्रयोग उनके भावलोक की अन्तरंग हलचल—रचनाप्रक्रिया की अकुलाहट—का पता नहीं चलने देता, एक मर्यादित एवं संश्लिष्ट अनुभव-बन्ध का परिचय अवश्य देता है। भाषा-प्रयोग का यह मर्यादित आचरण एवं तटस्थता सम्भवतः उस समय की क्षुब्ध साहित्य-संचेतना की माँग थी, इसीलिए अगली साहित्य-पीढ़ी—विशेषकर काव्य-पीढ़ी—के 'मिजाज' के लिए अज्ञेय की भाषा आदर्श (अनुकरणीय नहीं) सिद्ध हुई। साहित्यिक चेतना में रोमैंटिक तथा यथार्थवादी तत्त्वों के समान दबाव के कारण तत्कालीन भाषा-प्रयोग में एक 'ढुलमुलपन' था, पर अज्ञेय की भाषा में वे दोनों तत्त्व परस्पर इतने दूर तक तह-दर-तह अन्तर्भुक्त हो गये कि भाषा-संवेदना के स्तर पर ही यथार्थ और रोमैंटिसिज़्म की अलग-अलग पहचान धूमिल पड़ गयी। इससे परवर्त्ती लेखन में भाषा के प्रति जो दृष्टिकोण धीरे-धीरे विकसित हुआ उससे यथार्थ-संवेदना के बदलाव के साथ-साथ भाषा के सर्जनात्मक संघटन में भी अपेक्षित बदलाव ला सकने की सम्भावना न्यूनतम हो गयी। यथार्थ और रोमैंटिसिज़्म का 'समझौता' प्रगतिवाद काल में भी हुआ था, पर जीवनानुभूतियों की वास्तविकता द्वारा समर्थित न होने के कारण उनका खोखलापन शीघ्र ही प्रकट हो गया, परन्तु प्रयोगवाद और उसके बाद की साहित्य-पीढ़ी युग की वास्तविकताओं के प्रति अनुभूति के गहन स्तर पर सम्पृक्त थी, इसलिए इस समन्वय से भावबोध के स्तर पर क्रमिक सम्पन्नता का अनुभव करते हुए भी रचनाकार उसके भाषात्मक खतरे की ओर से आगाह नहीं था। अतः यथार्थ और रोमैंटिसिज़्म की स्पष्ट विभेदक चेतना के अभाव का दुष्परिणाम भाषा को इस रूप में उठाना पड़ा कि बदली हुई परिस्थितियों के परिप्रेक्ष्य में भिन्न संवेदनीयता और सौन्दर्यात्मक प्रक्रियाओं को इतनी सहजता से 'नया' स्वीकार कर लिया गया कि उस 'नयेपन' के सन्दर्भ में भाषा का नयापन (जो एकमात्र उसकी मूल संघटना में किसी मौलिक परिवर्तन द्वारा ही सम्भव हो सकता था) एक अतर्क्य और बेमानी-सी वस्तु बन गयी। नयी कविता के आरम्भिक वर्षों में और समसामयिक कथा-लेखन में यह स्थिति आज भी मिलती है। इस विरोधाभासमय रचना-स्थिति में, जबकि भाषा मूलतः प्रयोगवादी जीवन-बोध के स्तर पर केवल 'यथास्थिति' का ही निर्देश करती है, जहाँ एक ओर भाषा को जन-जीवन के शब्दों,

मुहावरों, संवाद शैली की नाटकीय भंगिमाओं तथा शब्द के बजाय अर्थ की लयों तक ले जाने की चेष्टा हुई, वहीं दूसरी ओर सांस्कृतिक रागबोध की व्यक्ति-निष्ठा ('बाण भट्ट की आत्मकथा'), पौराणिक प्रतीकों ('अन्धा युग'), लोकधर्मी गीति-छवियों एवं रचना-प्रवृत्तियों (केदारनाथ सिंह, सर्वेश्वर, ठाकुर प्रसाद सिंह) तथा आंचलिक अनुभव-परम्पराओं के ग्राफ़िक चित्रों ('मैला आँचल') से भी उसे रंजित करने के प्रयत्न किये गये। कह सकते हैं कि भाषा इससे समृद्ध हुई, उसमें भावनाओं की सूक्ष्मतर भंगिमाओं तथा आरोह-अवरोहों को व्यक्त करने की क्षमता पैदा हुई। पर देखें तो अब तक के चले आते भाषा-प्रयोग की इस क्षितिज धारा में अनुभव की नयी-नयी जमीन कट कर गहराई तो अवश्य आयी, पर वहीं कालान्तर में रोमैंटिसिज़्म के मोह से मुक्त समसामयिक युगबोध की प्रखर यथार्थ-चेतना की आँच में सूखकर एक 'दलदल' में परिणत हो गयी।

यथार्थ और रोमैंटिसिज़्म का समन्वय कला के स्तर पर वस्तुतः एक उदात्त मानववादी दृष्टिकोण में ही फलीभूत हो सकता था। औद्योगिकता के प्रसार तथा महानगरीय मूल्य विपर्यय के दुर्निवार चक्र में पड़ कर यथार्थ और रोमैंटिसिज़्म का वह नाज़ुक सन्तुलन पूरी तरह बिखर गया। सन् पचास के बाद जिस साहित्य-पीढ़ी ने केन्द्र स्थान ग्रहण किया उसकी चेतना में एक ओर तो उस 'बिखराव का मलबा' था और दूसरी ओर औद्योगिक एवं प्राविधिक तन्त्र-मूल्यों के बढ़ते प्रभाव से विस्थापित मानव व्यक्तित्व का तीव्र बोध, जिसके फलस्वरूप न सिर्फ उसके रचना-व्यक्तित्व में अन्तर्ध्वनित होने वाला 'संगीत' महानगरों के 'शोर' में डूब गया, वरन् छन्द, लय, पौराणिक प्रतीक आदि जिन साहित्यिक उपकरणों से पहले कभी उसने परम्परा से अपने को जोड़ने की चेष्टा की थी, उनका काम भी महज आधुनिक मनुष्य के विद्रूप-भाव एवं विस्थापित भाव-चेतना की क्रूर करुणा को उभारना रह गया। मदन वात्स्यायन और लक्ष्मीकान्त वर्मा के भाषा-प्रयोग इस स्थिति को स्पष्टता से सामने रखते हैं। यह विस्थापित भाव-चेतना कुँवर नारायण जैसे बौद्धिक रागबोध के कवियों में रचना-प्रक्रिया की विभक्त संवेदनीयता में परिलक्षित होती है, जिसमें विचार और अनुभूति की टकराहट में भाषा एक दर्प भाव का आभास देने लगती है। केन्द्रच्युत भाषा-संवेदना के इस दौर में विदेशी भाषाओं, विशेष कर अंग्रेजी के शब्द (और वाक्य-विन्यास तक) धड़ल्ले से लिये गये और इसे भाषा का संवेदन-क्षेत्र विस्तृत होने का प्रमाण माना गया। अन्य-अन्य कलाओं और विज्ञान के अर्थ-संकेत ले लेकर भाषा को 'समृद्ध' करने का अभियान भी चला। भाषागत इस सारी अव्यवस्था के भीतर भाषा-संवेदना का एक नया आधार, एक नया समवाय तलाश कर पाने की चेष्टा अवश्य दिखाई देती है, परन्तु जिन स्तरों से ये सारी प्रवृत्तियाँ परिचालित हो रही हैं उनमें सही दिशा-क्रम का अभाव दिखाई देता है। यह सहज ही स्वीकार किया जा सकता है कि पश्चिम की

द्वन्द्वमूलक ज्ञान-बोधात्मक परम्पराओं के प्रति आज के रचनाकार की प्रतिक्रिया पूर्ववर्त्ती रचनाकार की तरह ऊपरी अथवा अपरिपक्व आकर्षण या विकर्षण की नहीं रह गयी है, वरन् वर्तमान युग परिस्थितियों से 'खुराक' पाने वाले इस द्वन्द्ववाद से उसकी आन्तरिक सम्पृक्ति है। इसीलिए भाषागत अराजकता के पीछे सच्ची छटपटाहट है। पर रचना-संवेदना के स्तर पर अनुभूत होने वाला वह द्वन्द्ववाद किसी सक्रिय भावबोध में परिणत होने के बजाय एक प्रभाव में बदला जा रहा है (काव्य में बिम्ब के प्रयोग की व्यापक प्रवृत्ति और गद्य की विधाओं में रूढ़ फार्म विरोधी तरल रचना-रूपों [संस्मरण, डायरी, यात्रा, और कभी सब कुछ का मिला-जुला रूप, जैसे 'हरी घाटी' में मिलता है] की ओर रुझान का यही कारण है)। इसीलिए आज के अधिकांश रचनाकारों की भाषा 'वातावरण' के अति संवेदनशील ग्राफ़ पर ठहरी हुई है। मुझे यह आधुनिक युग-चेतना की सबसे अधिक विडम्बनामय स्थिति लगती है जिसमें आज का रचनाकार भाषा की सीमा के प्रति जितना ही सचेत है, अनजाने में वह उसके परम्परित संघटना-रूप को उतना ही नये-नये रूप-रंगों में आगे बढ़ाता जा रहा है। यह सही है कि भाषा अपने विकास-क्रम के वर्तमान पूर्णता बिन्दु पर रचनाकार के हाथ का खिलौना नहीं रह गयी है, जैसा कि पहले थी, न ही वह रचनाकार के व्यक्तित्व से अब उस हद तक आक्रान्त ही है। वह मूर्त्त अर्थ से अमूर्त्त अर्थ और शब्द से शब्दहीनता के स्तर तक बढ़ी है। पर उस अमूर्त्त शब्द-आयाम—उस शब्दहीनता—के प्रति तीव्र रूप से संवेदित होते हुए भी, अपवाद स्वरूप कुछ लोगों को छोड़ दिया जाय तो, अधिकांश रचनाकार नये अर्थ-सम्प्रेषण के लिए आवश्यक अपने बोधयन्त्र की वह निर्वैयक्तिकता नहीं प्राप्त कर पाये हैं जो शब्दहीनता की स्थिति को एक शक्तिशाली सम्भावना से भर दे। उस शब्दहीनता में वे हद से हद वर्तमान यथार्थ-अनुभूतियों की बेचैन स्मृतियाँ तथा उनकी दूरगामी अनुगूँजें ही भर सके हैं, जो चूँकि याद करने से बार-बार छूट जाती हैं, इसलिए अर्थबोध के एक नये स्तर की ओर संकेत करती हैं। निर्मल वर्मा की कहानियाँ भाषा के इस सीमित सम्भावना-स्तर का अच्छा उदाहरण प्रस्तुत करती हैं।

भाषा के सन्दर्भ में 'शब्दहीनता'—शब्दों के प्रचलित अर्थ-क्रम की व्यर्थता—का अहसास जिन रचनाकारों में केवल भावनात्मक अनुद्वेग ही नहीं जगाता, उनके लिए शब्दहीनता की स्थिति स्वचेतनता के सन्दर्भ में ही कुछ मूल्य रखती है; अतः इस आधार पर उनकी पहली कोशिश अपने बोधयन्त्र को उन साहित्यिक परम्पराओं से मुक्त करने की होती है जो अब तक के भाषा-प्रयोग के रवैये को परिपुष्ट करती आयी हैं और परिणामस्वरूप शब्दहीनता की स्थिति की खुद जिम्मेदार रही हैं। इस कोशिश में ही वास्तव में पश्चिमी ज्ञान-बोधात्मक परम्पराओं का एकमात्र विवेकपूर्ण उपयोग हो सकता है। वैसा करना एक तरह से पश्चिम से अपनाये गये विज्ञान

और प्रजातन्त्र की विचार दृष्टियों की कार्य रूप में परिणति होगी जिन्हें अभी तक हम सिद्धान्तवत् ही ग्रहण करते रहे। पूर्व-परम्पराओं से अब तक के हमारे मोह-सम्बन्ध से मुक्ति और बोध-यन्त्र में नवीन परिस्थितियों की माँग के अनुरूप नयी धार पैदा करना वस्तुतः विज्ञान और प्रजातन्त्र की आधारभूत प्रतिज्ञाओं और चिन्तन-पद्धतियों की सर्जनात्मक परिणतियाँ हैं जिन्हें स्वीकार किये बिना नवीन अर्थ-क्षमता से पूरित अनुभूति और उसे अंकुरित करने वाली भाषा के बीच का अन्तर बना रहेगा और नया अर्थ-स्तर निर्मित कर सकने की सारी छटपटाहट केवल प्रभाववादी कल्पना में बूँद-बूँद चूती रहेगी।

आज किसी भी सार्थक रचना की समझ के लिए किसी कला-प्रणाली में दीक्षित होने की आवश्यकता नहीं रह गयी है—इस आवश्यकता की अनिवार्यता ही पहले रचनाकार और भावक के बीच व्यवधान का कारण रही है। आज रचना एक ऐसा सन्धिस्थल है जहाँ दो दृष्टियाँ एक साथ मिलकर किसी नये सृजनात्मक अर्थ-आयाम का सन्धान करती हैं, और उस सन्धान का क्षेत्र वह मानव-सम्बन्ध है जो विज्ञान तथा प्रजातन्त्र की शक्तियों की बुनियाद पर एक अपेक्षाकृत अधिक ठोस यथार्थ और सक्रिय धरातल पर व्यक्ति के प्रत्येक विवेकपूर्ण निर्णय के साथ प्रतिबद्ध है। इस मानव-सम्बन्ध की सजग चेतना में परिस्थितियों के प्रति अधिक से अधिक जिम्मेदारी लेने का भाव और उसके लिए तैयारी निहित है; अतः वह क्रियात्मक होने के साथ-साथ अधिक नैतिक भी है। इस दृष्टि से देखें तो लगेगा कि आज 'नया होने का वास्तविक अर्थ यह नहीं है कि आपका बोधयन्त्र विशिष्ट और काल-परीक्षित कलाभिरुचियों में कितना निष्णात है, आप किस सीमा तक अपने को विभोर होने दे सकते हैं; वरन् यह कि आपका बोधयन्त्र बौद्धिक रूप से कितना सक्रिय है, क्योंकि अन्ततः उसी से आप उत्तरदायित्वपूर्ण ढंग से अपने परिवेश की गत्यात्मक सौन्दर्यात्मक सम्भावनाओं से सम्पृक्त होते हैं; कि आपके मस्तिष्क-तन्तुओं में कितनी झनझनाहट है क्योंकि उसके होने से ही वह तटस्थता, अनुभूति-सत्य के प्रति वह निर्मम भाव-स्तर बन सकता है जो भाषा के व्यक्त रूप में भावक पर आतंक बन कर नहीं छाता या उसे मोहाविष्ट एवं अभिभूत करता है। भाषा के उस गत्यात्मक प्रयोग में रचनाकार भावक की बौद्धिक कला-संवेदनाओं को साहित्यिक-कलात्मक अभिरुचि के मानदण्डों के सहारे नहीं जाग्रत करता, वरन् उसे मानव-सम्बन्धों के भीतर ऐसी दृष्टि प्रदान करता है जहाँ किसी भी सम्भावित वस्तु-मर्म का अस्तित्व हमेशा साहचर्य और सह-अनुभूति पर आधारित होता है। इस सम्भावित वस्तु-मर्म का बोध ही भावक को (और रचनाकार को भी) 'चकित' कर सकता है। अन्य माध्यमों से जिस वस्तु-मर्म तक पहुँचा जाता है वह केवल 'मुग्ध' ही कर सकता है। यह 'चकित' कर सकने की क्षमता ही सच्चे मानो में भाषा को सर्जनात्मक और नया बनाती है।

ऊपर जो विचार अब तक किया गया उसमें ऐसा लग सकता है कि आज के लेखन में 'सर्जनात्मक भाषा' का स्तर निर्मित नहीं हो पाया है और मेरा तत्सम्बन्धी विवेचन कोरी परिकल्पना पर आधारित है। इस आशंका की ओर से मैं शुरू से ही सचेष्ट रहा हूँ। मैं यह मानता हूँ कि कलात्मक सच्चाई अपने रचना-तत्त्वों के माध्यम से ही अपने को उपलब्ध कर सकती है, पर मैं यह नहीं मानता कि विचार-चिन्तन की परिधि रचना-तत्त्वों की परिधि से एकदम बाहर की वस्तु है, या परस्पर वे एक दूसरे के अस्तित्व का खण्डन करते हैं, या खण्डन करके ही अपना अस्तित्व बनाये रख सकते हैं। कुँवर नारायण का कहना है कि 'कवि अनिवार्यतः नहीं आवश्यकतः विचारक होता है।' इसमें निर्णय का जो विकल्प ध्वनित है उसे कलाकार की वरण की स्वतन्त्रता मान कर तरजीह दी जा सकती है, पर उस स्थिति को क्या कहेंगे जिसमें रचनाकार भाषा के उस नये सर्जनात्मक स्तर तक पहुँच कर भी उसके प्रति कोई सजग दृष्टिकोण नहीं बना पाया है? शब्दहीनता की उस छटपटाहट के भीतर नयी भाषा-रचना की ओर बढ़ने के संकेत इधर की प्रकाशित कतिपय रचनाओं में मिलते हैं : निर्मल वर्मा (लन्दन की एक रात), केदारनाथ सिंह ('सम्प्रति' में प्रकाशित कुछ कविताएँ), अजित कुमार, कृष्ण बलदेव वैद (उसका बचपन), लक्ष्मीकान्त वर्मा ('नयी कविता–7' में प्रकाशित कविता–'मि. उप्रेती'), श्रीकान्त वर्मा ('ज्ञानोदय' में प्रकाशित कहानी–'कैद') जैसे लेखक अपनी भिन्न रचना-संवेदना के बावजूद भाषा-सम्बन्धी उन संकेतों को उदाहृत करते हैं। पर इसके साथ ही यह भी लगता है कि इन लेखकों की भाषागत खोज प्रायः प्रातिभ ज्ञान पर ही आधारित है किसी सक्रिय चेतना बिन्दु पर नहीं। इसलिए ये छिटपुट सम्भावना-संकेत एक सशक्त दिशा-संकेत नहीं बन पाये हैं।

भाषा-रचना के सन्दर्भ में स्वचेतनता का एक पक्ष और है : शब्दों से अधिकतम अर्थ निचोड़ लेने और भाषा के अवयवों तथा उनके परस्पर सम्भावित आचारण के प्रति इस हद तक सजग हो जाने की कि रचना द्वारा प्रक्षेपित अर्थ पर रचनाकार-व्यक्तित्व का चौकन्नापन छा जाय। रघुवीर सहाय की इधर की प्रकाशित कुछ रचनाओं में यह स्थिति साफ दिखाई देती है। अज्ञेय के 'एक बूँद सहसा उछली' और 'अपने-अपने अजनबी' की भाषा में भी यही चौकन्नापन झलकता है। विपिन कुमार अग्रवाल इस अतिशय सतर्कता की स्थिति को प्रयोगशीलता के धरातल पर अपने बोधयन्त्र को प्रखर करने के एक तरीके के रूप में ग्रहण करते हैं, पर उस बोधयन्त्र द्वारा वे क्या व्यक्त करना चाहते हैं–उनके रचनात्मक उन्मेषों की ठोस आधारभूमि क्या और कहाँ है–इसका स्पष्ट आभास नहीं मिलता। सम्भवतः इसका कारण उनके बोधयन्त्र की अत्यन्त तीव्र गति और सक्रियता है, जिसके फलस्वरूप उनकी भाषा संश्लिष्ट जीवन-अनुभूतियों की रचनाधर्मी द्वन्द्वात्मकता के बजाय प्रत्यय-आश्रित द्वन्द्वात्मकता (जिसे ऑरतेगा इ गासे ने 'Physiomathematical reasoning' कहा है) को ही रेखांकित करती-सी लगती है।

पर स्वचेतन भाषा-प्रयोग में इस प्रकार का जोखिम सदैव निहित होता ही है; वस्तुतः इस जोखिम के परिप्रेक्ष्य में ही कलाकार अपनी क्षमताओं की परख कर सकता है। भाषा प्रयोग के सम्बन्ध में परिचित एवं सम्पन्न अर्थ-दिशाओं की तरफ फूँक-फूँक कर कदम रखने की परिमार्जित कला अभिरुचि की अपेक्षा वस्तु-सत्यों के सीधे साक्षात्कार में भाषा का किसी कथाकृति के उन 'गत्यात्मक चरित्रों' की तरह आचरण करना कहीं बेहतर है जो रचनाकार की पकड़ से छूट कर एक अपना बिलकुल ही नया अर्थ-लोक रच लेते हैं।

[1964]

काव्यभाषा का इकहरापन

अक्सर यह मान लिया जाता है कि काव्यभाषा का संकट अनुभूति का संकट है। अनुभूति का संकट अर्थात कवि के भावयन्त्र का जीवानुभूति के अधिक-से-अधिक सुरों से न बज उठना। अनुभूति ऐसा जल है जो काव्यभाषा में अपना धरातल अपने आप ढूँढ लेगा, बशर्ते कि जल हो, काफी हो और उसमें प्रवाह हो। काव्यभाषा की क्षमता यह अनुभूति का जल ही निर्धारित करेगा। जहाँ अनुभूति का सोता ही सूख चला हो वहाँ काव्यभाषा की बेल तो मुरझेगी ही—इस तर्क का सरल गणित हमें भाता है। हमने कविता की अपनी समझ पर इस तर्क को खूब माँजा है और कविता में उसके परिणाम भुगते हैं।

एक काव्यभाषा ऐसी कि उसमें रचना का अर्थ 'घूर' कर देखने से उड़ जाय—मानों उस अर्थ को आप अर्द्धनिमीलित आँखों से ही देखते रह सकते हैं। यह अर्थ भावनाओं की दलदल में पंख-लिथड़ा स्थिर खड़ा रहता है, पंगु और करुण। ऐसी काव्यभाषा के पीछे अनुभूति की ताकत, जितनी भी ज्यादा वह हो, का मतलब यह होगा कि वह रचनात्मक अर्थ अपने पंगु स्थिरपन के प्रति जिद्दी है, एक निश्चित संवेदना-वृत्त पर ही घूमता है, रंग उसका अपरिवर्तनशील है और बुनावट उसकी निर्मम रूप से इकहरी। अनुभूति के बावजूद इकहरी।

एक दूसरी काव्यभाषा ऐसी कि उसमें रचनात्मक अर्थ की कोई 'जड़' ही नहीं—उसके पीछे अँधेरे के रस का वह लम्बा और गझिन सिलसिला ही नहीं जिससे अप्रत्याशित अर्थ की कोंपल फूटती है। यह काव्यभाषा अपने अस्तित्व के लिए भूमिगत विस्फोटों पर नहीं, सतह के तनावों, हलचलों, आन्दोलनों पर मुनहसिर है। सतह पर बहुत कुछ घटित हो रहा है, पर इस काव्यभाषा के लिए वह बहुत कुछ एक तेज रोशनी में घटित हो रहा है, जिससे जो कुछ घटित हो रहा है वह साफ-साफ दिखाई दे रहा है और ज्ञान की पकड़ में आ रहा है। सपाट और बेलौस और नंगा। यथार्थ और उसके साक्षात्कार में कोई आड़ नहीं, अनुभूति तक की आड़ नहीं। गोकि अनुभूति है—किसी आदिम जड़ की शिराओं से उमड़-उमड़ कर सतह पर आती हुई नहीं, बल्कि अपने चारों ओर सब कुछ बेहिचक देखने

वाली आँख पर रोशनी की नोक की तरह सन्नद्ध। पर इकहरापन यहाँ भी है।

आज के अनुभव में ही फाँक है। अपने आसपास से जो जितना जुड़ा है वह अपने आप से उतना ही बेगाना है। इससे जो स्थिति बनती है उसमें या तो जानना ही जानना है या महसूस करना ही महसूस करना है। इस फाँकयुक्त अनुभव में जानने की अनुभूति भी है और महसूस करने की अनुभूति भी। जानने और महसूस करने के बीच युग-संवेदना की वह ट्रेजिडी है जो इस या उस पक्ष में बह जाती है। पूरी अनुभूति के साथ बह जाती है। जिनकी काव्यभाषा इकहरेपन से पीड़ित है उनकी अनुभूति की सच्चाई के बारे में मुझे कोई सन्देह नहीं, क्योंकि दरअसल काव्यभाषा के इकहरेपन की जिम्मेदारी सिर्फ अनुभूति पर नहीं, अनुभूति के साथ कवि का रिश्ता किस किस्म का है—इस पर है। कवि अनुभूति के साथ किस किस्म का सुलूक करता है, वह अनुभूति को किस प्रणाली द्वारा रचना में स्वायत्त करता है, किन रास्तों से चलकर अनुभूति का सत्य रचना के सत्य में बदलता है—इस रूपान्तरण में कवि किस रसायन का इस्तेमाल करता है—ये सब काव्य-भाषा के स्तर का निर्माण करते हैं, अकेली अनुभूति नहीं।

रचना अनुभव में धँसने, डूबने और तड़फड़ाकर कुछ पा लेने की एक जटिल प्रक्रिया है। इकहरेपन से पीड़ित काव्यभाषा यह जाहिर करती है कि कवि ने उस जटिल प्रक्रिया में पड़ने के बजाय अनुभव को स्वायत्त करने का एक आसान नुस्खा अपनाया है। अतः इकहरी काव्यभाषा में अर्थ जल्दी समझ में आ जाता है, क्योंकि वह अर्थ परिभाषित अर्थ होता है और पाठक को सिर्फ 'समझे' जाने का सुख देता है। वह अर्थ एक ठहरा हुआ अर्थ है—रचना के भीतर अनुभूति और शब्द से बने परिवेश में ठहरा अर्थ। उस परिवेश में वह अर्थ न अनुभूति और शब्द के किसी नये सम्बन्ध को तलाशता है, न अपने में किसी नये सम्बन्ध को बनने देने की गुंजाइश रखता है, न ही जो सम्बन्ध बन गये हैं उन्हें तोड़ता है। यह अर्थ की कविता में सदा के लिए खुद गयी छाप ही काव्यभाषा का इकहरापन है।

छाप यानी साँचा। इस साँचे को सिर्फ अनुभूति नहीं तोड़ सकती। क्योंकि अनुभूति भी आज एकजुट नहीं रही, जानने और महसूस करने में बँट गयी है। कवि का या तो सब कुछ बाहर है या सब कुछ भीतर। बाहर और भीतर के बीच अनुभूति केवल एक तरफ को खुलने वाले किवाड़ की तरह है जिससे बाहर वाला जब भीतर आता है तब बाहर को वहीं छोड़ आता है और जब भीतर वाला बाहर जाता है तो बाहर का ही होकर रह जाता है। अपने परिवेश से अनुभव के स्तर पर दोनों जुड़ते हैं और उन संकटों का सामना करते हैं जो उस जुड़ने से पैदा होते हैं। पर एक अपनी समस्या का हल सपाट बयानों में—यथार्थ के बिना लाग-लपेट के नंगे साक्षात्कार में—ढूँढता है तो दूसरा उसे जातीय स्मृति के बहुस्तरीय अर्थ-गौरव में। पहला यथार्थ को पहचानता है, पर उस पहचान में कुछ जोड़ता नहीं, जबकि

दूसरा उस यथार्थ को टटोलता और छूता है, पर उसे पहचानता नहीं। काव्यभाषा का इकहरापन एक दुर्घटनाग्रस्त रचना-प्रक्रिया का सवाल है, काव्यभाषा को जातीय स्मृति के अर्थ-वैभव से जोड़ना उसका जवाब नहीं। दुर्घटना का इलाज सुरक्षा के साधन अपनाना नहीं, दुर्घटना की सम्भावना को ही खत्म कर देना है।

सपाटबयानी को 'आम आदमी' के साथ जोड़ा गया है। 'आम आदमी' व्यापक जीवनानुभव का प्रतीक है। यह माना गया कि इस व्यापक जीवनानुभव में शिरकत भाषा के सौन्दर्यवादी संस्कार को तोड़कर की जा सकती है। भाषा आज के संघर्ष में तप रहे उस अनुभव से जुड़ने का साधन नहीं, हथियार है। भाषा की सपाटबयानी उस हथियार की धार है जो हाथी दाँत की मीनारों में बन्द अभिव्यक्ति के ज़ाल-जंजाल काटेगी और उसे 'आम आदमी' की नियति के साथ एकाकार करेगी। घनघोर भीतर से बाहर के बीहड़ इलाके की यह यात्रा—'आम आदमी' की राह पर चल कर भाषा को मुक्त करने का यह अभियान शुरू में फलप्रद रहा। काव्यभाषा से काई की तरह लिपटी चली आ रही बहुत सी 'साहित्यिक' स्मृतियाँ अलग हुईं, बाहर की आग में झुलस कर नष्ट हुईं और अभिव्यक्ति का रूप मानवीय संवेदना को उसकी तात्कालिक प्रखरता से झलका सका। पर शीघ्र ही भाषामुक्ति के इस अभियान में इतने मुजाहिद शामिल हो गये कि अनुभव जीवन को उसकी विविधता और तीव्रता में जीने का नाम न होकर जीवन के प्रति एक काम चलाऊ रवैया हो गया। 'आम आदमी' एक संघर्षरत मनुष्य की तरह नहीं, एक अवधारणा की तरह आया और भाषा में कविता को विस्थापित कर बैठ गया।

'आम आदमी' वाली कविताओं में अक्सर प्रयुक्त 'हम' किसका सूचक है? दूसरों के अनुभवों में शरीक होने का? या फिर यह 'हम' एक नेकी का दरिया है जिसमें 'मैं' को डालकर बहा दिया गया है?

पर एक निकम्मी चीज है भाषा
इसके मारे परेशान हूँ
जहाँ अनुभूति की पूरी सच्चाई से लिखना चाहता हूँ 'वे'
वहाँ हो जाता है 'मैं'

यह 'मैं' का आत्मव्यंग्य के स्वर में किया गया विलाप नहीं, 'हम' की जीत की हँसी का निर्लज्ज शोर है। 'हम' अलग-अलग मानव-इकाइयों का ज्ञान है, पर यह ज्ञान कविता में सिर्फ जानकारी बन सका, अन्तर्दष्टि नहीं। जीवन को जानना अवश्य ही जीवन को जीना भी है, पर यह जीना अपर्याप्त जीना है। जीवन को अपर्याप्त जीना तनाव की सतह पर जीना है। 'आम आदमी' वाली कविताओं का 'हम' सतह के तनाव तक ही सीमित है, वह भीतर की उन असंख्य और सुदीर्घ जीवन-नाड़ियों के रस-स्रोत से नहीं जुड़ सका जो जीवनबोध को अधिक जटिल,

संश्लिष्ट और सम्पूर्ण बनाता है। देखें तो युवा कवियों द्वारा लिखी गयी अधिकांश लम्बी कविताएँ इस 'हम'-मनोविज्ञान से प्रेरित कविताएँ हैं। 'हम'-मनोविज्ञान में पड़ा कवि परिवेश, व्यक्ति और वस्तुएँ—सब कुछ को एक सतही भाईचारे में शामिल कर लेता है, पर असल में पूरी तरह पूरे मन से वह जुड़ता किसी एक से भी नहीं। 'हम' की ओट लेकर वह 'मैं', का शिकार करता है, पर दूसरी तरफ 'मैं' की रक्षा भी करता है। दूसरों का हो जाने की कामना रखते हुए भी वह अपने स्वत्व की इकाई को 'हम' की दहाई में मिलाकर विलीन होने देना नहीं चाहता। पर काव्यभाषा का इकहरापन वह आईना है जो उसके वास्तविक चरित्र को उघाड़ देता है। यह चरित्र है न तो अपना, न ही दूसरों का हो पाना--

> **हाँ, हो सके तो बगल से गुजरते हुए उस आदमी से कहो–**
> **लो, यह रहा तुम्हारा चेहरा,**
> **यह जुलूस के पीछे गिर पड़ा था**

पर इस आत्मबोध के लायक जमीन 'हम'-मनोविज्ञान के कवि के पाँव के नीचे कब की निकल चुकी होती है। कविता चीजों को चीजों से, व्यक्ति को व्यक्ति से और व्यक्ति को चीजों से जोड़कर अनुभव का एक संघटित संसार बनाती है। इकहरेपन से पीड़ित भाषा में इस संसार के जोड़-जोड़ खुले हुए और व्यक्ति और वस्तु के तमाम तरह के सम्बन्धों के पुल टूटे हुए हैं। 'हम'-मनोविज्ञान की लम्बी कविताएँ 'मैं' और 'हम' के बीच के वही टूटे हुए लम्बे पुल हैं।

कविता में सपाटबयानी की जो करुण परिणति भाषा के इकहरेपन में हुई, उसे देखकर कुछ लोगों को जातीय स्मृति का खयाल आया। यह समझा गया कि भाषा में अर्थ की तहें पैदा करने के लिए हिन्दी काव्यरचना के इतिहास की यादें, चित्र मालाएँ, प्रतीक ध्वनियाँ और विन्यास; यानी हिन्दी के जातीय संसार की उपलब्ध सामग्री का उपयोग कारगर सिद्ध होगा। पर दुर्भाग्य से भाषा को जातीय स्मृति से जोड़ कर उसे अधिक अर्थपूर्ण बनाने की जो मिसालें हमारे सामने हैं, उनके परिणाम अधिक उत्साहवर्द्धक नहीं हैं। कुँवर नारायण का 'आत्मजयी' और अज्ञेय की 'असाध्य वीणा' यदि ये केवल दो उदाहरण लें तो यह सहज ही देखा जा सकता है कि आज की रचनात्मक लड़ाई कल के हथियारों से नहीं लड़ी जा सकती या फिर आज की जुझारू संघर्ष-चेतना को कुन्द करके, 'वर्तमान' के साथ अनिवार्यतः जुड़ी आदमी की रचनात्मक नियति को स्थगित करके ही लड़ी जा सकती है। इस लड़ाई में जीत हमेशा 'शाश्वत' की ही होती है और वर्तमान उसमें बार-बार मरता है। जहाँ यह दो टूक फैसला नहीं है वहाँ समय-बोध की खण्डित पहचान है। 'आत्मजयी' में उसी खण्डित पहचान का संशय है। अज्ञेय की कविता 'शाश्वत' के प्रति अपेक्षाकृत ज्यादा आश्वस्त है और उसी हद तक आज की काव्यचिन्ता के लिए अप्रासंगिक। दरअसल अपने समय की चुनौतियों से निबटने

के लिए अतीत-समय की प्रेरणा-भूमियों में जाना आज के अन्तःसंघर्ष को मन्द और गुमराह करना है। कविता के इकहरे संसार की विपन्नता स्मृति की अर्थछवियों से भरी जाकर नहीं दूर की जा सकती।

वस्तुतः भाषा का इकहरापन जातीय संसार की यादों से रहित होने की वजह से नहीं, बल्कि इसलिए है कि अपने समय को पूरी भाव और बुद्धि-ऊर्जा के साथ जिया नहीं गया है। पूरी आसक्ति और उत्कटता के साथ। वह जीना एक लपट की तरह का जीना होता जिसमें अतीत के शाश्वत बिम्बों का जड़ीभूत सौन्दर्य और भविष्य की अयथार्थ अमरता का बिम्ब दोनों ही जलकर राख हो जाते और हमारे समय का रचनात्मक अर्थ फ़ीनिक्स पक्षी की तरह इस राख से जीकर निकलता। फिलहाल स्थिति यह है कि हममें समय की अनुभूति है, पर उसके रस से निकली हुई वह अग्नि-दृष्टि नहीं जो इस रस को पकाकर रसायन बना दे। अनुभव से साक्षात्कार के क्षण को उसकी चरम परिणति तक पहुँचाने के पहले ही हमारा कवि फट जाता है, शब्द और अर्थ एक दूसरे से अलग हो जाते हैं और काव्य संवेदना कच्चे बीजों की तरह बिखर जाती है।

इससे बढ़कर विडम्बना और क्या होगी कि कवि-प्रतिभा के इस दारुण हश्र को आज की रचनात्मकता की एक बुनियादी शर्त मान लिया जाय और इसी में आगे की सम्भावना देखी जाने लगे। युवा आलोचक नित्यानन्द तिवारी जब यह कहते हैं कि : "आदमी जिन छोटी-बड़ी, अच्छी बुरी, सुन्दर-कुरूप परिस्थितियों में घिरा है, उनके भीतर-से गुजरने के अलावा वह और क्या कर सकता है। ऐसी हालत में एक-एक परिस्थिति और अनुभव को वह जितना निचोड़ सकता है, निचोड़ ले। लेकिन वह कैसे और क्या निचोड़ेगा सिवा इसके कि तटस्थ सचेतनता के साथ उन्हें झेलने की एक मानसिक तैयारी कर ले। यह मानसिक तैयारी मेरा खयाल है, बहुत दूर तक परिस्थितियों को बदल देती है और आदमी के गौरव को उभारने लगती है।...आज जीवन की यह बुनियादी शर्त और मौलिक क्रिया है।' (आलोचना, नवांक-12) : तो एक तरह से वे बहुत से युवा कवियों के मन की बात कह रहे होते हैं। काव्यभाषा के इकहरेपन की जड़ कहीं यहीं है—इसी भोले आत्मविश्वास में कि जीवन को किसी तरह लस्टमपस्टम जी लेना ही मौलिक क्रिया है और साहित्य इस जीने की क्रिया को ज्यों-का-त्यों अंकित कर देना है। यहाँ इस सोच को कोई स्थान नहीं कि वह जीना आखिर किस किस्म का जीना होगा, या कि यह विवेक कि जीना परिस्थितियों को सिर्फ झेल लेना नहीं है। सच्चाई यह है कि आज का सार्थक कवि-कर्म परिस्थितियों में से गुजर कर अपने 'होने' का हिसाब-किताब रखना भर नहीं है, बल्कि उस 'होने' की दिशा को खोजना और पाना भी है। यह दिशा इसी समय में है।

[1974]

पिछले दशक के युवालेखन के बारे में कुछ मूलभूत बातें

पिछले दशक (1960-70) के युवालेखन पर दृष्टिपात करने पर एक बात जो सहज ही उभर कर आती है, वह यह कि इस दौरान हमारी जीवन प्रक्रिया तेज हुई है और इससे सृजन प्रक्रिया में भी कुछ मूलभूत परिवर्तन हुए हैं। लेकिन पिछले दशक के युवालेखन को देखने से यह बात भी उतनी ही स्पष्टता से उभरकर आती है कि तेज होती गयी जीवन-प्रक्रिया के मुकाबले सृजन प्रक्रिया में तेजी नहीं आ पायी है। इस स्थिति के कारणों और उनकी सर्जनात्मक परिणतियों के विश्लेषण में जाने के पूर्व यहाँ मैं इतना संकेत दे देना चाहूँगा कि पिछले दशक का ज्यादातर युवालेखन सर्जनात्मक अपेक्षाओं को जगा कर उन्हें पूरा न कर पाने का लेखन रहा है। ऐसा चाहे जीवन-प्रक्रिया और सृजन-प्रक्रिया के बीच किसी बुनियादी अन्तर्विरोध के कारण हो या स्वयं रचनाकार के असामर्थ्य के कारण, पर अपेक्षाएँ जगा कर उन्हें पूरा न कर पाने में जो एक प्रकार की नैतिक जिम्मेदारी निहित है उसका अहसास युवा लेखक को भी है। दरअसल यह नैतिक अहसास ही वह ध्रुव बिन्दु है जिससे प्रतिक्रिया यदि एक ओर गैर-जिम्मेदार लेखन के मूल में है तो दूसरी ओर जिम्मेदार लेखन के मूल में भी है। लेकिन इसके विस्तार में जाने के पहले जीवन-प्रक्रिया और सृजन-प्रक्रिया के बीच उत्पन्न उस अन्तराल को अर्थ-सन्दर्भ देने के लिए एक पृष्ठभूमि प्रदान करना आवश्यक है।

उस ऐतिहासिक मोड़ को जिसके आगे रास्ता युवालेखन की यात्रा से सीधे जुड़ जाता है चाहे उसे हम नेहरू युग की समाप्ति की संज्ञा दें या 'सन् साठ के बाद' जैसी सीमा-विभाजक काल-रेखा से परिभाषित करें, इस स्थिति में कोई फर्क नहीं पड़ता कि तभी से वह प्रक्रिया अपने नंगे और क्रूर रूप में तेज होती गयी है जिसे व्यक्ति के निर्वासन की प्रक्रिया कहा जा सकता है। व्यक्ति के निर्वासन की धारणा को हिन्दी में अभी तक प्रायः समाजशास्त्र और अर्थशास्त्र के चश्मे से ही देखा जाता रहा है, सर्जनात्मकता के सन्दर्भ में इस पर विचार लगभग नहीं के बराबर हुआ है—जो कुछ हुआ भी है वह भी समाजशास्त्र और अर्थशास्त्र के

साहित्यिक उच्छिष्ट के रूप में (इसका एक अपेक्षाकृत ताजा उदाहरण डॉ. रामविलास शर्मा का आलोचना-9 में प्रकाशित 'अस्तित्ववाद और नयी कविता' शीर्षक लेख है)। आलोचना-4 में युवालेखन पर बहस का प्रारूप प्रस्तुत करते समय डॉ. नामवर सिंह ने भी मूलतः व्यक्ति के निर्वासन की मार्क्स की व्याख्या को ही ग्रहण किया है, इस व्याख्या को एक मतवाद के रूप में न लेकर उन्होंने संगत ढंग से हिन्दी के युवालेखन से जोड़ने की कोशिश की है। उनके अनुसार समसामयिक परिवेश से संसक्ति ने व्यक्ति को 'बाहर' (निर्वासित) कर दिया है—असत्य और बेईमानी और शोषण पर आधारित व्यवस्था में घुस पाने और उसका अंग बनकर उसके रस पर ही जीवित रह सकने में अशक्य इस दौर का व्यक्ति 'बाहर' कर दिया गया है। चूँकि पिछले दशक में समसामयिक जीवन-बोध को तीव्र करने में सबसे अधिक हिस्सा राजनीति का रहा है, अतः साहित्य के सन्दर्भ में राजनीति द्वारा लाये गये व्यक्ति के निर्वासन की चर्चा यहाँ अप्रासंगिक न होगी।

जो पीढ़ी स्वतन्त्रता के बाद जन्मी वह पिछले दशक में ही वयस्क हुई। यह पीढ़ी चार आम चुनावों के माहौल में पली-पुसी पीढ़ी है और राजनीति इसके लिए किसी युटोपिया को सिद्ध कर दिखाने का सिद्धान्त अथवा आदर्श न होकर उसके पल-पल कठिन होते जाते जीवन संघर्ष को तेज करते जाने की प्रक्रिया का ही नाम है। हिन्दुस्तान के इस दौर में राजनीति एक ऐसा प्रजातन्त्र है जो व्यक्ति के मूल अधिकारों और विकास की सम्भावनाओं की चेतना को जाग्रत करता है और फिर एक सुस्त व्यवस्था और अकल्पनाशील प्रतिष्ठान द्वारा उन अधिकारों के हनन का अनुभव भी देता है। इस दौर की सिद्धान्तहीन राजनीति के इस अनुभव की नेहरूयुग की राजनीति से जरा तुलना कीजिए। नेहरूयुग की राजनीति 'भारत की खोज' के आधार पर आशावाद से ग्रस्त एक ऐसी राजनीति थी जिसके पैर यथार्थ पर कम स्वर्णिम मानव-भविष्य के स्वप्न पर अधिक टिके थे। ऐसी आदर्शवादी राजनीति का अन्त यदि मोहभंग में हो तो कोई आश्चर्य नहीं। यह राजनीति मुख्यतः राजनेताओं की राजनीति थी—प्रतिभा के गौरव से सम्पन्न विशिष्ट राजनेताओं की राजनीति—और ऐसी राजनीति के कारण हुए मोहभंग में भी एक प्रकार की ट्रेजिक शान थी। नेहरूयुग का साहित्य इसी शानदार मोहभंग का साहित्य है। इसके विपरीत नेहरूयुग के बाद की राजनीति आम आदमी की राजनीति है। छात्र-असन्तोष, घेराव और दल-बदल में आम आदमी की ही नस बजती है। जिस राजनीति के अन्तर्गत न्यूनतम कार्यक्रम का झण्डा पार्टी सिद्धान्तों के चिथड़े को सिलकर बनाया गया हो वहाँ मोहभंग की कोई गुंजाइश रह ही नहीं जाती : आम आदमी की राजनीति स्थिति के इस कटु स्वीकार से ही शुरू होती है। पिछले दशक का साहित्य बुनियादी तौर पर इस स्थिति के कटु स्वीकार और उससे उत्पन्न प्रतिक्रियाओं का साहित्य रहा है।

राजनीति को यदि एक जीवित मानव-समूह की आशाओं-आकांक्षाओं को मूर्त्त करने वाली द्वन्द्वात्मक प्रक्रियाओं के रूप में परिभाषित करें तो हम यह कह सकते हैं कि यह द्वन्द्वात्मक प्रक्रिया के पिछले दशक में ही मुखर हुई है। वैसे भी नेहरूयुग की 'प्रगतिशीलता' और 'आधुनिकता' के मूल में विज्ञान की वह चुनौती ही थी जो गौरवशाली सांस्कृतिक परम्पराओं वाले एक अल्पविकसित राष्ट्र को विकसित एवं नवचेतना से उत्सर्जित देश को पश्चिमी राष्ट्रों की चेतना-परम्परा से मिली थी। अपने अतीत के सांस्कृतिक वैभव और वर्तमान की विपन्नता का अहसास फिर प्रतिस्पर्द्धा और अनुकरण का भावविज्ञान की चुनौती के ही परिणाम थे। पर विज्ञान के साथ यह मुठभेड़ धीरे-धीरे एक संकट में बदलता गया। विज्ञान ने जो अपेक्षाएँ जगायी थीं, वे पूरी न हो सकीं। क्यों? क्योंकि विज्ञान के साथ नेहरूयुग की व्यक्ति चेतना का कोई द्वन्द्वात्मक रिश्ता कायम नहीं हो सका। नेहरूयुग का विज्ञान मानव-चिन्तन की प्रक्रिया को तेज कर उसे समसामयिक परिवेश के सन्दर्भ में जागरूक मानव-कर्म से जोड़कर व्यक्ति और समाज के सम्बन्धों के ढाँचे में कोई मूलभूत परिवर्तन करने के लिए नहीं था, बल्कि चीन की लम्बी उछाल की तरह बिना उस प्रक्रिया-चक्र को पूरा किये उपलब्धि की परिणति तक पहुँचने की साहसिकता थी। गति के नियम की अवहेलना से प्राप्त इस रोमांटिक साहसिकता का दुखद अन्त मोहभंग ही हो सकता था। विज्ञान के साथ द्वन्द्वात्मक रिश्ते के बनने में परम्परा का बोध बाधक था—एक गौरवशाली अतीतवाली परम्परा का बोध, जिसे जाग्रत करने में विज्ञान का भी हाथ था और जिसका सिर्फ एक अस्पष्ट किन्तु आकर्षक बिम्ब भर रह गया था। नेहरूयुग की 'आधुनिकता' दरअसल परम्परा के इस आकर्षक बिम्ब के साथ एक समझौता थी। नेहरू ने जब भाखड़ानंगल को 'आधुनिक युग के तीर्थ' की संज्ञा दो थी, तब वे उस छद्म आधुनिकता की ही भाषा इस्तेमाल कर रहे थे जो परम्परा के साथ समझौते से पैदा हुई थी। नेहरू ने विज्ञान को एक जीवन-दर्शन की-सी ऊँचाई प्रदान की और उसे एक नवस्वतन्त्रता-प्राप्त राष्ट्र के समक्ष एक विकल्प के रूप में प्रस्तावित किया। यह समय की माँग को देखते हुए ही था। स्वतन्त्रता-प्राप्ति के बाद के वर्षों में बराबर महसूस किया जाता रहा कि राजनीतिक स्वतन्त्रता ही काफी नहीं है, भारत को आर्थिक दृष्टि से भी स्वतन्त्र होना है, और इस दृष्टि का सीधा ताल्लुक विज्ञान से माना गया। बड़े-बड़े कारखाने और इनसे प्रेरित एक व्यापक सक्रिय वैज्ञानिक चेतना जिससे आर्थिक उत्पादन को गति मिलती रहे। इस दीर्घसूत्री वैज्ञानिक भविष्यवाद में आम आदमी की जरूरतें और उनको आधार प्रदान करने वाला बुनियादी अर्थतन्त्र छिप गया, न इस अर्थतन्त्र के उपलब्ध साधनों का उपयोग किया गया, न ही उन साधनों का विकास कर एक सुदृढ़ इन्फ्रास्ट्रक्चर निर्मित करने की कोशिश की गयी, जिसकी बुनियाद पर एक औद्योगिक समाज की नींव

रखी जा सके। फलस्वरूप विज्ञान का विकल्प अर्थवान नहीं हो पाया। समाज के भीतर गतिशीलता के न रहने से वह द्वन्द्वात्मक प्रक्रिया अपेक्षित तेजी से नहीं चलने पायी जो विज्ञान की प्रेरणा को एक वास्तविक जीवन-दर्शन के रूप में साकार कर पाती। विज्ञान की द्वन्द्वात्मक प्रक्रिया के प्रवाह के अधूरे रूप से जुड़ पाने, बल्कि कालान्तर में धीरे-धीरे उससे कटते जाने का अहसास ही व्यक्ति को निर्वासित करता है।

इस व्यापक पृष्ठभूमि के सन्दर्भ में यह देख सकना मुश्किल नहीं होगा कि नेहरूयुग का निर्वासन विज्ञान के साथ अधूरे साक्षात्कार के कारण था, जबकि नेहरूयुग के बाद का निर्वासन राजनीति के साथ अधूरे साक्षात्कार के कारण है। फर्क सिर्फ यह है कि पहले निर्वासन की परिणति मोहभंग में हुई थी जबकि दूसरे निर्वासन की परिणति एक महान साँसत की स्थिति में। पहले निर्वासन में व्यक्ति भीतर से बाहर कर दिया गया था : आदर्शवाद की जिस स्वनिर्मित मीनार में वह बैठा था वह धराशायी हो गयी थी : भीतर के रस से 'तथ्य को सत्य' बनाने वाली आन्तरिकता झूठी पड़ गयी थी। इस निर्वासन में 'भीतर' के विकल्प के रूप में 'बाहर' की सत्ता थी और बदले हुए समय में यह सत्ता राजनीति की थी—वैज्ञानिक भविष्यवाद की आदर्शवादी तस्वीर के मुकाबले अधिक यथार्थ और ठोस, जिसकी धड़कन एक आदमी अपनी नब्ज में महसूस कर सकता था। सन् 1967 के आम चुनाव के बाद यह धड़कन सबसे अधिक तेजी से महसूस की गयी। पर दुर्भाग्य से यहीं से उस राजनीतिक आशावाद और कुण्ठा का भी जन्म हुआ जिसकी परिणति उस दूसरे निर्वासन में हुई। नेहरूयुग की यह विडम्बना थी कि विज्ञान जैसी वस्तुपरक सत्ता एक प्रगतिशील विकसित समाज का सपना देखनेवाली आँख के लिए 'आदर्श' बन गयी। पिछले दशक की यह विडम्बना रही कि राजनीति जैसी वस्तुपरक सत्ता जो वायवीय अमूर्त्तन की काई से व्यक्ति-चेतना को मुक्त करने के साधन के रूप में थी, आत्मनिर्वासन की कारा में बदल गयी। इस दूसरे निर्वासन में व्यक्ति 'बाहर' से भी बाहर कर दिया गया। पर इस बार शरण लेने के लिए 'भीतर' जैसी कोई वैकल्पिक सत्ता नहीं थी। इस तरह यह निर्वासन एक स्तर पर व्यक्ति का दुहरा निर्वासन था—'भीतर' से भी 'बाहर' से भी। पिछले दशक के लेखन में 'अस्मिता की तलाश', 'जड़ों की खोज', 'आदिमता की ओर' आदि के स्वर प्रकारान्तर से उस क्षत-विक्षत 'भीतर' की पुनर्रचना कर उसे स्थापित करने के ही प्रयत्न जाहिर करते हैं।

स्वचेतनता का निर्वासन से सीधा सम्बन्ध है। नेहरूयुग के विज्ञान ने अपने सूक्ष्म विश्लेषणात्मक औजारों से स्वचेतनता की प्रक्रिया को तेज किया था। व्यक्ति-चेतना का 'भीतर' और 'बाहर' की इकाइयों में विभाजन उस स्वचेतनता की ही देन है। इसलिए विज्ञान द्वारा लाया गया निर्वासन व्यक्ति का अपने आप

से निर्वासन था—व्यक्ति अपने मूल उद्वेगों और संवेदनों तक के प्रति स्वचेतन हो उठा। आत्यन्तिक जैसी कोई वस्तु नहीं रह गयी। छायावाद के जमाने से चले आ रहे 'रहस्य' के अवशिष्ट भी विज्ञान प्रेरित स्वचेतनता में छिन्न-भिन्न हो गये। ऐसे में राजनीति जैसी कर्मप्रधान ठोस वस्तुरूप सत्ता व्यक्ति की एक तात्त्विक आवश्यकता थी। चीजों को उनके सही नाम से पुकारने का आग्रह यदि नेहरूयुगीन छलावे से मुक्त एक प्रकार की जुझारू सामाजिकता थी, तो दूसरी ओर उस स्वचेतनता के दंश से मुक्त होने की कोशिश का परिणाम भी था। क्योंकि स्वचेतनता झूठे भ्रमों और सत्य के छायाभासों को जहाँ तोड़ती है वहीं एक घनघोर दुविधा पैदा कर किसी भी सजग कर्म को मुश्किल भी बना देती है। पिछले दशक की साहित्य-चेतना ने स्वचेतनता की उस कारा से मुक्त होने के लिए बहुत हाथ-पाँव मारे हैं—इस दौर में हुए विभिन्न प्रकार के साहित्यिक और अर्द्धसाहित्यिक आन्दोलन तथा नारे उसी चेष्टा के अंग हैं। पर पिछले दशक की मुख्य समस्या अन्ततः निर्वासित 'भीतर' की रचना करने की समस्या ही रही है। दरअसल इस दशक की ट्रेजिडी यह रही है कि इसमें व्यक्ति न तो लौटकर पूरी तरह 'भीतर' की ओर जा सकता था, न अपने को पूरी तरह 'बाहर' को ही समर्पित कर सकता था। यह एक ऐसी साँसत थी जो नेहरूयुग में नहीं थी।

मुक्तिबोध की लम्बी कविता 'अँधेरे में' नेहरू युग के निर्वासन को समझने में हमारी कुछ मदद कर सकती है। 'अँधेरे में' का काव्यनायक उसी मनोभूमि की उपज है जब विज्ञान और प्रविधि व्यक्ति के सामने एक गम्भीर सांस्कृतिक चुनौती के रूप में उपस्थित थे। विज्ञान की तेज सर्चलाइट ने इस काव्यनायक की मन-गुहा के तार-तार प्रकाशित कर दिये हैं और वहाँ इतिहास के मलबे के नीचे दबी हड्डियाँ और कंकाल नजर आ रहे हैं। सारे मोहक भ्रम टूट चुके हैं और अब एक निर्मम तटस्थता से अपने भीतरी घावों का जायजा लेना और अपने कृत्यों की बखिया उधेड़ना बच रहा है। इस खौफनाक स्थिति से घबराकर काव्यनायक भीतर से 'बाहर' भागता है—'भीतर' का मैं 'बाहर' भाग कर एक-दूसरे 'मैं' की सृष्टि करता है। इस भीतरी त्रास से बचने के लिए काव्यनायक 'राजनीति' (परिवेश की सजग सक्रिय चेतना) की तरफ जाता है, एक व्यापक अर्थ में अपने को 'प्रतिबद्ध' महसूस करता है। भीतर से बाहर जाने की क्रिया एक प्रकार का माइग्रेशन है जिसमें पुराने नीड़ से बिछुड़ने की कचोटती हुई मर्म-व्यथा और नये नीड़ की सम्भावनाओं का आतुर उल्लास दोनों ही होता है। 'अँधेरे में' का एक स्वर गहन अवसाद और करुणा का भी है। साथ ही उसमें बाह्य परिवेश के प्रति एक जबरदस्त खिंचाव और उस परिवेश की मूल प्रेरक शक्तियों के भीतर तक घुस पड़ने वाली एक अन्तर्वेधी दृष्टि भी है। जिस विज्ञान ने उसे स्वचेतन बना कर उसे अपने 'भीतर' से निर्वासित किया वही अब 'राजनीति' में उसके लिए विश्लेषण

का एक प्रखर औजार सिद्ध हो गयी है। 'अँधेरे में' का काव्यनायक यदि अँधेरे के बाहर आ सकेगा तो इसी औजार की मदद से—यथार्थ-चेतना को विकृत करने वाली आदिम रहस्यमय गुहाशक्तियों के जंजाल काटता हुआ।

पर सन् साठ के बाद वाले दौर में स्थिति इससे भिन्न है। इस दौर के लेखन में जो काव्यनायक प्रतिष्ठित है उसे 'बाहर' के प्रकाश में अपने अँधेरे से मुक्ति नहीं मिलती। वह 'बाहर' की चकाचौंध से भाग कर फिर 'भीतर' जाना चाहता है, पर वहाँ एक मौन रक्तपात है, स्वयं अपने ही हाथों की गयी एक हत्या है। एक नये कवि के शब्दों में कहें तो हालत यह है कि 'बेहद निजीपन की हत्या और शिनाख्त ही आज कविता है' (देवेन्द्र कुमार, आलोचना-4)।

अपने हाथों की जाने वाली इस हत्या का सिलसिला अभी बन्द नहीं हो गया है, बल्कि मेलोड्रामा ही हद तक पहुँच चुका है।

डॉ. नामवर सिंह ने अपनी बहस के प्रारूप में जब युवा पीढ़ी के 'बाहर' कर दिये जाने की बात कही थी तब निराला की यह पंक्ति "बाहर मैं कर दिया गया हूँ भीतर पर भर दिया गया हूँ" उद्धृत करते हुए यह भी कहा था कि आज की युवा पीढ़ी भीतर से भर दी गयी है। मेरे विचार से यह दूसरी बात शायद वे निराला की पंक्ति को युवा पीढ़ी के सन्दर्भ में सम्पूर्णतः सटीक दिखा देने के उत्साहवश कह गये हैं, क्योंकि उनके लेख में युवा पीढ़ी की आन्तरिक सम्पन्नता और भराव का कोई विवचेन-विश्लेषण नहीं मिलता। बल्कि लेख के स्वर से तो कुल मिला कर यही लगता है कि डॉ. नामवर सिंह युवा पीढ़ी से आशान्वित चाहे भले हों, आश्वस्त नहीं हैं। इस दुविधा के कारण ही उनके लेख में युवा पीढ़ी के 'बाहर' से निर्वासन की क्रूर विडम्बना का न तो स्पष्ट चित्र बनने पाता है, न खून से लथपथ 'भीतर' की अनिवार्य ट्रैजिडी का मर्म ही उघर पाता है। दरअसल इस प्रकार की वकालत उस रक्तरंजित 'भीतर' को छिपाने का एक 'डिफेन्स मैकेनिज्म' है जिसमें कवियों-लेखकों के साथ कुछ आलोचक-समीक्षक भी शामिल हैं।

स्थिति यह है कि बाहर और भीतर के हाशिये के बीच आज की रचनाशीलता विकेन्द्रित-सी झूल रही है। इसीलिए उसमें एक निरन्तर गति है, गति की तेजी है क्योंकि अनुभूति के एक बिन्दु और दूसरे बिन्दु के बीच कुछ भी थिर रहने नहीं पाता, अनुभूति किसी केन्द्र की सघनता में कसने, क्रिस्टल बनने के पहले ही स्वचेतनता की आँच में पिघलकर तरलायित हो जाती है। गति का नैरन्तर्य और उस नैरन्तर्य की ऊब और थकान। समकालीन लेखन में वह गति भी है और वह ऊब भी—अपने तमाम 'डिफेन्स मैकेनिज्म' के बावजूद।

यह गति और ऊब एक ही चक्की के दो पाट हैं, और वह चक्की है आत्मनिर्वासन। मुक्तिबोध ने लिखा है—

पिस गया वह भीतरी
औ बाहरी दो कठिन पाटों बीच
ऐसी ट्रैजिडी है नीच।

चक्की के ये दो पाट हैं परिवेश के साथ तीव्र लगाव और किसी केन्द्र स्थान का न होना। एक तरह से यही ट्रैजिडी मुक्तिबोध की भी थी। यदि उनका व्यक्तित्व विकेन्द्रित होकर बिखरने नहीं पाया तो सिर्फ इसलिए कि वे एक अद्‌भुत स्नायुविक ऊर्जा से इन दोनों पाटों के बीच अन्त तक एक तनावपूर्ण सन्तुलन बनाये रख सके। फैण्टेसी की रचना एक प्रकार का आन्तरिक पलायन है, पर मुक्तिबोध की फैण्टेसी में भी उस तनावपूर्ण सन्तुलन की सक्रिय और भौतिक ध्वनियाँ सुनाई पड़ती हैं। दरअसल तनाव में व्यक्त होने वाली स्नायुविक ऊर्जा के कारण ही मुक्तिबोध की कला-संवेदना एक पतली झिल्ली के नीचे धड़कते हुए जीवित मांस-पिण्ड की तरह संवेद्य लगती है जिसे मानो उँगली से छुआ जा सकता है। और इस अपार स्नायुविक ऊर्जा के कारण ही मुक्तिबोध की कला बच जाती है, अन्यथा आधुनिक मनुष्य के जिस भय और सन्त्रास का दबाव वे झेलते हैं वह उनके व्यक्तित्व के द्वन्द्वात्मक सन्तुलन को छिन्न-भिन्न कर दे सकता था।

सर्जनात्मक तनाव और अन्तर्निष्ठा के परस्पर सम्बन्ध के सन्दर्भ से मैंने तनाव के एक 'खतरनाक बिन्दु' की चर्चा की है और यह दिखाने का प्रयत्न किया है कि एक कलाकार की अन्तर्निष्ठा अपनी कला-संवेदना को उस 'खतरनाक बिन्दु' के अधिक से अधिक निकट रख कर उस पर पड़ने वाले सारे दबावों को शिद्दत से महसूस करते हुए सर्जनात्मक तनाव को बिखरने न देने में है। इस तरह अन्तर्निष्ठा कायम रखने का प्रश्न अन्ततः स्नायुविक ऊर्जा को अटूट बनाये रखने का प्रश्न बन जाता है। मुझे ऐसा लगता है कि पिछले दशक के युवालेखन ने समसामयिक युगबोध के समूचे फैलाव और उसकी अनिवार्य संसक्ति से उत्पन्न तनावों को उस खतरनाक बिन्दु तक रखकर अन्तर्निष्ठा बनाये रखने लायक भरपूर स्नायुविक ऊर्जा नहीं प्रदर्शित की है।

समकालीन जटिल परिवेश का तीव्र अहसास और सर्जनात्मक धरातल पर उसकी चुनौती को फलीभूत न कर पाने की स्थिति में ही अक्सर सरलीकरण की प्रवृत्ति पनपती है जिसका विघटित रूप संवेदना और भाषा दोनों के ही फार्मूलाबद्ध हो जाने में दिखाई देता है। सरलीकरण एक प्रकार का शार्टकट है जो स्नायुविक ऊर्जा की कमी का संकेत देता है। बहुत पहले शमशेरबहादुर सिंह ने प्रयोगवाद को 'नर्वस ब्रेकडाउन' की कला कहा था। आज की ज्यादातर कविता को अगर 'नर्वस डैबिलिटी' की कला कहा जाय तो शायद अत्युक्ति नहीं होगी। आज का न सिर्फ अधिकांश लेखन बल्कि विद्रोह की मुद्राएँ भी क्यों शाब्दिक लगती हैं? इसलिए नहीं कि उसके पीछे अनुभूति की प्रामाणिकता नहीं है या वह भोगे हुए

यथार्थ से नहीं उपजा है, बल्कि इसलिए कि संवेदना और उसकी धारक भाषा के बीच कार्यरत तनाव ढीला पड़ गया है या बिखर गया है। ऐसा होने पर सच्ची संवेदना के रहने पर भी शब्द मुरदा पड़ जाते हैं और प्रामाणिक लेखन छद्म लेखन बन जाता है। कहना न होगा कि संवेदना और भाषा के बीच कार्यरत उस तनाव को खुराक स्नायुविक ऊर्जा से ही मिलती है।

मैंने स्नायुविक ऊर्जा की कमी को किसी जीवनमूलक कसौटी के रूप में नहीं, बल्कि सर्जनात्मक प्रतिफलन के रूप में ही ग्रहण किया है। युवालेखन के सन्दर्भ में अक्सर 'विद्रोह' और 'आक्रोश' जैसे शब्द प्रत्ययों का प्रयोग किया जाता है। आलोचना–4 की युवालेखन पर बहस में भी यह बात उभर कर आयी है कि युवा पीढ़ी ने अपनी विशेष और अद्वितीय ऐतिहासिक स्थिति के कारण वह कुछ कर दिखाया है–चाहे वह यथार्थ का बिना लाग-लपेट के चित्रण हो, सेक्स और राजनीति हो अथवा आडम्बरहीन प्रत्यक्ष संवेदनों से उत्पन्न गैर-रूमानी भाषा-प्रयोग–वह पूर्व-पीढ़ी और बिचली पीढ़ी के बूते का न था। मेरे विचार से विद्रोह और आक्रोश तथा इनसे जुड़ने वाले सभी सन्दर्भ यही प्रकट करते हैं कि युवा पीढ़ी ने एक परिवर्तित ऐतिहासिक भूमिका में अपनी स्थिति को साहसपूर्वक स्वीकार किया है, और कम-से-कम इस साहसपूर्ण स्वीकार के कारण ही युवालेख महत्त्वपूर्ण माना जाएगा। पर जिस तरह से यह विद्रोह और आक्रोश धीरे-धीरे चीख और हुल्लड़ के एक पैटर्न का रूप अख्तियार करता गया है–इस हद तक कि कुछ लोग भाषा और संवेदना के अवमूल्यन की बात करने लगे हैं–उससे यही लगता है कि उस ऐतिहासिक भूमिका में पड़ जाने के बाद उसकी नियामक जीवन-प्रक्रिया के साथ गहन स्तरों पर तो युवालेखन बराबर चलता रहा, किन्तु सृजन-प्रक्रिया कहीं पीछे पड़ती चली गयी। सृजन-प्रक्रिया के मन्द पड़ जाने के कारण ही विद्रोह और आक्रोश झूठा पड़ने लगा है।

इसके बावजूद युवालेखन में 'मानवीयता की अनुपस्थिति' ढूँढ़ना या उसे नैतिक असंवेदन का लेखन करार देना उसके साथ ज्यादती करना है। युवालेखन का जो गैर जिम्मेदार अंश रहा है उसे भी इस दृष्टि से खारिज नहीं किया जा सकता। जैसा कि इस लेख के प्रारम्भ में ही संकेत दिया जा चुका है, गैर-जिम्मेदार लेखन के मूल में भी जीवन-प्रक्रिया और सृजन-प्रक्रिया के बीच के अन्तराल का अहसास ही है। गैर-जिम्मेदार लेखन में अक्सर जीवन-प्रक्रिया, सृजन-प्रक्रिया पर हावी रहती है। फलस्वरूप उसमें सर्जनात्मक तनाव उपस्थित नहीं होता। जबकि जिम्मेदार लेखन में दोनों ही प्रक्रियाओं के बीच एक समानान्तर सर्जनात्मक तनाव बराबर बना रहता है। इस प्रकार गैर-जिम्मेदार लेखन सर्जनात्मक दृष्टि से विकेन्द्रित या स्वचलित लेखन होता है। विकेन्द्रित अथवा स्खलित लेखन का पूरा विवेचन प्रस्तुत कर सकना यहाँ सम्भव नहीं है, पर उसके बारे में इतना अवश्य कहा जा

सकता है कि गैर-जिम्मेदार लेखन अप्रासंगिक होते हुए भी अप्रामाणिक नहीं है। अप्रासंगिक इसलिए कि उसके आधार पर किसी स्पृहणीय सृजन मूल्य की कसौटी नहीं निर्धारित की जा सकती और अप्रामाणिक इसलिए नहीं क्योंकि उसमें जीवनानुभवों का दबाव प्रतिपल महसूस होता रहता है, जिसमें यह दबाव भी न हो वस्तुतः उसे गैर-जिम्मेदार लेखन नहीं कहना होगा, बल्कि उसे लेखन ही नहीं कहना होगा। अकविता और 'अ' उपसर्ग मूलक सब साहित्य-आन्दोलन भी इस अर्थ में अलेखन नहीं हैं।

अन्त में, गैर-जिम्मेदार लेखन और छद्म लेखन में फ़र्क करना जरूरी है। गैर-जिम्मेदार लेखन में कम-से-कम जीवनानुभूतियों का दबाव तो रहता है, चाहे वह दबाव सर्जनात्मक परिणति तक पहुँचने के पहले ही बिखर जाय। देखें तो गैर-जिम्मेदार लेखन की समस्या भी यही है कि वह परिवेशजन्य प्रतिक्रियाओं के तनावों को एक निश्चित तापमान पर बराबर कायम नहीं रख पाता। अतः इसमें रचना तनावों में नहीं, तनावों से मुक्त होने में होती है। सर्जनात्मक स्तर पर तनाव से मुक्त होने की कोशिश एक प्रकार से रचना के नैतिक दायित्व से चूकने का लक्षण है, एक असामर्थ्य का द्योतक। इस चूक और असामर्थ्य के कारण ही नीयत में ईमानदार होते हुए भी गैर-जिम्मेदार लेखन अप्रासंगिक लेखन हो जाता है। छद्म लेखन के साथ इस प्रकार की कोई समस्या नहीं होती, क्योंकि वह जीवनानुभूतियों का नहीं जीवन की मुद्राओं का लेखन होता है। मुद्राएँ आकर्षक भी हो सकती हैं और चौंकाने वाली भी, और जिस माहौल में जीवन-मूल्यों और सृजन-मूल्यों का स्पष्ट विवेक न हो वहाँ वे जीवित होने का भ्रम भी पैदा कर सकती हैं। इस बात की सम्भावना बहुत अकल्पनीय नहीं दीखती कि हिन्दी का बहुत-सा युवालेखन एक ओर यदि जिम्मेदार लेखन और गैर-जिम्मेदार लेखन के बीच के किसी स्तर पर चल रहा है तो दूसरी ओर गैर-जिम्मेदार लेखन और छद्म लेखन के बीच के किसी स्तर पर भी चल रहा है। इन तमाम स्तर-भेदों की सूक्ष्म पड़ताल युवालेखन की सर्जनात्मकता पर निश्चय ही कुछ नया प्रकाश डाल सकती है।

[1970]

सर्जनात्मक तनाव और अन्तर्निष्ठा

'खण्ड-खण्ड की सर्जनात्मकता' वाले निबन्ध में मैंने श्रीकान्त वर्मा की सर्जनात्मक प्रेरणा के सन्दर्भ में एक जगह 'इंटिग्रिटी' शब्द का इस्तेमाल किया है—कि श्रीकान्त वर्मा की सर्जनात्मक प्रेरणा में कहीं फाँक है, उसमें अक्सर 'इंटिग्रिटी' नहीं रह जाती। वहाँ जो बात सिर्फ संकेतों में उठाकर छोड़ दी गयी थी उस पर विस्तार से चर्चा करने की आवश्यकता है।

अन्तर्निष्ठा (इंटिग्रिटी) एक अर्थगर्भ शब्द है। इसमें यदि एक ओर नैतिक मूल्य-बोध की पहचान ध्वनित होती है तो दूसरी ओर यह शब्द मनोविज्ञान की भाषा में व्यक्तित्व के भावनात्मक एवं बौद्धिक संवेगों की जटिल बनावट तथा इनके सन्तुलन को व्यक्त करनेवाले अर्थ की भी छाप लिये हुए है। साहित्य अथवा कला की मीमांसा में जहाँ हमने और-और अनुशासनों के प्रत्यय लिये हैं, वहीं नीतिशास्त्र और मनोविज्ञान के क्षेत्र से भी लिये हैं। यह अनिवार्य भी है, क्योंकि साहित्य और कला भी अन्य शास्त्रों-अनुशासनों की तरह एक व्यापक सांस्कृतिक प्रक्रिया के ही अंग हैं। यह अवश्य है कि एक अनुशासन का प्रत्यय दूसरे अनुशासन के क्षेत्र में प्रवेश करने पर अपने मूल अर्थ की सम्पूर्णतः रक्षा नहीं कर पाता, उस पर से अर्थ की कुछ परतें उतर जाती हैं और कुछ नयी परतें चढ़ जाती हैं। 'अन्तर्निष्ठा' शब्द नैतिक अर्थ-सन्दर्भ में एक 'निर्णय' (जजमेंट) को सूचित करता है और मनोविज्ञान के अर्थ-सन्दर्भ में एक 'स्थिति' को। सर्जनात्मक साहित्यि की विवेचना में अन्तर्निष्ठा का प्रत्यय इन दोनों ही अर्थच्छवियों को समेटकर चलता है। यहाँ अन्तर्निष्ठा के दोनों ही अर्थों को सर्जनात्मक अभिव्यक्ति या कला पर लागू कर देखने पर बात को स्पष्ट किया जा सकता है।

कला की नैतिकता क्या है? सबसे पहली और सबसे आखिरी यह कि वह अपने अनुशासन पर दूसरा कोई अनुशासन हावी न होने दे। कला की उत्स-संवेदना और उसकी चरम अभिव्यक्ति के बीच अक्सर जो एक बीहड़ अन्तराल पाया जाता है उसके प्रत्येक बिन्दु या स्तर पर वह अपने प्रति सच्ची बनी रहे—जैसे घटाटोप अँधेरे में रोशनी की एक लौ पर टिकी अनझिप आँख होती है। इसे दूसरी तरह से

कहें तो यह कि सर्जनात्मक तनाव बराबर बना रहे, क्योंकि सतत तनाव की स्थिति में ही आधुनिक कला अपने प्रति सच्ची बनी रह सकती है। और यह तनाव भी कैसा जो चरम अभिव्यक्ति के क्षण में ही कला-संवेदना को प्राग्-अभिव्यक्ति को आदिम स्थिति की ओर मोड़ दे? चाहें तो इसे तनाव की गतिशीलता कह सकते हैं, जो अन्तर्निष्ठा को उसके निर्णयात्मक मूल्य-बोधक अर्थ-सन्दर्भ से उठाकर सर्जनात्मकता के सतत गतिशील सन्तुलन-क्षेत्र में ला खड़ा करता है, जहाँ उसका अर्थ कला-संवेदना की प्रकृति और आकृति का माप बताना मात्र न होकर उसमें हिस्सा लेना और उनके विभिन्न संघटनों-समवायों को सक्रिय रूप से प्रभावित करना भी हो जाता है। अर्थात् सर्जनात्मक प्रेरणा में अन्तर्निष्ठा एक निर्णय भी है और एक 'स्थिति' भी। बल्कि यह कहना ज्यादा संगत होगा कि सर्जनात्मक प्रेरणा में 'निर्णय' की 'स्थिति' है, क्योंकि यह 'स्थिति' एक सतत गतिशीलता की स्थिति है और 'निर्णय' इस गतिशीलता को बरकरार रखने की भूमिका अदा करता है, क्योंकि वह सर्जनात्मकता की केन्द्रवर्ती धारा से तट की ओर बह आये कला संवेदन की उपलब्धि को पुनः केन्द्रवर्ती धारा की अर्थपूर्ण अराजकता की ओर ढकेलने का काम करता है। जैसे कि शब्द कला-संवेदना पर एक 'निर्णय' है, क्योंकि वह कला-संवेदना को परिभाषित, व्याख्यायित, रेखांकित या सीमाबद्ध करके उसे एक अर्थवान सन्दर्भ प्रदान करता है। पर शब्द एक 'स्थिति' भी है, क्योंकि रचना में वह एक ऐसा पारदर्शी तत्त्व है जो अग्रिम संवेदना के आयाम में उस परिभाषित, व्याख्यायित, रेखांकित या सीमाबद्ध अर्थ को गतिशील, अतः अराजक और सम्भावनापूर्ण बनाता है।

इस तरह कुल मिलाकर अन्तर्निष्ठा रचनाकार-व्यक्तित्व की संघटना-विशेष को ही व्यक्त करती है। यह बात दूसरी है कि आधुनिक सर्जनात्मकता के सन्दर्भ में अन्तर्निष्ठा का अर्थ अपेक्षाकृत अधिक जटिल और संश्लिष्ट हो जाता है। हम यह स्वीकार करके चलते हैं कि ऊपर हमने अन्तर्निष्ठा को जिस रूप में परिकल्पित किया है वह आधुनिक सर्जनशीलता के सन्दर्भ में उठे प्रश्नों को समझने तथा विश्लेषित करने में ही अधिक संगत एवं अर्थपूर्ण ठहरता है। अतः अन्तर्निष्ठा की इस विशेष अर्थ-बिन्दु से चर्चा को आगे बढ़ाते हुए हम यह कह सकते हैं कि रचनाकार-व्यक्तित्व की अन्तर्निष्ठा का यह अर्थ नहीं है कि वह व्यक्तित्व कला-सृजन के उपजीव्य भाव-स्थितियों को उनके पूर्वापर क्रम में ग्रहण तथा सर्जित करता है, बल्कि यह है कि वह व्यक्तित्व सर्जनात्मक तनाव को सतत एक प्रतिक्षण विस्फोट होते रहने वाले प्रवाह के रूप में अक्षुण्ण बनाये रख सकता है। यह सही है कि सर्जनात्मक तनाव का प्रत्यय सृजन-प्रक्रिया सम्बन्धी बहस के दौरान पिछले कुछ सालों से ही हिन्दी में प्रयुक्त होने लगा है, पर किसी भी युग के सार्थक रचनाकार की सृजन-प्रक्रिया के विश्लेषण में सामान्य अर्थ में तो उसका प्रयोग किया ही जा

सकता है। यहाँ वस्तुस्थिति का अन्तर 'सर्जनात्मक तनाव' शब्द के पहले प्रयुक्त न होने और अब होने लगने में उतना नहीं जितना कि सर्जनात्मक तनाव की प्रकृति में अन्तर आ जाने में है। इस अन्तर को नाट्य-रचना के एक उदाहरण द्वारा समझा जा सकता है। नाट्य रचना का उदाहरण केवल इसलिए कि उसमें अन्य रचना-प्रकारों की बनिस्बत 'तनाव' अधिक मुखर रूप से निर्णयात्मक भूमिका अदा करता है। प्राचीन नाट्य-रचनाओं में तनावपूर्ण गम्भीर आशय वाले दृश्यों के बीच-बीच में अक्सर हल्के-फुल्के भिन्न स्तर के दृश्य होते थे जिन्हें 'कामिक रिलीफ' के नाम से जाना जाता है। शेक्सपियर के 'मैकबेथ' में दो तनावपूर्ण दृश्यों के बीच 'पोर्टर नार्किंग सीन' या 'किंग लियर' के बीच-बीच में विदूषक वाले दृश्य इसी प्रकार के 'कामिक रिलीफ़' के दृश्य हैं। दो तनावपूर्ण स्थितियों के बीच का यह अन्तराल नाट्य-रचना के स्थूल आकार (और भावक पर पड़ने वाले उसके प्रभाव) में ही नहीं घटित होता, वरन् रचनाकार-व्यक्तित्व की सर्जनात्मकता के स्तर पर भी घटित होता है। निश्चय ही सर्जनात्मकता के सम्पूर्ण 'स्वर' (टोन) में इससे कोई विसंवादी स्वर नहीं उत्पन्न होता, पर यह अन्तराल सर्जनात्मक तनाव की गतिशीलता के एक प्रकार के पठार को व्यक्त करता है। यह दूसरी बात है कि यह सप्रयोजन होता है और प्रयोजन यह होता है कि यह अन्तराल रचना की मूल गम्भीर एवं तनावपूर्ण भाव-विचार-संवेदना को और भी प्रबल और पुष्ट कर दे। यहाँ हमारा आशय केवल यह बताना है कि इस प्रकार के सर्जनात्मक तनाव का प्रवाह अथवा संचरण-गति बहुत-कुछ विषय-वस्तु द्वारा उत्थान-पतन की दिशा में संचालित होती है। दूसरे शब्दों में, यह कि उस सर्जनात्मक तनाव का स्रोत पूरी तरह रचनाकार के व्यक्तित्व के भीतर निहित नहीं होता, और यही कारण है कि वह उस तनाव को एक मूर्त, वस्तुपरक एवं व्यक्ति-निरपेक्ष रचना में संक्रमित कर सकता है, क्योंकि वह उस तनाव को नियन्त्रित कर सकता है। इसे यों भी कह सकते हैं कि इस प्रकार की सर्जनात्मकता में रचनाकार भाव-विचार-संवेदन की स्थितियों को उनके पूर्वापर क्रम में ग्रहण करता है, इसी से उसके सर्जनात्मक तनाव का समाहार एक परिपूर्णता तथा समग्रता के प्रभाव में होता है। त्रासदी में यह परिपूर्णता करुणा अथवा निर्वेद के रूप में और सुखान्तकी में आह्लाद के रूप में होती है। प्रभाव के इस स्तर पर सर्जनात्मक प्रक्रिया अपनी यात्रा समाप्त कर एक गंतव्य तक पहुँची हुई होती है। भावक को वह अगली किसी सम्भावित यात्रा का संकेत देकर नहीं छोड़ती। हाँ, भावक चाहे तो यह एक बार तय की हुई यात्रा दुबारा अन्त से आरम्भ की ओर फिर से शुरू कर सकता है। ऐसे में यह रचना-कृति की शक्ति और रचनाकार की प्रतिभा की महानता मानी जाएगी कि भावक यह यात्रा दुबारा करने को प्रेरित और बाध्य हो जाता है। इस 'उल्टी' यात्रा में अर्थ की प्रतीति और संवेदनाओं के

प्रभाव-चिह्न और भी गहरे होते जाते हैं, कलाकृति का मर्म और भी सुहृद, विशद और गम्भीर होता जाता है। एक अर्थ में भावक की कलाकृति की 'समझ' भी अधिक पैनी और गहरी होती जाती है। पर अन्ततः यह यात्रा एक पिछली तय की हुई यात्रा ही है। इसे चाहे जितनी बार दुहराओ उससे अनुभूति में कोई मूलभूत गुणात्मक परिवर्तन नहीं आएगा, गहरा और क्लासिक क्रिस्टल चाहे भले हो ले। सर्जनात्मक प्रश्नशीलता के जिस दौर से एक बार आप रचना में यात्रा करके गुजर चुके हैं, वह आपको बार-बार मथ सकती है केवल इसलिए कि आपके भाव संवेदन अधिक पक कर, अधिक तप कर एक परिपुष्ट धरातल तक पहुँच सके। उस सर्जनात्मक प्रश्नशीलता में नया-नया विस्फोट नहीं होता रहेगा जो आपके भाव संवेदन को एक हमेशा आन्दोलित रहने की स्थिति में बनाये रख सके, कि आपको लगे कि यात्रा के दौरान आप प्रश्नशीलता के एक अन्तराल से निकल कर दूसरे अन्तराल में प्रवेश कर रहे हैं।

यह सतत आन्दोलित रख सकने की स्थिति जिस प्रकार के सर्जनात्मक तनाव की अपेक्षा रखती है वह पहले प्रकार के सर्जनात्मक तनाव से भिन्न है। इलियट के 'मर्डर इन द कैथीड्रल' में की गयी यात्रा का कोई अन्त नहीं है। 'वेस्ट लैंड' (जो अपनी भाव-विचार-संवेदना में किसी भी त्रासदी की परिकल्पना का सारा विस्तार और संगठन लिये हुए है) का भी कोई अन्त नहीं है—अन्तिम प्रकरण के शान्तिपाठ के बावजूद। इन कृतियों में सर्जनात्मकता के संचरण की गति एक सीधी रेखा के समान नहीं है जिसमें कि हर चरण प्रभाव को महज गहरा और पुष्ट करता जाता हो, वरन् चक्राकार है—उसकी छोटी-छोटी सर्किटें हैं जो टूट-टूट कर बनती हैं, बन-बन कर टूटती हैं—'इन माई बिगनिंग इज माई एंड'—यात्रा किसी भी सामंजस्य के धरातल पर समाप्त नहीं होती, बल्कि हमें आगे किसी अलक्ष्य अर्थ-संसार के अन्धकार में छोड़ देती है।

यहाँ अन्तर्निष्ठा और सर्जनात्मक तनाव के सम्बन्ध को कुछ और पहलुओं से भी देख लेना संगत होगा। यदि हम यह कहें कि जिस प्रकार की सर्जनात्मकता भाव-स्थितियों को उनके पूर्वापर क्रम में ग्रहण करती है उसमें भी अन्तर्निष्ठा हो सकती है, तो इसका अर्थ केवल यह होगा कि रचनाकार का तनाव उसके नियन्त्रण में है, उसकी भाव-संवेदनाओं को उसकी वस्तुपरक परिकल्पनाओं (जो 'मूल्य'-सम्बन्धी भी हो सकती हैं और 'दृष्टि'-सम्बन्धी भी) तथा रचना-विधागत संरचनात्मक अवधारणओं का एक मूर्त्त/अमूर्त्त बाह्य ढाँचा (सुपरस्ट्रक्चर) घेरे हुए है और दोनों के बीच एक 'आकुल समानान्तरता' है। यहाँ उल्लेखनीय बात यह है कि उस सर्जनात्मक तनाव का अस्तित्व इसलिए नहीं है कि भाव-संवेदनाओं और उस बाह्य ढाँचे में कोई परस्पर काट का द्वन्द्व अथवा अन्तःसंघर्ष है, बल्कि यह तनाव सिर्फ इसलिए है कि भाव-संवेदनाएँ उस बाह्य ढाँचे से 'सामंजस्य' स्थापित

करने को व्याकुल होती हैं—जैसे पानी अपने धरातल तक पहुँचने को व्याकुल होता होता है। यहाँ रचना में अन्तर्निष्ठा का मापदण्ड यह है कि वह व्याकुलता परोक्ष या अपरोक्ष रूप से समाप्त न हो, रचनाकार अपनी इस व्याकुलता से चाहे जितना 'खेले', चाहे कला-रूपों एवं शिल्प-प्रयोगों के कितने ही 'करतब' दिखाये, अन्तिम प्रभाव-सृष्टि के लिए कितनी ही ऊँचाइयों और नीचाइयों में उसे पटके पर उस व्याकुलता को अपने हाथ से जाने न दे, उसकी आग में अपनी भावनाओं-कल्पनाओं की आहुति निरन्तर देता रहे, यानी उस व्याकुलता के सर्जनात्मक तनाव को हमेशा अपने वश में रखे। जहाँ ऐसा नहीं होता—जहाँ वह तनाव रचनाकार के वश में नहीं रह सकता—वहाँ सर्जनात्मकता के सन्दर्भ में अन्तर्निष्ठा का प्रश्न ही अप्रासंगिक हो जाता है। इस प्रकार की सर्जनात्मकता में तनाव को वश में रख सकने के लिए रचनाकार प्रायः अमूर्त्तन का सहारा लेता है—वह जीवनानुभवों को प्रत्यक्ष साक्षात्कार के स्तर पर नहीं झेलता/निबटता बल्कि उन्हें हमेशा एक ऐसे दृष्टि-फ्रेम के भीतर से ग्रहण करता है जिसके निर्माण में कभी उसकी 'मूल्य-सम्बन्धीं मूर्त्त/अमूर्त्त धारणा काम कर रही होती है तो कभी 'मानव-आदर्शवाद' का उदात्त पक्ष। इसका यह मतलब नहीं है कि 'मूल्य' और 'आदर्शवाद' को वह अपनी जीवनानुभूतियों पर आरोपित करता है, बल्कि यह कि इनके माध्यम से ही—इनकी प्रक्रिया में से गुजरते हुए ही—वह जीवनानुभावों को ग्रहण करता है। प्रयोगवाद नयी कविता के दौर में 'सौन्दर्यात्मक दूरी' की चर्चा अक्सर बलपूर्वक की जाती थी, जो प्रकारान्तर से उस तनाव को वश में रख सकने की ही बात है। जो इस तनाव को वश में रख सकता था वह समर्थ-सफल रचनाकार होता था, जो नहीं रख पाता था वह सौन्दर्यच्युत असफल, असमर्थ। अज्ञेय द्वारा 'दूसरा सप्तक' की भूमिका में प्रतिपादित 'तथ्य' और 'सत्य' के अन्तर को भी इसी परिप्रेक्ष्य में देखा जा सकता है। जीवन के तीखे यथार्थ-अनुभव को झेलने में भी एक निर्वैयक्तिक कलाभिरुचि का परिचय देना होता था, रूपाकार से ही काव्य की आत्मा की महत्ता आँकी जाती थी, भाषा को संस्कार की आँच में तपाना होता था, विह्वलता में भी छन्द और आवेश में भी लय का होना गुण था, बिखराव की अपेक्षा कसाव और चाहे एक बार लक्ष्य साफ न भी हो फिर भी भाव-सत्य की सफाई पर बल देना रचनाकार की शक्ति और सामर्थ्य के परख की कसौटी थी।

तनाव को वश में रख सकने और वश में न रख सकने की स्थिति के सन्दर्भ में नयी कविता-काल के दो कवियों—सर्वेश्वरदयाल सक्सेना और लक्ष्मीकान्त वर्मा—की तुलना यहाँ प्रासंगिक और रोचक सिद्ध होगी। दोनों ही निम्न मध्यवर्ग के घर-गृहस्थी, बीवी-बच्चे, चूल्हा-चक्की और टिकुली-बेंदी वाले कवि हैं, दोनों ही अपने 'दर्द' की अभिव्यक्ति के लिए दूर की कौड़ी नहीं लाते, बल्कि मानव-जीवन के छोटे-छोटे प्रसंगों, स्थितियों-सन्दर्भों को चुनते हैं, यथार्थ के प्रति दोनों ही तीव्र

भावानुभूति के स्तर पर प्रतिक्रिया करते हैं, दोनों की भाषा जनजीवन की बोलचाल की भाषा के निकट है। पर सर्वेश्वर कगार के अन्तिम विन्दु तक जाकर भी लौट आने की होशियारी से वाकिफ हैं, जबकि लक्ष्मीकान्त अक्सर बेखबरी में खाई में ही जा गिरते हैं। एक तनाव को आवश्यक छूट देते हुए भी उसे वश में रख सकता है, जबकि दूसरा प्रायः उसका अन्त तक निर्वाह नहीं कर पाता—उसका तनाव या तो आवेश में बदल जाता है या फिर तनावरहित सपाटपन में। सर्वेश्वर के पास जो दृष्टि-फ्रेम है वह इतना सूक्ष्म और तरल है कि अक्सर वह दृष्टि फ्रेम रह ही नहीं जाता (फलस्वरूप वे वहाँ-वहाँ शुद्ध भावुकता के कवि नजर आने लगते हैं), अतः उसके प्रति निष्ठा कायम रखने के प्रश्न से वे विचलित नहीं होते; लक्ष्मीकान्त के पास जो दृष्टि-फ्रेम है वह उन्हें हमेशा ललकारता रहता है और गिरते पड़ते भी वे उसको आँख की ओट नहीं कर पाते। सर्वेश्वर तनाव को अपने भाव-यन्त्र से एक खास दूरी पर बनाये रखने में इतने माहिर हो गये हैं कि वे ऐसी सजी-सँवरी मार्मिक कविताएँ निरन्तर लिखते चले जा सकते हैं जो जोखिमपूर्ण मानव-अस्तित्व की किसी बुनियादी अराजकता को न उकेरें, जबकि लक्ष्मीकान्त की ट्रैजेडी यह है कि वे बार-बार उस बुनियादी अराजकता से टकराते हैं, पर जब उसे व्यक्त करते हैं तो नितान्त 'समसामयिक' लगने लगते हैं। तनाव को वश में रख सकने के कारण सर्वेश्वर में जो सौन्दर्यात्मक रुझान लोक-संपृक्ति के अनगढ़ खुरदरे अंशों की मिलावट से शुरू में गड्डमड्ड था, वह क्रमशः साफ, संयत और 'तुकान्त' होता गया, जबकि तनाव को सर्वत्र काबू में न रख पाने (कभी-कभी इसकी चेष्टा-मात्र से विद्रोह कर उठने) के कारण लक्ष्मीकान्त का सौन्दर्यात्मक रुझान कभी भी उनकी यथार्थ-संवेदना के साथ एकाकार नहीं हो सका और हमेशा 'अतुकान्त' ही रहा। किन्तु वह सर्वेश्वर का तनाव को वश में रख सकना और लक्ष्मीकान्त का तनाव को पूरी तरह वश में न रख सकना दोनों ही एक मुद्रा बन गये हैं।

जिसे मैं दूसरी प्रकार की सर्जनात्मकता कहता हूँ उसमें तनाव और अन्तर्निष्ठा के रिश्ते कहीं ज्यादा खतरनाक क्योंकि पहले प्रकार की सर्जनात्मकता की अपेक्षा कहीं अधिक जटिल होते हैं। उसकी जटिलता का रूप कुछ इस तरह है कि तनाव की सर्जनात्मक प्रक्रिया में अपने भाव-यन्त्र से सब-कुछ ग्रहण करते हुए मैं एक शब्द लिख दूँ और उस स्थिति का सारा दबाव झेलते हुए काफी देर बाद और कुछ न लिखकर सिर्फ उस शब्द को काट दूँ तो लगे कि मैंने सचमुच कोई नया शब्द लिखा है। दो शब्दों के बीच वह कटा हुआ शब्द दरअसल एक 'अन्तराल' है जो रचनाकार की अन्तर्निष्ठा की कसौटी बनता है, क्योंकि वह अन्तराल न-कुछ नहीं है, न ही एक सादा फलक है जिसकी पृष्ठभूमि में कुछ विदूषक चेहरे अपनी रंग-बिरंगी कलाबाजियाँ दिखा जाएँ। वह न अन्तराल एक अग्रिम लम्बी छलाँग के

लिए ठिठकी हुई कसी हुई सर्जनात्मक मुद्रा है। इसमें रचनाकार की क्षमता उस अन्तराल की अर्थगर्भिता को पहचानने और प्रक्षेपित करने में है और उसकी अन्तर्निष्ठा उस अन्तराल को सपाट न हो जाने देने में। सर्जनात्मक तनाव के प्रवाह में इस प्रकार का प्रत्येक अन्तराल नये-नये अर्थ-विस्फोटों के लिए अवसर प्रदान करता है। इसके साथ ही यदि उस अवसर का उपयोग करने की सामर्थ्य न हुई तो यह एक खतरनाक कगार भी साबित हो सकता है। काव्य-रचना का उदाहरण लें तो नया अर्थविस्फोट करने के अवसर का उपयोग कर पाने की सामर्थ्य न होने पर उस 'अन्तराल' में भाषा निश्चित अर्थ देने लगती है, वह ठोस 'स्फटिक' (क्रिस्टल) हो जाती है, उसका वह लचीलापन समाप्त हो जाता है जो उस अन्तराल के आर-पार सर्जनात्मक तनाव के एक छोर को दूसरे छोर से जोड़ता है। भाषा के सन्दर्भ में जिसे हम 'अभिधा' या 'सपाटपन' कहते हैं उसका यही अर्थ है। आशा है प्रस्तुत प्रसंग में अलंकरणयुक्त सपाट भाषा और भाषा के सपाटपन का जो अन्तर है वह यहाँ स्पष्ट होगा।

तनावगत अन्तराल को सपाट न होने देकर अन्तर्निष्ठा की रक्षा करने के पीछे एक और आधार है जिससे स्थिति की जटिलता पर प्रकाश पड़ता है। पहले प्रकार की सर्जनात्मकता में शब्द को अर्थ से जोड़ने की चेष्टा होती है, यह मान लिया जाता है कि शब्द और अर्थ के बीच कोई दीवार है जिसे विस्फोटक से उड़ा देने की जरूरत है, शब्द में नये अर्थ भरने का प्रयत्न होता है या फिर पुराने शब्दों से नये अर्थ का आविष्कार किया जाता है। एक तरह से यह भाषा के अर्थ-विस्तार की ही प्रक्रिया है। किन्तु दूसरे प्रकार की सर्जनात्मकता में अर्थ को शब्द से 'जोड़ा' नहीं अर्थ को शब्द से 'मुक्त' किया जाता है, क्योंकि इसमें भाषा जिह्वा पर नहीं दांतों के बीच की जगहों से सटी हुई होती है। यह भाषा के अन्तःस्फोट की क्रिया है। शब्द से अर्थ के मुक्त होने की क्रिया में भाषा की प्रचलित दो इकाइयों के बजाय भाषा की तीन इकाइयाँ बनती हैं : शब्द और अर्थ के साथ दोनों के बीच का अन्तराल तीसरी इकाई होता है, और भाषा वस्तुतः शब्द और अर्थ के सह-सम्बन्ध से नहीं बल्कि इन तीनों के सह-सम्बन्ध से बनती है। शब्द और अर्थ की दो इकाइयों वाली भाषा में शब्द और अर्थ के बीच या तो दीवार होती है जो दोनों को अलग रखती है या फिर वह दीवार नहीं होती। रचनाकार की चेष्टा यही रहती है कि वह दीवार यदि है तो न रहे—शब्द और अर्थ जो अलग-अलग हो गये हैं वे एक हो जाएँ। यह चेष्टा उसी तरह है जिस तरह उसका यह चाहना कि उसकी भाव-संवेदना और उसको घेरे हुए मूर्त्त/अमूर्त्त बाह्य ढाँचे की अनन्त समानान्तरता सामंजस्य में परिणत हो जाय : दोनों एक हो जाएँ। किन्तु तीन इकाइयों वाली भाषा में शब्द और अर्थ कभी भी एकाकार होकर सघन 'स्फटिक' (क्रिस्टल) नहीं बनते, दोनों के सम्बन्ध में हमेशा और अनिवार्यतः कुछ-न-कुछ 'छूट' जाता है।

यही 'अन्तराल' है। यह अन्तराल आज के स्वचेतनता के युग में रचनाकार की अपने परिवेश के साथ लगाव (इन्वाल्वमेंट) ही है जो शब्द और अर्थ को अभिन्न रूप से एक नहीं होने देता। परिवेश के प्रति सजगता और उससे लगाव व्यक्ति को विकेन्द्रित करता है, और जिस हद तक यह लगाव तीव्र होगा विकेन्द्रीकरण की प्रक्रिया भी उसी हद तक तीव्र होगी। और चूँकि व्यक्ति परिवेश के साथ अपने सम्बन्ध को भाषा के माध्यम से ही अनुभूत करता है इसलिए उसके विकेन्द्रीकरण के साथ भाषा भी विकेन्द्रित होती जाती है। व्यक्ति के विकेन्द्रीकरण की प्रक्रिया व्यक्ति को 'निर्वासन' (एलिएनेशन) से 'आत्मनिर्वासन' (सेल्फ-एलिएनेशन) की ओर ले जाती है जिस पर आगे विचार किया जाएगा। यहाँ पहले भाषा के विकेन्द्रीकरण और रचनाकार की अन्तर्निष्ठा के सवाल को नजदीक से देख लेना होगा।

भाषा के विकेन्द्रीकरण में पहली जानी-पहचानी स्थिति तो वह होती है जिसमें शब्दों का प्रचलित अर्थ नष्ट हो जाता है और उसके बजाय दूसरा अर्थ ध्वनित होने लगता है। कहा जा सकता है कि यह स्थिति भाषा के अर्थ-विस्तार और अर्थ-सम्पन्नता के लिए आवश्यक है। इससे भाषा एक धुरी से हटने के बाद दूसरी नयी धुरी पर जा टिकती है। भाषा के विकेन्द्रीकरण का यह रूप सामान्यतः युग-बोध में प्रत्येक परिवर्तन के साथ घटित होता रहता है। लेकिन भाषा के विकेन्द्रीकरण की एक स्थिति यह भी हो सकती है जिसमें शब्द प्रति-शब्द बन जाते हैं और अर्थ प्रति-अर्थ। ऐसी भाषा में शब्द अर्थ द्वारा अपनी सत्ता को प्रकट नहीं करते—क्योंकि अर्थ वस्तुओं को ग्रहण करने की एक संघटित बोधात्मक इकाई है—बल्कि संकेतों द्वारा प्रकट करते हैं। यह भाषा के आदिम रूप अथवा भाव-संवेदना की प्राग्-अभिव्यक्ति के अराजक रूप की ओर प्रत्यावर्त्तन है जिसकी ओर इस लेख के आरम्भ में इशारा किया गया था। भाषा का यह अराजक रूप यात्रा का आरम्भ भी हो सकता है और यात्रा का अन्त भी। आरम्भ की स्थिति रचनाकार की इस सामर्थ्य पर निर्भर करती है कि वह उन 'संकेतों' को इतना पारदर्शी बना दे कि उनकी अलग-अलग इकाइयाँ किसी नये सर्जनात्मक बोध के एक चित्र को पूरा करती-सी लगने लगें। और यात्रा का अन्त तनाव के अन्तिम बिन्दु के बाद पहुँचे तनावहीन ढलान पर ठहर जाने में है।

यह शब्द से प्रति-शब्द और अर्थ से प्रति-अर्थ तक जाने की स्थिति कुल मिलाकर एक दुविधापूर्ण सम्भावना की स्थिति है, जिसका सैमुएल बैंकेट के उपन्यास अच्छा उदाहरण प्रस्तुत करते हैं। किन्तु प्रायः इस सम्भावना के अन्वेषण की चेष्टा पर भाषा के विकेन्द्रीकरण से स्वतः चल पड़ी विघटन प्रक्रिया का दबाव हावी हो जाता है, और फलस्वरूप रचना में शब्द प्रति-शब्द और अर्थ प्रति-अर्थ बनने की स्थिति का अतिक्रमण कर 'शब्दहीन' और 'अर्थहीन' बन जाते हैं। ऐसे

में रचना की बुनियादी सर्जनात्मकता ही संदिग्ध लगने लगती है। इस प्रकार के रोचक उदाहरण देखने-सुनने में आये हैं जब पाठक को 'रचना' के नाम पर कोरे अनछपे पृष्ठ ही मिले हैं। अभी कुछ साल पहले साहित्य अकादमी लिटरेरी फोरम नयी दिल्ली की एक गोष्ठी में स्वीडिश कवि गुन्नार रिद्स्ट्रोम ने एक कविता 'पढ़ी' थी जिसमें अर्धविरामों, पूर्णविरामों, डैश, कोलन, प्रश्नवाचक-विस्मयबोधक चिह्नों और कोष्ठकों के अलावा कुछ न था। चित्रकला में यदि रंग को भाषा का पर्याय मानें तो रंग के साथ-साथ रेत, लकड़ी, बुरादा, कील-काँटे, चमड़ा, टिन, चिथड़े आदि चीजों के प्रयोग की प्रवृत्ति को शब्द से प्रति-शब्द और अर्थ से प्रति-अर्थ की ओर जाने की रचनात्मक स्थिति का ही चिह्न मानना होगा। क ख ग 9 (जुलाई 1965) में प्रकाशित मुद्राराक्षस की 'एब्सर्ड कविताएँ' भी भाषा के इसी विकेन्द्रीकरण का नमूना हैं जिसमें शब्दों से बनने वाले अर्थ की संघटित बोधात्मक इकाई को अपर्याप्त या व्यर्थ मान लिया गया है। यह कुछ अजीब लग सकता है कि भाषा का पूर्ण विकेन्द्रीकरण जहाँ रचनाकार के अपने परिवेश के साथ सम्पूर्ण लगाव की उपज होता है वहीं यह इस बात का भी द्योतक होता है कि रचनाकार सर्जनात्मक तनाव से दूर से दूरतर जाना चाहता है। अतः विकेन्द्रित भाषा में रचना तनाव में नहीं तनाव से मुक्त होने में होती है, और पूर्ण रूप से विकेन्द्रित भाषा तनावरहित भाषा होती है।

परिवेश के प्रति लगाव, सर्जनात्मक तनाव और भाषा के विकेन्द्रीकरण के परस्पर सम्बन्ध को एक दिलचस्प वैज्ञानिक क्रिया द्वारा समझा जा सकता है। एक निश्चित एवं स्थिर तापमान पर जब पानी निरन्तर ठण्डा होता चला जाता है तब एक बिन्दु ऐसा आता है जब यह बर्फ बन जाता है। बर्फ बनने के बिन्दु के पहले तक पानी 'सिकुड़ता' है, पर उस बिन्दु पर पहुँच जाने के बाद एकदम से ठोस होकर 'फैल' जाता है। बर्फ बन जाने पर पानी का घनत्व कम और आयतन बढ़ा हुआ होता है, और हालाँकि उस अन्तिम बिन्दु तक ठण्डे हुए पानी का तापमान बाद में बन गये बर्फ के तापमान के समान ही होता है, एक चीज और घटित होती है : बर्फ में परिवर्तित होने की प्रक्रिया में पानी से उसमें निहित ऊष्मा, जिसे वैज्ञानिक शब्दावली में 'लेटेन्ट हीट' कहते हैं, बाहर निकल जाती है। इस उदाहरण को एक रूपक की शक्ल देते हुए सर्जनात्मक तनाव को तापमानक तत्त्व मान लें और परिवेश के प्रति लगाव की स्थिति को तापमान प्रभावित पानी, तो भाषा (अथवा रचनाकार-व्यक्तित्व) के विकेन्द्रीकरण को उस खतरनाक बिन्दु के इधर-उधर 'सिकुड़ने' और 'फैलने' की दो वैकल्पिक स्थितियों के अन्तर्गत रख कर सहज ही देखा जा सकता है। जाहिर है कि रचना के भीतर, चाहे भाव-विचार-संवेदन के स्तर पर या भाषा-संरचना के स्तर पर, सर्जनात्मक तत्त्वों का कोई भी नया सार्थक संघटन उस 'खतरनाक बिन्दु' के पहले तक ही, जबकि सर्जनात्मक

तनाव और परिवेश के प्रति लगाव का क्रिया-प्रतिक्रियात्मक 'दबाव' सर्वाधिक होता है, सम्भव हो सकता है। उस 'खतरनाक बिन्दु' को पार कर जाने पर सर्जनात्मक तत्त्वों का संघटन बिखर जाता है। और पानी के 'लेटेन्ट हीट' की तरह रचना से 'तनाव' निकल जाता है और भाषा (तथा रचना भी) तनावरहित और सपाट हो जाती है। रचनाकार की अन्तर्निष्ठा यहाँ इस बात में है कि वह सर्जनात्मक तनाव तथा परिवेश के प्रति अपने लगाव के क्रिया-प्रतिक्रियात्मक 'दबाव' को उस 'खतरनाक बिन्दु' के पहले तक शिद्दत से अपनी रचना के लिए महसूस करे। जिस प्रकार की सर्जनात्मकता में प्रेरणा का स्रोत रचनाकार के व्यक्तित्व में ही निहित हो—जहाँ उसे किसी बाह्य मूर्त्त/अमूर्त्त ढाँचे का सहारा भी न हो—वहाँ इस अन्तर्निष्ठा का निर्वाह रचनाकार के लिए अपरिहार्य सर्जनात्मक मूल्य का रूप धारण कर लेता है।

ऊपर के विवेचन में तनाव और परिवेश के प्रति लगाव के क्रिया-प्रतिक्रियात्मक 'दबाव' का पहलू थोड़े स्पष्टीकरण की अपेक्षा रखता है। परिवेश के प्रति लगाव का क्या अर्थ है और यह किस तरह रचनाकार-व्यक्तित्व को विकेन्द्रित करता है? परिवेश की चेतना व्यक्ति को उसमें अपनी स्थिति के प्रति भी चेतन बनाती है। इस स्वचेतना के साथ उसके सामने जटिल एवं गहन अनुभवों का एक नया संसार ही खुलने लगता है। यह संसार आवश्यकतया व्यक्तिगत अनुभवों का संसार नहीं होता, बल्कि व्यक्तिगत, सामाजिक और आध्यात्मिक अनुभवों का एक संश्लिष्ट संसार होता है। व्यक्ति जितना परिवेश के प्रति जुड़ता जाता है उतना ही इस जटिल संश्लिष्ट अनुभवों के संसार के प्रति भी जुड़ता जाता है। रचनाकार के लिए यह स्थिति ही तनाव का उत्स बनती है, और परिवेश के प्रति लगाव के साथ—और चेतना पर उसके कारण स्पष्ट से स्पष्टतर अंकित होते जाने वाले जटिल अनुभव-संसार के साथ—यह तनाव भी बढ़ता जाता है। व्यक्ति और परिवेश के इस दुहरे सम्बन्ध-बोध वाली सर्जनात्मकता की परिणति अनुभूति-सम्पन्नता या अनुभूति-समग्रता में नहीं होती (जोकि एक सामंजस्य पा लेने की स्थिति है), बल्कि उसकी परिणति उस दुहरे सम्बन्ध-बोध से उपजने वाले तनाव को बरकरार रखने में होती है। इस सर्जनात्मक तनाव के निरन्तर दबाव में नये-नये अर्थों का अन्तःस्फोट ही वस्तुतः रचनाकार-व्यक्तित्व का विकेन्द्रीकरण है, जिसमें प्रत्येक अन्तःस्फोट नये तनाव की ऊर्जा की सृष्टि करता है और तनाव की यह ऊर्जा व्यक्ति और परिवेश के सम्बन्ध को एक स्थिर सामंजस्यपूर्ण-गरिमा की निष्पत्ति के केन्द्र से हटा कर एक सतत विकसनशील सम्बन्धबोध की सम्भावनापूर्ण जटिलता में डालती रहती है। यहाँ 'जटिलता' एक अर्थपूर्ण स्थिति का संकेत करता है—'जटिलता' एक ऐसा बैरोमीटर है जो एक ओर तो सर्जनात्मक तनाव के दबाव को अंकित करता रहता है और दूसरी ओर उस अन्तर्निष्ठा की ओर भी संकेत करता है जो उस दबाव को

'खतरनाक बिन्दु' से आगे न गुजर जाने देने की सामर्थ्य का प्रतीक है। इस स्तर पर 'जटिलता' और 'अन्तर्निष्ठा' एक ही सिक्के के दो पहलू बन जाते हैं। सर्जनात्मक तनाव और उसके जटिल प्रारूपों की परस्पर कशमकश में दर्द के हद से गुजर कर दवा हो जाने की स्थिति भी आ सकती है। लेकिन तब वह ऐसी दवा होगी, जिसे किसी भी परचून की दुकान से खरीदा जा सके, उसके लिए दर्द का सर्जनात्मक सन्दर्भ और अन्तर्निष्ठा का प्रश्न समाप्तप्राय होता है—तनावरहित सपाट रचना के बारे में अन्तर्निष्ठा का प्रश्न बेमानी होता है। तनावहीनता की स्थिति अ-जटिलता की भी स्थिति है, जिसमें रचना का नियमन या तो शुद्ध संवेग करने लगते हैं या फिर असंश्लिष्ट भाव अथवा विचार वृत्तियाँ। हिन्दी के सार्थक युवालेखन के सन्दर्भ में अन्तर्निष्ठा का प्रश्न इसलिए और भी महत्त्वपूर्ण हो उठता है क्योंकि उसका अधिकांश अब भी रचनाकार-व्यक्तित्व के विकेन्द्रीकरण को अनिश्चयपूर्ण सर्जनात्मक सम्भावनायुक्त क्षेत्र-परिधि से गुजर रहा है। अपने परिवेश के प्रति अधिकाधिक लगाव आज के युवा लेखक की नियति है, पर तनावहीनता के खतरे भी पहले की अपेक्षा आज कहीं अधिक बढ़ गये हैं।

[1969]

सृजन और चिन्तन

एक प्रक्रिया होती है अनुभव की—अनुभूति-क्षण के प्रति सम्पृक्त होने की। एक होती है उस अनुभूत किये हुए को सहेजने की, उसे टटोलने, पहचानने और आँकने की। यह दूसरी प्रक्रिया हमें गन्तव्य-बोध के एक सजग धरातल की ओर ले जाती है। इस धरातल पर खड़े होकर ही विचारों का आदान-प्रदान किया जा सकता है, क्योंकि टटके छायाभासों से निकलकर तब अनुभूति की रेखाएँ मूर्त सत्यों के रूप में स्पष्ट दीखने लगती हैं। किसी भी चर्चा का लक्ष्य उस धरातल की प्रकृति, गुण और उससे फूटनेवाली समानान्तर दिशाओं की खोज करना होता है। यह खोज किसी निष्कर्ष पर ज्यादा-से-ज्यादा सहमत हो सकने के लिए नहीं, वरन उस खोज के सम्भावित परिणामों के सम्बन्ध में एतराजों के एक से अधिक औचित्य को सिद्ध करने के लिए—और इस प्रकार समग्र सांस्कृतिक चेतना को अधिकाधिक पुष्ट, प्रखर और ठोस बनाने के लिए—होती है।

परिमल की कहानी-गोष्ठी (21, 22 मार्च, '64) में इस दृष्टि से 'चर्चा' लगभग नहीं के बराबर हुई। प्रारम्भ से ही जो वातावरण निर्मित हुआ, उसमें उन दोनों प्रक्रियाओं के पार्थक्य पर ही बल पड़ने लगा। स्पष्ट है कि ऐसी स्थिति में सारी बहस में एक भावनात्मक ऊष्मा तो हो सकती थी, पर बौद्धिक अभिचिन्तन की प्रेरणा-स्फूर्ति नहीं। बहस में किसी-न-किसी स्तर से सम्पृक्त रचनाकार उस भावनात्मक ऊष्मा से कुछ-न-कुछ तो अवश्य हासिल कर सकते थे, पर गोष्ठी में उपस्थित श्रोता वर्ग के हाथ, जिस चिन्तन में तटस्थ विचार-शैली द्वारा ही कुछ सुलभ कराया जा सकता था, एक भौचक्कापन, मुग्ध प्रशंसा-भाव (तालियों की गड़गड़ाहट), या फिर एक खीज़ ही हाथ लगी। सम्पूर्ण गोष्ठी में श्रोतावर्ग के इस पक्ष को प्रायः विस्मृत कर सारी बहस के दो केन्द्रों में बँट-सी गयी...या दो केन्द्रों से परिचालित होने लगी—कहना शायद अधिक उपयुक्त होगा। ये दो केन्द्र थे—सृजक और आलोचक...

हिन्दी क्षेत्र में (मैं वहीं की बात कह सकता हूँ) हमारे लेखक अभी तक सृजन कार्य और विचार-चिन्तन-कार्य को यदि एक-दूसरे का विरोधी नहीं तो बाधक

अवश्य मानते आ रहे हैं। सृजन लेखकों का क्षेत्र माना जाता है, और विचार-चिन्तन आलोचकों का। लेखकों को आलोचक बनना ग्राह्य नहीं लगता, पर यदि 'कभी-कभार' वैसी आपदा आ उपस्थिति हो (जैसा कि इस गोष्ठी में) तो उन्हें यह लगने लगता है, जैसे वह अपने सही रास्ते से भटककर किसी गलत भूमि में चला आया है। क्योंकि भई, लेखक का काम तो है लिखना, सृजन करना; उस पर बहस करना, उसके रचना-मूल्यों पर तटस्थ विचार-चिन्तन करना, या कम-से-कम स्पष्ट सुविचारित शैली में वाकई कोई 'बात' व्यक्त करना तो आलोचक का काम है। चलिए, छुट्टी हुई। यहाँ कठिनाई इतनी मात्र नहीं कि अपनी बात को लेखक आलोचक के समान शास्त्रीय (एकेडेमिक) ढंग से प्रतिपादित नहीं कर पाता, वरन् यह भी कि रचना-प्रयोगों की तात्कालिकता में वह इतना सम्पृक्त होता है कि आलोचना का-सा स्पष्ट चिन्तन उसे अपनी रचनात्मकता के आगे कभी-कभी गैर-ईमानदार भी साबित कर सकता है। ऐसी स्थिति में यदि लेखक को कोई बात कहनी ही हो, तो उसके साथ चिन्तन के किसी ठोस प्रतिमान की अनिवार्यता नहीं रहती, न उस अनिवार्यता की आवश्यकता का उसे अनुभव ही होता है। उसके स्वर में एक अद्भुत आत्मसन्तोष होता है (और सम्भवतः इसी कारण वह भावनात्मक ऊष्मा भी) जो प्रायः उसकी इस धारणा का प्रतिफलन होता है कि सृजन आलोचना से महत्तर कर्म है...स्रष्टा विधाता है, परिभू स्वयम्भू है...

कहानी-गोष्ठी में कहानीकार-लेखक ने अपनी बात इसी कोण से रखी। एक दूसरे से मिलते-जुलते वक्तव्यों में उन्होंने जो बात कही, उसका सारांश प्रस्तुत किया जाय तो वह कुछ इस प्रकार होगा—हमारी इस नयी पीढ़ी को केवल नयी पीढ़ी ही समझ सकती है, विशेषकर वह समानधर्मा पीढ़ी जो हमारे साथ रचना-प्रयोगों की धारा में सम्मिलित है। हम नयी पीढ़ी के लोग जिन्दगी जी रहे हैं, संघर्ष झेल रहे हैं, जीवन की वास्तविकताओं से साक्षात्कार कर रहे हैं, मूल्यों की 'क्राइसिस' में से गुजर रहे हैं, जबकि आलोचक (जिनमे विश्वविद्यालयों के प्राध्यापक और साहित्यिक रुचि-सम्पन्न पाठक भी शामिल हैं) कॉफी हाउसों के कृत्रिम बौद्धिक वातावरणों और लाइब्रेरी के ग्रन्थों में उलझे सुख-सुविधापूर्ण जीवन जी रहे हैं; अतः यह बिलकुल तय मानी हुई बात है कि हमारी इस नयी सृजनशील पीढ़ी को ये आलोचक क्या खाक/खाके समझेंगे! ...ये थे हमारे कहानीकारों के उद्गार-रूपी विचार, जो इस विचार-गोष्ठी में रखे गये थे। दर्शन के प्राध्यापक श्री श्यामकिशोर सेठ ने यह एतराज उठाया कि ये 'विचार' नहीं हैं, क्योंकि इन्हें न तो प्रमाणित किया जा सकता है, न अप्रमाणित। पर सेठजी का यह 'विचार' उद्गारों की धुन्ध में लापता हो गया।...

जिस कोण से सर्जक और आलोचक के बीच पार्थक्य-रेखा खींचने का काम कहानीकारों ने सम्पन्न किया, कुछ वैसा ही एक अन्य स्तर पर भी उन्होंने कर

दिखाने की चेष्टा की—इस बार नयी कहानी और नयी कविता का विवाद उपस्थित कर। यह विवाद एक अरसे से हिन्दी में चल रहा है। कहानीकारों के समक्ष कहानी सम्बन्धी कोई भी चिन्तन-विवेचन इस विवाद का सहारा लिये बिना जैसे चल ही नहीं सकता। अतः यहाँ भी अनेक कहानीकारों ने अपनी चर्चा को इस विवाद पर ही लाकर तोड़ा। उन्होंने इस बात पर बल दिया कि नयी कहानी और नयी कविता की रचनात्मक भाव-भूमियाँ भिन्न हैं। ऐसा शायद आज की कहानी को आज की कविता से श्रेष्ठ सिद्ध करने की 'स्ट्रेटेजी' के अन्तर्गत किया जाता है। ऐसे अवसर पर यह सामान्य तथ्य लगभग भुला-सा देना कुछ विचित्र नहीं लगता कि किसी युग-विशेष में साहित्य की संचेतना—सृजन का मूल संवेद—एक ही होता है, उसकी अभिव्यक्ति किसी विधा-विशेष में अधिक प्रशस्त रूप में हो और किसी में कम, पर सृजनात्मक अनुचिन्तन की धारा से हर वह व्यक्ति सम्पृक्ति का अनुभव करता है, जो संवेदनशील है, और जिसका मानस युगबोध के सूक्ष्म संवेदन-तरंगों से निर्मित एवं परिचालित है। हमारे कहानीकार वर्तमान युग के परिप्रेक्ष्य में समानधर्मिता के स्पृहणीय लक्षण अकेले आज के कहानीकारों में ही पाते हैं।

इसी सन्दर्भ में, यहाँ 'परिमल' के इस आयोजन के प्रति उनकी प्रतिक्रिया का विश्लेषण करना भी दिलचस्प होगा। 'परिमल' हिन्दी नयी कविता के आन्दोलन से सम्बद्ध रहा है। इस आयोजन द्वारा कहानी-क्षेत्र में उसके प्रवेश को पहले तो अनधिकार चेष्टा (या कुचेष्टा) घोषित किया गया, फिर उसे इस बात का सबूत समझा गया कि नयी कहानी की बढ़ती हुई लोकप्रियता से नयी कवितावाले आतंकित हो उठे हैं और उन्होंने नतशिर होकर नयी कहानी की श्रेष्ठता का सिक्का मान लिया है। संकुचित दृष्टि सीमा का यह उदाहरण तटस्थ चिन्तन में किस हद तक बाधक हो सकता है, यह बताने की जरूरत नहीं। लगता है, युगबोध और सृजनशीलता के दायित्वों को वहन करने वाले हमारे हिन्दी के ये लेखक सृजन-क्षेत्र के निकटतम वैयक्तिक परिवेश के बाहर आने पर वैचारिक दृष्टि से प्रौढ़ रह ही नहीं पाते, और सृजन की समसामयिक समस्याओं पर वैचारिक चिन्तन अनुप्रेरित करने वाले इस प्रकार के प्रत्येक प्रयत्न में बचकाने ढंग से कोई-न-कोई अभीप्सित 'मोटिव' ढूँढ़ने लगते हैं।...

उपस्थित कहानीकारों ने जिस कहानी को 'नयी कहानी' कहा, उसका एक गुण उन्होंने उसमें सामाजिक यथार्थ-बोध का होना माना (यह दूसरी बात है कि उनमें से किसी ने इस 'सामाजिक यथार्थ-बोध' शब्द को व्याख्यायित करने की चेष्टा नहीं की), और दूसरी ओर उन्होंने नयी कविता को आत्मकेन्द्रित, कुण्ठापूर्ण और जटिल माना। फिर इस समीकरण के आधार पर उन्होंने यह दिखाने का प्रयत्न

किया कि नयी कहानी नयी कविता से आगे है और युग के दायित्वों को अधिक सचाई से वहन कर रही है। डॉ. नामवर सिंह ने एक कदम आगे बढ़कर यहाँ तक घोषित कर दिया कि नयी कहानी नयी कविता की सारी अच्छाइयों को ग्रहण और सारी बुराइयों को तजकर बहुत आगे पहुँच चुकी है। नयी कविता जबकि मृत्यु, घुटन, आत्महत्या, एकान्त, अकेलेपन की भयावह अनुभूति, अजनबीपन के दारुण वास जैसी मनुष्य की अस्तित्वमूलक नितान्त बौद्धिक जटिल समस्याओं की अन्धी गली में ही भटक रही है, नयी कहानी अँधेरे के विरुद्ध संघर्षरत नये मनुष्य की प्रतिष्ठा कर रही है। नये कहानीकारों और नयी कहानी के पक्षधर आलोचकों के ये कथन निश्चय ही अत्यन्त प्रभावशाली रहे होंगे, क्योंकि एक बार तो डॉ. जगदीश गुप्त तक को आशंका हो गयी कि नयी कविता की नैया तो अब डूबी। उन्होंने अपने ओजपूर्ण वक्तव्य में नयी कहानी का जैसा, और जिन कारणों से, स्वागत किया, उसमें अन्तर्दष्टिपूर्ण विश्लेषण की अपेक्षा सद्भावना का घोष ही अधिक मुखरित हुआ। तो नये कहानीकार की दृष्टि में नयी कहानी का मनुष्य नयी कविता के मनुष्य से भिन्न है। इस बँटवारे के कारणों का उल्लेख करने को कहा जाता तो मेरा विचार है, ये लोग तपाक से कह देते (शायद उनके वक्तव्यों में इसकी गूँज रही भी हो) कि नयी कविता का मनुष्य मरणोन्मुख पश्चिमी संस्कृति के लुटे वैभव से आक्रान्त मनुष्य है, वहाँ के युद्ध-सन्त्रस्त मानव का आरोपित जीवन जीता है; जबकि नयी कहानी का मनुष्य जातीय परम्पराओं का पोषक, भारतभूमि की मिट्टी की उपज है। मनुष्य को खण्डित रूप में देखना—चाहे किसी भी परिप्रेक्ष्य में—अपने आप में ही एक चिन्त्य स्थिति है, क्योंकि जिनकी सृजनात्मकता मानव मात्र की नियति को एक इकाई के रूप में परिकल्पित कर गतिशील होती है, वे समसामयिक युग के दायित्वों को किसी एक देशकाल तक ही सीमित नहीं रखते, रख सकते; उनके सिर पर मानो सम्पूर्ण विश्व-नियति का बोझ होता है—ग्रीकपुराण के एटलस की तरह! जातीय परम्पराओं के निर्वाह तथा पालन के नाम पर उस दायित्व से अपने को मुक्त समझकर उसके जोखिम से अपने को दूर मानकर, मनुष्य के एक खण्ड-रूप पर दृष्टि केन्द्रित करना विश्व-इतिहास की एक बहुत बड़ी चुनौती से कतराना है।...

किन्तु दुर्भाग्य से नयी कविता का मानव नयी कहानी में भी घुस आया है। पिछले पन्द्रह वर्षों में जो कहानियाँ सामने आयीं, उनमें खासी संख्या ऐसी कहानियों की है जिनमें चित्रित मनुष्य ऊब, घुटन, त्रास (निर्मल वर्मा ने इसे 'टेरर' कहा है : धर्मयुग—एक कथा दशक), एकान्तप्रियता, रुग्ण मनःस्थिति आदि, तथाकथित पश्चिम की ओढ़ी हुई अनुभूतियों से ग्रस्त दीखता है। (और तो और, हमारी इन जातीय परम्पराओं के समर्थक नये कहानीकारों के आलोचनात्मक लेखों में चिन्तन शैली और विचार-अभिव्यक्ति का प्रवाह तक अंग्रेजियत से रँगा हुआ मिलता है।

उदाहरण के लिए विशेष द्रष्टव्य श्री मोहन राकेश और श्री राजेन्द्र यादव के कहानी-पत्रिकाओं में प्रकाशित समीक्षात्मक लेख।) जाहिर है कि इन कहानियों के बारे में कम-से-कम यह आरोप तो नहीं लगाया जा सकता कि लेखकों को आज के जीवन की वास्तविकताओं का अनुभव नहीं, वे कल्पित जीवन जी रहे हैं। अतः श्री कमलेश्वर को यह कहना पड़ा कि दरअसल ये कहानियाँ (उनका आशय किन कहानीकारों की कहानियों से था, समझ में नहीं आया) तो वास्तविक नयी कहानियाँ हैं ही नहीं, इनका नयी कहानी के आन्दोलन से दूर का भी रिश्ता नहीं, ये तो फैशनपरस्त पश्चिम की ओढ़ी हुई अनुभूतियों की कहानियाँ हैं, जो 'स्टेट्स-सिम्बल' (शब्द उन्हीं का है) के रूप में मात्र भ्रम उपजाती हैं। ये कहानियाँ मुख्यतः कॉफी हाउसों में जीवन बितानेवाले लेखकों की कहानियाँ हैं।

इस तरह नयी कहानी में भी एक असली नयी कहानी है और एक नकली नयी कहानी। असली नयी कहानी का गुण है उसका प्रगतिशील तत्त्व। श्री भैरवप्रसाद गुप्त ने दृढ़ विश्वास के साथ एलान किया कि आज की समस्त नयी कहानी प्रगतिशील है (उनका मतलब निश्चय ही उस असली नयी कहानी से रहा होगा)। यह प्रगतिशीलता क्या है? प्रगतिशीलता को परिभाषित-व्याख्यायित करने के लिए किसी एक चिन्तन-क्रम अथवा शब्दावली का प्रयोग नहीं किया जाता—क्योंकि परिवेश के नित्य-परिवर्तनशील सन्दर्भों के परिप्रेक्ष्य में वैसा करने से अनेक विरोधाभासों के उठ खड़े होने का भय है—जबकि स्थापित उसे जिस तरीके से किया जाता है, उससे एक जड़ आग्रह ही प्रकट होता है। एक उदात्त फार्मूले के रूप में इतना मान लिया जाता है कि वह हारे-थके मनुष्य की पराजयमूलक भावना से ऊपर उसे प्रकाश की ओर ले जाने वाला कोई क्रान्तिकारी तत्त्व है, अन्धकार की शक्तियों से घिरे मनुष्य की आस्था है। एक यूरोपियन आदर्श के रूप में प्रगतिशीलता की यह बड़ी ही मोहक तस्वीर है। पर जो यथार्थ चित्र हम अपने समाज में आज प्रति क्षण देखते हैं और अनुभव करते हैं, दुर्भाग्यवश वह उस तस्वीर को एक ऐसी फ्रेम-जड़ी तस्वीर बना देता है जिस पर श्रद्धा और पूजा के अक्षत-पुष्प ही अर्पित किये जा सकते हैं। किसी स्वतन्त्रचेता निर्भीक मनुष्य की भविष्य की कल्पना उसके आधार पर नहीं खड़ी की जा सकती। इसलिए 'प्रगतिशीलता' के दावेदार सैद्धान्तिक रूप से सदैव एक प्रकार के रोमाण्टिक मोह से पीड़ित रहे हैं। क्योंकि उनकी दृष्टि युग के साथ नहीं बदल सकी है—एक असम्भव आदर्श के रूप में यह 'प्रगतिशीलता' उनकी कल्पना को बराबर उत्तेजित करती रही है, विशेषकर कम्युनिस्ट विचारधारा के समर्थक लेखकों की कल्पना को।

परन्तु आदर्श और प्रत्यक्ष यथार्थ में बहुत बड़ी खाई है, इसका अनुभव नये कथाकारों को भी है। प्रेमचन्द की तरह वे आदर्श और यथार्थ को जोड़ने की कोशिश नहीं करते, क्योंकि वैसी चेष्टा करने के लिए वर्तमान परिवेश में कोई

सहायक सूत्र उपलब्ध नहीं, दूसरे वैसा न करना उनकी शक्ति भी है और पूर्वापर क्रम से नवीनता का आधार भी। वे अनुभव-बोध के स्तर पर आज के मनुष्य की अस्तित्वमूलक उन सभी संवेदनाओं, समस्याओं, जटिलताओं, दुःस्वप्नों और हताशाओं से निकटतम रूप से परिचित हैं जिन्हें सैद्धान्तिक रूप से वे साहित्य के लिए अकल्याणकर समझते हैं। सम्भवतः इसी बात की सचाई का अनुभव श्री मार्कण्डेय ने अपने वक्तव्य में यह कहकर व्यक्त किया कि मनुष्य का हारा-थका होना, कुण्ठित-हताश होना, आत्मपरक अकेलेपन की घुटन का अनुभव करना भी सत्य है, और नया कथाकार उसे अस्वीकार नहीं कर सकता। यह कथन श्री मार्कण्डेय द्वारा दी गयी कोई रियायत नहीं थी। इसे उन्होंने आज की उन कहानियों के साक्ष्य के बल पर ही कहा था, जो नये कहानीकारों के वक्तव्यों के बावजूद उस हारे-थके मनुष्य का चित्रण करती हैं। तब क्या यह समझा जाय कि नये कथाकार की कथनी और करनी में अन्तर है? शायद है। पर इससे क्या? नयी कहानी का भाग्य जिनके हाथों में है वे उसे असली नयी कहानी कब मानते हैं? वह तो उनके लिए नकली नयी कहानी है—बल्कि नयी भी नहीं, सिर्फ नकली, क्योंकि 'नयी' कहानी का नाम तो असलीवाली के लिए 'रिजर्व' है न!

जो प्रगतिशीलता के आदर्शवादी दलदल में फँसना नहीं चाहते और फिर भी आज की कहानी को नयी कहानी के रूप में देखते हैं, वे प्रगतिशीलता की चर्चा से संकुचित हो उठते हैं, या उसे सयत्न बचा जाते हैं। इनसे अलग हटकर एक अन्य वर्ग भी है जो अपनी बात को एक भिन्न कोण से प्रस्तुत करता है। वह 'एण्टी स्टोरी'—अ-कहानी—की बात करता है। श्री गंगाप्रसाद विमल और श्री रवीन्द्र कालिया ने अपने लिखित वक्तयों में इस बात पर जोर दिया कि अ-कहानी आज के मनुष्य की संचेतना में किसी नयी छटपटाहट का ही परिणाम है, और उसे आधुनिकता के नाम पर नहीं टरकाया जा सकता। अ-कहानी के सन्दर्भ में उन्होंने बौद्धिक अनुभूति और निर्वैयक्तिकता की ओर भी इशारा किया है, और मनुष्य के आन्तरिक अकेलेपन की समस्या के चित्रण को उसकी एक आद्य स्वीकृति के रूप में ग्रहण किया। पर, लगता है इन मान्यताओं की ठोस वैचारिक व्याख्या करने में उन्हें भी किन्हीं अपरिहार्य—सी कठिनाइयों का सामना करना पड़ रहा था। कहानी के सन्दर्भ में आधुनिकता की चर्चा करते समय श्री गंगाप्रसाद विमल को उसका प्रथम सूत्र प्रेमचन्द की कहानियों में परिलक्षित हुआ। इससे उनके वक्तव्य की सारी बौद्धिक बहस ही घपले में पड़ती दिखाई दी। प्रेमचन्द हमारे कहानीकारों और कहानी-आलोचकों की इतनी बड़ी कमजोरी हैं, कि उसके लिए वे बड़े से बड़ा विरोधाभास पैदा कर लेते हैं। कहानीकारों का जो वर्ग अपने भावबोध में अधिक विकसित है—क्योंकि नगर-जीवन की जटिलताओं को संवेदनात्मक स्तर पर अनुभव करता है—वह प्रेमचन्द की परम्परा को आगे बढ़ाने की बात तो नहीं करता,

लेकिन तब वह सिवाय जिन्दगी को जीने की गोलमोल बात करने के—और कभी-कभी बड़ी काव्यात्मक प्रतीक-शैली में—और क्या करता है?

तो जीवन जीने की बात, स्वतन्त्रता के बाद, विशेषकर सन्, 50 के बाद से बदले हुए परिवेश के कारण, जो जीवन इस देश में आया वह स्वतन्त्रतापूर्व के जीवन से निश्चय ही भिन्न था। यह जीवन मूल्य-संक्रमण से उत्पन्न अव्यवस्था का जीवन था। इस जीवन से जूझना ही नयी पीढ़ी की नियति थी। वस्तुतः इस जूझने द्वारा ही नयी पीढ़ी अपने अस्तित्व की मूल्यवत्ता प्रमाणित कर सकती थी। एक विराट अनुभूत अनुभव के आगे जैसे उसे झोंक दिया गया था, और इसीलिए एक अर्थ में यह कहना शायद अधिक संगत होगा—और शायद अधिक अर्थपूर्ण भी—कि वह उस जीवन को जी नहीं रहा था, वह जीवन ही उसे जी रहा था। वह स्थिति बहुत कुछ आज भी वैसी ही बनी हुई है। वह साहित्य की सभी विधाओं में प्रतिबिम्बित हुई, पर आज की कहानी में उसकी छाया सबसे अधिक स्पष्ट और स्थिर है। काल के आयाम में छाया की इस स्थिरता से उसके नैकट्यवश जो आत्मीयता—रागात्मक प्रतिक्रियाओं की समान्तरता—उत्पन्न होती है, सम्भवतः उसी कारण कहानी-विधा आज के युग-जीवन में सबसे लोकप्रिय विधा सिद्ध हुई है। मैं डॉ. रामस्वरूप चतुर्वेदी की इस मान्यता से सहमत हूँ कि आज की कहानी आधुनिक युग-मानस की सूक्ष्म एवं जटिल संवेदनाओं को वहन करने में असमर्थ है। मेरे विचार से उसका कारण उसका वही शैथिल्य, स्थिरता है। यह स्थिरता कहानी के स्वभाव में सम्भवतः शुरू हो ही रही है—जब से कहानी का जन्म हुआ—ऐसा न होता तो शायद वह इतनी जनप्रिय हो न पाती। प्रस्तुत सन्दर्भ में कहानी-विधा की स्थिरता का आज की हमारी कहानीकार-पीढ़ी के जीवन को मात्र झेल लेने की निष्क्रिय मनः स्थिति से अद्भुत संयोग हो गया है। हाँ, इसे संयोग ही कहना होगा, क्योंकि इस संयोग का अतिक्रमण भी किया जा सकता है, इसका मुझे पूरा विश्वास है। शायद यह काम नयी कहानी के आगे के दिशावाहक ही करेंगे। सम्प्रति तो आज का कहानीकार कहानी-रचना के यज्ञ-कुण्ड में अपने जीवनानुभव का सम्पूर्ण होम कर देना ही श्रेयस्कर समझता है बल्कि जितनी उत्कटता, वेग और शक्ति के साथ वह अपने जीवनानुभवों की आहुति देता है उतना ही उसे भावात्मक (और प्रकारान्तर से कलात्मक) तोष का अनुभव होता है। स्पष्ट है कि इस सम्पूर्ण आत्मदान में उसे युग की वास्तविकताओं के संवेदनात्मक दंशों से उत्पन्न तनावों से मुक्त होने का ही अनुभव होता है। इसीलिए आज की कहानी में अनुभव-क्षेत्र के सैकड़ों अछूते-अनजान कोने उजागर हुए हैं, मानवीय अनुभूतियों और यथार्थ सचाइयों के अनेक प्रखर रूप उद्घाटित हुए हैं, और इस दृष्टि से उसकी संवेदना (और उसे व्यक्त करनेवाले शिल्प-प्रयोगों) का कलेवर समृद्ध हुआ है। इसे चाहे तो आप उपलब्धि कह सकते हैं—जीवन के प्रति उस

निष्क्रिय दृष्टिकोण के बावजूद भी इसे उपलब्धि तो कहा ही जायगा।

इस निष्क्रियता की ओर भी विजयदेव नारायण साही ने संकेत किया। पर पहले ऊपर जिस जटिलता की चर्चा हुई, उसे थोड़ा और स्पष्ट कर देने की जरूरत है। अनुभवों की बहुलता (ताजगी), उनकी तीव्रता (शक्ति) और दैनन्दिन उलझे जीवन-सन्दर्भों से उपजी उनकी तात्कालिकता (यथार्थ-बोध) का चित्रण कहानी में देखकर प्रायः यह समझ लिया जाता है कि आज की कहानी जटिल वास्तविकताओं का अंकन कर रही है। पर वास्तव में परस्पर गुम्फित मानव-संवेदनाओं के उमगते प्रवाह को अंकित करना—चाहे वह कितना ही सांकेतिक एवं प्रतीक-बिम्ब-बहुल शैली में किया जाय—'जटिलता' का अंकन नहीं है। 'जटिलता' अनुभूतियों की अभिव्यक्ति की 'एकतरफा ढलान' में नहीं निहित होती—जहाँ केवल अपने 'तनावों' को कहानी-माध्यम में 'खाली' कर देने का ही सवाल हो वहाँ इस प्रक्रिया को 'एकतरफा ढलान' ही तो कहा जायगा। 'जटिलता' की शुरुआत वहाँ से होती है जहाँ से कलाकार की दृष्टि तात्कालिक अनुभूतियों से ऊपर उठकर किसी जीवन-दर्शन की बौद्धिक संरचना करने लगती है, या उस दिशा में अपने कला-व्यक्तित्व को प्रक्षेपित करने लगती है। यहाँ 'जटिलता' उस प्रक्रिया की दुस्साध्यता अथवा कठिनता में नहीं, वरन् कला की स्वतन्त्र सृजनात्मक आधारभूमि से च्युत न हो जाने में—कला-विवेक के निभाव में—है, क्योंकि जीवन-दर्शन का सजग बोध सृजनात्मकता की इस मूलभूत शर्त के परे ले जाकर किसी इतर क्षेत्र में भी खड़ा कर सकता है, और कला की वास्तविकता पर एक दूसरे प्रकार की वास्तविकता हावी हो जा सकती है। वास्तव में 'जटिलता' की ओर ले जानेवाली यह जोखिमपूर्ण प्रक्रिया कला-व्यक्तित्व की प्रौढ़ता की ओर उन्मुख होनेवाली ही दिशा है। ऐसी स्थिति में कलाकार अपनी ईमानदार, निजी और मूल्यवान अनुभूतियों को सर्वसुलभ बनाने मात्र की ही चेष्टा नहीं करता, उसका काम समसामयिक यथार्थ-बोध के जीवन्त चित्र उपस्थित कर देने से भी समाप्त नहीं हो जाता, क्योंकि हो सकता है कि ऐसा करना उसकी अपनी निजी मजबूरी हो। और भविष्य का कला-रूप किसी कलाकार की बड़ी-से-बड़ी ईमानदार मजबूरी की अपेक्षा नहीं करता। और किसी भी स्तर पर घटित रचना-प्रयोगों की अर्थवत्ता केवल भविष्य के आयाम में ही कुछ मूल्य रखती है। आज की नयी कविता इन रचना-प्रयोगों के स्तर से आगे बढ़ चुकी है, और प्रौढ़ता के उस सन्धि स्थल पर खड़ी है जहाँ वर्तमान जीवन-पैटर्न का तटस्थ एवं निर्वैयक्तिक बोध-चित्र देना उसके अस्तित्व मात्र का एक गम्भीर प्रश्न बन गया है। यह आकस्मिक नहीं कि आज हिन्दी में नयी कविता के अधिकांश जिम्मेदार गम्भीर लेखक मौन हैं। इससे यह समझना कि उसकी शक्ति चुक गयी है, महज दृष्टि-दोष का ही परिचायक माना जाएगा।

इसके बाद यह कह सकना मेरे लिए सचमुच ही कठिन है कि आज की

कहानी रचना-प्रयोगों की स्थिति से आगे बढ़ चुकी है, प्रौढ़ता (समृद्धि नहीं) की बात तो इसके आगे की बात है और—जैसा कि डॉ. विपिनकुमार अग्रवाल ने अपने आलेख में कहा था—आज के अधिकांश नये कहानीकार अपने वर्तमान रचना-प्रयोगों में ही सन्तुष्ट दिखाई देते हैं। मेरी समझ में इसका कारण यह है कि ये लोग बौद्धिकता को अब भी एक 'निषिद्ध फल' समझते हैं। वस्तुतः इस बौद्धिकता और तज्जन्य जटिलता से पलायन करके ही आज की कहानी खड़ी है। इसे मेरी मौलिक उद्भावना न समझा जाय, इस ओर नयी कहानी-आन्दोलन के अगुओं में से एक श्री भैरवप्रसाद गुप्त ने ही अपने वक्तव्य में संकेत किया था।

नये कहानीकार बौद्धिकता (युगबोध की सजग प्रतीति) को 'निषिद्ध फल' अवश्य मानते हैं, पर उसके आकर्षण को तज भी नहीं पाते। उससे पलायन करते हैं, पर ऐतिहासिक चक्र की दुर्निवार शक्ति में फँसकर उसकी ओर लौटते भी हैं, और वहाँ से फिर भागते हैं। (यह स्थिति नयी कहानी-आन्दोलन के दूसरे उन्मेष के लेखकों में आसानी से देखी जा सकती है) यह असमंजन ही आज की कहानी—और प्रकारान्तर से आज के सम्पूर्ण सृजनात्मक साहित्य—का मार्मिक बिन्दु है, जो सहज आत्मीयता का बोध तो जाग्रत करता है पर कोई दिशा-दृष्टि नहीं दे पाता। मुझे यह सोचकर सदैव आश्चर्य होता रहा है कि आज का हिन्दी लेखक उस असमंजस की स्थिति के अंकन को (पलायन की स्थिति को यदि छोड़ भी दें तो) ही अपने रचना-कर्म की एकमात्र सार्थकता क्यों मानता आ रहा है? वह असमंजस आज की वस्तुस्थिति की एक मूल्यवान सचाई है, माना पर उसमें हम कब तक पड़े रहेंगे? सामाजिक-नैतिक मूल्यों की अव्यवस्था से उत्पन्न तीव्रतम यथार्थ अनुभूतियों का प्रतिचित्रण हम कब तक करते रहेंगे? क्या हम इस प्रतीक्षा में हैं कि कोई आकाशीय देवदूत हमें उस असमंजस के दलदल से उबारेगा? इस प्रतीक्षा में हम गतिरुद्ध, निष्क्रिय, स्थिर, जड़ कब तक पड़े रहेंगे? क्या आज की सर्जनात्मक प्रतिभा की सारी सम्भावनाएँ इस निष्क्रियता और प्रतीक्षा के दलदल में पड़ी-पड़ी सूख जायँगी?...मैं नहीं जानता ये प्रश्न आज के कितने हिन्दी लेखकों को विकल कर रहे हैं, पर मुझे लगता है कि आधुनिक नवलेखन की कसौटी इन प्रश्नों को ही प्रस्तुत करती है—और हिन्दी के लेखक नवलेखक तो हैं, पर आधुनिक नवलेखक अभी शायद नहीं (कुछ में केवल इसके संकेत मिलते हैं)। क्योंकि दुर्भाग्यवश आधुनिकता को अभी तक या तो पश्चिम के सन्दर्भ में रखकर देखा-परखा गया है, या फिर उसकी आवश्यकता ही नहीं अनुभव की गयी है।

आधुनिकता को यदि हम एक प्रक्रिया मानें, तो वह हमारे सक्रिय जीवन-बोध पर निर्भर है, जीवन जीने की उस निष्क्रिय स्थिति पर नहीं जो एक संक्रमणशील मनःस्थिति का स्वीकार मात्र है। इसी सन्दर्भ में, मुझे लगता है कि, हमारे

कहानीकार—और यहाँ मैं अपनी चर्चा को उन्हीं तक सीमित रखना चाहता हूँ—जीवन को एक 'प्रदत्त वस्तु' के स्तर पर ही ग्रहण करते हैं : कुछ ऐसा जिसे वे सक्रिय जी नहीं रहे हैं, वरन् जो उनके साथ घटित हो रहा है। (डॉ. लक्ष्मीनारायण लाल ने कहा था कि आज नयी कहानी लिखना यही साक्षात्कार करना है।) पर जीवन को अनुभूति के स्तर पर जीना जीवन को केवल महसूस करना है, और इस प्रकार का जीना आधा जीवन है। जीवन को समग्र रूप में जीना उसे 'जानना' भी है : अपनी आन्तरिकता के सन्दर्भ में यह जानना कि मुझे क्या 'होना' है। दूसरे शब्दों में, जिन विश्व-परिस्थितियों में हम फेंक दिये गये हैं, उनमें अपने लिए अपना एक निर्णय ले लेना। यह 'होने' का निर्णय ही पूरा जीना है। संक्रान्ति का मात्र साक्षी होना और उसका ईमानदार प्रतिचित्रण करना भी एक निर्णय हो सकता है, पर वह विवशता का निर्णय है, 'होने' का सक्रिय निर्णय नहीं। इस 'निर्णय' की कमी के कारण ही (जिसे कभी-कभी प्रतिबद्धता भी कहा जाता है) नवलेखन में कोई 'व्यक्तित्व' नहीं उभर पा रहा है, जबकि युगबोध की सजीव सामूहिक तस्वीर हमें अनायास मिल जाती है। कभी-कभी कुछ अलग से पहचान में आनेवाली शैलियाँ दिख जाती हैं, पर उन्हें 'व्यक्तित्व' का पर्याय नहीं समझा जा सकता।

स्पष्ट है कि यह समूची दृष्टि एक बौद्धिक-अभिचिन्तन की माँग करती है, शायद वह दृष्टि उस अभिचिन्तन से ही उपजती है जिसकी ओर उन्मुख होने को हमारे अधिकांश नये कहानीकार कम-से-कम अभी प्रस्तुत नहीं हैं। कमलेश्वरजी ने अपने वक्तव्य में कहा था, किसी प्रकार का बौद्धिक अभिचिन्तन नयी कहानी की उपलब्धि नहीं है।

काश हो सकती!

बीच धार में संवाद और एकालाप

एक है इस पार का आदमी, एक है उस पार का आदमी। एक तीसरा भी है : बीच का आदमी। रमेशचन्द्र शाह या मैं।

क्या यही है संवाद की भूमिका हमारे बीच? वे जो न इस पार हैं, न उस पार हैं। उन सबके बीच?

शाह की केन्द्रीय समस्या यह है : इस पार और उस पार को किस तरह खींचकर बीच में लाया जाय कि दो परस्पर विरुद्ध दिशाएँ पंख बनकर जो बीच में पत्थर-सा गतिहीन, द्विविधा के एक बिन्दु पर जम गया है, उसे उड़ा ले चलें : एक संक्रमण, एक सन्तरण, एक रूपान्तरण।

किन्तु परस्पर विरुद्ध दिशाओं के पल-पल बढ़ते दबाव में पत्थर सिर्फ पसीजता है, रिसता है, झरता है—यह है शाह का अपना एकालाप।

मेरी केन्द्रीय समस्या यह है कि बीच का वह द्विविधाजड़ित पत्थर मेरे हाथ से कब, कैसे छूटे और इस पार और उस पार के पंख तोड़ डाले...कि अगर बँधना ही है तो तीनों एक अनिवार्य टूट में एक उष्ण प्रवाहित रक्त के रिश्ते में बँधें, किसी आकाश के उदात्त आश्वासन में नहीं।

और मेरा एकालाप? मेरी उँगलियों से दिन की उड़ानें छूट गयी हैं और एक प्रतीक्षा में मैं शाम के गिरे हुए टूटे पंख एक-एक कर चुनता हूँ...एक स्तब्ध मर्म पर उन्हें क्रमशः रखता जाता हूँ और यह फैसला नहीं कर पाता कि वे पंख जीवित उड़ानों के हैं या कि स्थगित यात्राओं के...

इस पार और उस पार के लोग निर्णय पर पहुँचे हुए लोग हैं। आज जो हुट्टी-कट्टी विचारधाराएँ आदमी को अपने कब्जे में कर लेने के लिए उमड़ी पड़ रही हैं उनमें से किसी एक को चुनकर वे उनके हवाले हो चुके हैं। वे प्रबुद्ध लोग हैं। गन्तव्य तक चाहे वे न भी पहुँचे हों, पर राह उन्होंने पा ली है—राह पा लेना ही उनके लिए अहम है, उसे खोजना उसका आविष्कार करना नहीं। राह खोजने चलो तो कई-कई राहें एक-दूसरे में उलझी हुई मिल जाती हैं, एक पगडण्डी पकड़कर चलो तो जाने कैसे उसकी डोर किसी दूसरी पगडण्डी में जाकर फँस जाती है, एक

प्रश्न-वृत्त में दूसरे प्रश्न-वृत्तों के टुकड़े घुस जाते हैं, समाधान की एक लहर अपने फैलाव में अनायास किसी जुदा लहर के समाधान-बिन्दु को छू लेती है—एक खोज के भीतर कई खोजें, सब अलग-अलग ले जाती हुईं, कभी समानान्तर कभी परस्पर विरुद्ध—प्रबुद्ध लोग इन खतारों से बरी हैं। वे क्रान्ति को या शान्ति को, प्रेम को या युद्ध को, पूर्व को या पश्चिम को, व्यक्तिवाद को या फिर जनतावाद को एकान्त भाव से दे दिये गये हैं। कोई अन्तर्विरोध उनमें नहीं, कोई दरार उनमें नहीं, न उनकी आत्मसन्तुष्टि में न उनके घनघोर जुझारूपन में कोई फाँक, न उनके बेबाक सपाटपन में कोई सिकुड़न, सब चुस्त-दुरुस्त, सबकुछ मसलहत, रणनीति, लाघव। वे ठोस पैंतरा भूमि पर खड़े हैं जहाँ से हाथ बढ़ाकर वे जब चाहें आकाश को छू सकते हैं...अपने सांस्कृतिक आभिजात्य में तना आकाश...और फिर भी मिट्टी की अकिंचनता का गर्व लिये फिर सकते हैं। वे ईश्वर, कविता और मृत्यु तक को अपनी सफलता के सौ फीसदी भौतिक तमगों में बदल दे सकते हैं। वे सौन्दर्य और आत्मा और मानव राग को फार्मूलों में ढाल दे सकते हैं। वे उत्पीड़न, आक्रोश और करुणा को सुखद सौन्दर्यात्मक फुरफुरी में अंकित कर दे सकते हैं। वे विशिष्ट हैं क्योंकि वे दूसरों से बड़े हैं गो खुद से छोटे, छोटे और सीमित, अपने आप में बन्द, सुरक्षित, किनारे पर...

इधर जो मँझदार में हैं, उनकी-साँसत इसलिए नहीं कि वे किनारे पर नहीं हैं, बल्कि इसलिए है कि वे किनारे पर रह नहीं सकते। किनारों का आह्वान उन्हें और भी बीच में गहरे ले जाता है और अपने आप पर उनकी गिरफ्त थोड़ी और कस जाती है—इसलिए कि गिरफ्त से छूटे कि डूबे गये। वे अपने को मुकम्मिल दे नहीं सकते, पाना वे सब चाहते हैं, पाना यानी होना। "...मैं नियति भी चाहता हूँ, वरण की स्वतन्त्रता भी चाहता हूँ। मैं ईश्वर पर विश्वास करना चाहता हूँ। मैं मनु के पुत्र पर विश्वास करना चाहता हूँ। मैं पूरब होना चाहता हूँ। मैं पश्चिम होना चाहता हूँ। मैं व्यक्ति होना चाहता हूँ, मैं समूचा विश्व होना चाहता हूँ। मेरे चाहने की कोई सीमा नहीं। मैं जो घोर बुद्धिवादी और घोर रहस्यवादी हूँ, घोर चेतन और घोर जड़ हूँ, घोर संस्कारी और घोर अघोरी हूँ।..." यह है 'गोबर गणेश' में रमेशचन्द्र शाह के नायक-नैरेटर का एकालाप। इस एकालाप की जड़ उस स्वचेतनता में है जो बीच के आदमी की खास पहचान है।...

अजीब शै है यह स्वचेतनता भी जिसकी तलवार अपने सीने पर रखकर 'मैं' जितना ही 'अपना' होता जाता है उतना ही वह 'दूसरा' होता जाता है। फिर आता है मँझधार का वह पारदर्शी क्षण जहाँ 'मैं' न पूरी तरह 'अपना' रह जाता, न पूरी तरह 'दूसरा'। उस क्षण के जल में अस्तित्व के दोनों किनारों की प्रतीतियाँ और सत्य, यातनाएँ और सुख, गति और विराम साथ-साथ झिलमिलाते हैं। उस झिलमिलाहट में क्या कुछ पकड़ में आता है? मँझदार के क्षण में एक जबर्दस्त

दबाव है व्यापकता (आत्मविस्तार) और गहराई (आत्महीनता) का। इस दबाव-क्षेत्र में सभी द्वैत-अतीत और वर्तमान, व्यष्टि और सृष्टि, संवेदना और संस्कार, व्यक्तित्व और अस्तित्व, शाश्वत और सामयिक सब—एक साथ, चेतना के एक तीखे निशान पर, उछाल मारते हैं, जिसमें ज्ञान के भूगोल के साथ-साथ भावना का इतिहास भी धमक उठता है...उफ! यह चमक क्या कुछ दिखलाती भी है या सिर्फ आँख का घेराव करती है? उस चमक के पल में आकाश और धरती जुड़ते नहीं—बीच का आदमी बिखराव और कसाव के ग्राफ पर एक शून्य अंक-सा स्थिर खड़ा रहता है—सिर्फ अन्तर्मन और बाह्यमन की सीमाएँ कट-कटकर अलग हो जाती हैं। फिर एक दुर्निवार पीड़ा में, एक बिना मुँहवाली छटपटाहट में, एक अभिव्यक्तिहीन शब्द में कला के चोर दरवाजे में सबकुछ पुनः सिमट आता है : बीच के आदमी के अस्तित्व को एक अधूरा एक अर्द्ध-प्रामाणिक अर्थ मिल जाता है।

कला जिन्दगी के अर्थ को कभी प्रमाणित नहीं करती, वह सिर्फ अपने सच को प्रमाणित करती है। इसलिए बीच के आदमी का यह अर्द्ध-प्रामाणिक अर्थ सन्दिग्ध अर्थ है, सन्दिग्ध सच। यह अर्थ उस दबाव-क्षेत्र से ही फूटा है, जैसे पत्थरों के बीच कोई अंकुर—निष्कवच। इस अर्थ के पास न कला की सुरक्षा है न जिन्दगी की अराजकता। यह अर्थ चाहता क्या है? जाहिर है उसे न कलावाद की शाश्वत कैद चाहिए, न जिन्दगी की अनियन्त्रित स्वतन्त्रता, न व्यक्तिमत्ता का चरम आकाश—वैशव, न जन-कोलाहल की दिशाहीन अवनी। यह अर्थ तब क्या अपने को पहचानने की एक कोशिश-भर है—अपने को परिभाषित करने, अपने को नाम देने की कोशिश? तो क्या अपने को परिभाषित करना—अपने कुल होने को एक अर्द्ध-प्रामाणिक अर्थ देना आत्मगति और जगद्गति की दोतरफी यन्त्रणा से मुक्त होना है? क्या रचना के होने में ही मुक्ति है?

क्या है यह मुक्ति? अभिव्यक्ति मात्र यह नहीं है। रमेशचन्द्र शाह ने भी अपने लेखन में एक अतिरिक्त आग्रह के साथ हमेशा 'काव्यमुक्ति', 'भावमुक्ति' अथवा 'रचनात्मक उन्मोचन' की ही चर्चा की है, मात्र 'अभिव्यक्ति' की नहीं। 'अभिव्यक्ति' अपेक्षाकृत आसान, एक औसत दर्जे की प्रतिभा का काम है जिसमें भीतर का कुछ बाहर शब्द में जाकर व्यक्ति को कम या बहुत देर के लिए आजाद कर देता है, हल्का, भारहीन। 'काव्यमुक्ति' में इस आजादी के लिए कोई आग्रह नहीं है। इसमें तो जैसे रचना का अर्थ शब्द से बाहर निकलकर फिर शब्द की ओर वापस मुड़ जाता है—शब्द की घनी और अँधेरी जड़ की तरफ, जो मनुष्य के अनुभव का दिक् और काल है। 'अभिव्यक्ति' एक तात्कालिक छुटकारा है, जैसे सीने में बहुत देर से रुकी हुई साँस एक उच्छ्वास के साथ बाहर निकल जाय, और 'मुक्ति' जैसे साँस भीतर लेने और साँस बाहर छोड़ने के बीच की एक निरन्तर

आजाद कैद। 'अभिव्यक्ति' और 'मुक्ति' दोनों का ही ताल्लुक उस सतत रूप से, वर्तमान द्वैत से है, उस मँझधार से। पर 'अभिव्यक्ति' में चीजों की सिर्फ शक्ल बदलती है, नस्ल नहीं; उसमें स्रष्टा वही का वही रहता है केवल उसकी सृष्टि का रूपाकार बदलता है। 'मुक्ति' में चीजें स्रष्टा के साथ एक मौलिक अन्तर्विरोध के रिश्ते में बँधी होती हैं जिसमें चीजें जब व्यक्त होती हैं, तब अपने-आपको और स्रष्टा को भी बदलकर ही, या वे उतने ही अंशों में व्यक्त होती हैं जितने अंश में वे स्रष्टा को बदल पाती हैं। शेष जो बदलने से रह जाता है उससे एक नयी कोशिश शुरू होती है। इसीलिए 'मुक्ति' यात्रा का अन्त नहीं है वह कभी किसी पूर्णता तक नहीं ले जाती, हमेशा एक अधूरापन उसमें रहता है, एक अन्तराल जिसमें चीजें और व्यक्ति-संवेदना नये सिरे से अन्तर्विरोध के एक नये बिन्दु पर परस्पर कसते हैं, जूझते हैं, टकराते हैं।

यह जैसे जीने के कर्म के लिए हर नयी साँस को अर्जित करना है। हर बार एक नया जीवन, हर बार एक नयी साँस लेने के कर्म से सम्भव बनता हुआ। यह कर्म—बेहिसाब साँसें लेते जाने के महज जैविक कर्म जैसा—सरल कर्म नहीं है। इसमें तमाम तरह के द्वैतों के पेंच हैं, घुमाव मानों अस्तित्व को प्रतिपल खोजने, पाने, रचने और उस रचे हुए अर्थ को अर्थ देने की शर्त। द्वैतों के बीच जो चीज व्यक्ति को—साँस छोड़ने और साँस लेने के अन्तराल में—थामे रहती है वह क्या है? 'इण्टेग्रिटी', याने मँझधार में ही रहने और थककर टूटकर भी मँझधार के सुपुर्द न हो जाने की टेक : यह टेक ही जैसे वह नाव है जिसमें बैठकर मँझधार का आदमी अनुभव-संसार में अपनी साँसों के गिने-चुने मूल्य कमाता है। और उसका 'उन्मोचन'? 'रचनामुक्ति'? वह उसके इन कमाये हुए मूल्यों का दस्तावेज ही तो है।

यह 'इण्टेग्रिटी' शाह के यहाँ 'ईमान' है—'रचनात्मक ईमान'—उनके 'काव्य-मुक्ति', 'भावमुक्ति', 'रचनात्मक उन्मोचन' आदि की तरह ही उनका एक बुनियादी मुहावरा। यह ईमान रचनामुक्ति का निकष है, पर उसके पहले उसकी साँसत। यह अस्तित्व की विकटता में से व्यक्तित्व के उत्तीर्ण होने की कष्टप्रद प्रक्रिया है। यह जीवनानुभव का एक सृजनात्मक अनुभव में और सृजनात्मक अनुभव का एक व्यापक सांस्कृतिक अनुभव की कक्षा में परस्पर घुलते-मिलते संक्रमित होते हुए उत्तीर्ण होना है। यह ईमान ही है जो किसी भी स्तर पर अनुभव की किसी भी कक्षा को दरगुजर करने की छूट नहीं देता। ईमान का कोड़ा बरसता है, अनुभव की भट्टी में ये तीनों ताप व्यक्ति को तपाते हैं, तब जाकर कहीं भाषा में उसकी मुक्ति बूँद-बूँद कर निचुड़ती है। यह मुक्ति आसान नहीं है किन्तु शाश्वत भी वह नहीं है। वह एक पछाड़ खाकर उठी हुई लहराता अवसन्न है, समुद्र का अन्त नहीं। वह काल की एक सामाजिक सिद्धि है, दिक् की एक आबद्ध मुद्रा। और व्यक्ति स्रष्टा भी मुक्ति के इस क्षण में अपनी सृष्टि के बाहर नहीं खड़ा है, बल्कि अपनी सृष्टि

में ही कहीं ओझल है।

हाँ-हाँ, रमेशचन्द्र शाह जीवन को रचना की ही शर्तों पर पाना चाहते हैं। उनकी रचना अपने लिए एक जीवन की तलाश करती है, उस जीवन में से जो उन्हें उपलब्ध है, बहुधा कुछ अपना कुछ पराया, कुछ सगा थोड़ा सौतेला। इस जीवन में प्राण की कुछ धाराएँ उन्हें सहज मिल गयी हैं, कुछ उन्होंने अपने बाहुबल से पहाड़ तोड़कर निकाली हैं। उन पर जीवन-कर्म अपने तमाम वृक्षों-लताओं-वनस्पतियों के साथ अनायास उगा है तो कुछ ढीठ बिरवे जबरन अपने हक के लिए उन पर लद भी बैठे हैं। शाह, आत्म और अनात्म दोनों को अपने पास बुलाते हैं, दोनों का पड़ोस उन्हें पसन्द है गो मित्रता उनकी किसी से नहीं। एक चिलक है भीतर कि ऐसा क्यों है? एक हर्षरहित अभिमान उत्तर में बोलता है कि ऐसा इसलिए है क्योंकि वैसा होना उसकी नियति है—इतिहास के इस मोड़ पर फँस गये एक आदमी की नियति, जिससे कोई अगर संवेदित होता है तो पाता है सिर्फ रचना और खोता है सिर्फ जीवन। सिर्फ रचना, सिर्फ जीवन। दोनों आधे-अधूरे। इस अधूरेपन की नियति से महसूसकर ही क्या शाह 'ग्रेस' (अहेतुक ईश्वर-कृपा) की बात करते हैं? पर सवाल यहाँ यह है कि क्या शाह अपने विचार के आईने में उस अधूरी नियति को साफ-साफ देखते हैं? अपने तमाम बातूनीपन के बावजूद उनकी रचना के पास क्या इसका दो-टूक जवाब है?

तो आइए 'गोबर गणेश जी' पहले आप ही इस लम्बे मंगलाचरण के बाद, सामने मंच पर। नाटक आप स्वयं हैं, मंच पर तो उसे सिर्फ दिखाया जाना है। इस नाटक में पट-परिवर्तन सिर्फ एक बार होता है। 'गोबर गणेश' उर्फ विनायक जब बचपन और वय-सन्धि की सीमा-रेखा पार करता-करता एकदम से (बीच में पट-परिवर्तन) जवान हो जाता है। नाटक एक है, पर उसमें थीमें तीन हैं—रचना, प्रेम और योग। नाटक मँझधार में फँसे हुए एक आदमी की आत्ममुक्ति का है और उस आत्ममुक्ति के ये तीनों—रचना, प्रेम और योग—साधन-क्षेत्र हैं। याकि साधना-क्षेत्र?

तो रचना। यह रचना वह 'कविता-फविता' नहीं है जिसे कर पाने की महत्त्वाकांक्षा से शाह के 'गोबर गणेश' का आरम्भ होता है और जिसे न कर पाने की अन्तर्व्यथा के वृत्तान्त उसमें इधर-उधर बिखरे पड़े हैं। रचना से मुराद यहाँ उससे है जो विनायक के अस्तित्व के टूटे-बिखरे तत्त्वों को जोड़ने—जोड़ने से पहले उन टूटे हुओं को एक मर्मबेधी प्रकाश में चमका देने, उनके बीच का अन्तराल, कन्दराएँ और शैल-शिखर उघाड़ देने—की कोशिश करती है, बल्कि वह स्वयं यह कोशिश है, एक छटपटाहट, एक हरकत। यह रचना एक आदर्श है—विनायक को लगता है कि वह उसके जीवन को एक उद्देश्य प्रदान करेगी—साथ ही वह स्वयं उस आदर्श को चरितार्थ करने का कर्म भी है--यही विनायक को जीवन-स्थितियों, व्यक्तियों, दृश्यों के बीच यहाँ से वहाँ तक एक यात्रा करने को अग्रसर करती है।

यह रचना सम्पूर्ण अखण्ड नहीं, बीच से चिरी हुई है। उसके दोनों टुकड़े अलग-अलग नहीं हैं, बल्कि अपनी स्वतन्त्र हैसियतों के बावजूद वे एक-दूसरे में मिलते-जुलते दूर उस क्षितिज-रेखा तक चले गये हैं जहाँ उन्हें सिर्फ एक तीसरे आयाम में संक्रमित होना भर रह जाता है और जो हो नहीं पाता। विनायक इन दो सिम्तों को एक में जोड़ना चाहता है क्योंकि वह स्वयं को जोड़ना चाहता है। किन्तु जो रचना यह सम्भव कर सकती है वह अन्त तक उसके हाथ नहीं आती।

क्यों? क्यों विनायक अपने रचना-केन्द्र में अपने अस्तित्व की दोनों मूल प्रतिज्ञाओं को सिद्ध नहीं कर पाता? क्या इसलिए कि इनमें से एक—आदर्श—उसका संस्कार है, उसका अतीत, उसकी स्मृति जिसे अपने से उतारकर वह फेंक नहीं पाता, और दूसरा—यथार्थ—उसकी अपने परिवेश में अर्जित संवेदना है, उसका वर्तमान, उसका पुरुषार्थ जिसकी ओर सन्नद्ध वह बढ़ नहीं पाता? क्या इसलिए कि रचना एक कर्म है और विनायक महज द्रष्टा, जिसकी एक आँख में ('पर' को देखने के लिए) दूरबीन ठुकी हुई है और दूसरी आँख में ('स्व' को देखने के लिए) खुर्दबीन? इसलिए कि विनायक एक व्यक्ति नहीं—एक चरित्र नहीं—एक प्रश्न है जिसे दूरबीन से देखो तो वह 'एक समूचे देश और काल की आत्मा की मुक्ति' की छटपटाहट बनकर नजर आता है और खुर्दबीन से देखो तो एक निम्न मध्यवर्गीय हिन्दुस्तानी समाज की टूटी-फूटी रग में-कसकती-जीवन की महत्त्वाकांक्षी इकाई? वह प्रश्न भी दरअसल एक फाँस है जो अतीत और वर्तमान के बीच कहीं गहरे धँस गया है। और विनायक? विनयाक उस पीड़ा का नाम जो जख्म से बूँद-बूँद रिसती है और जिसमें अभी तुर्शी और कचोट है, खलिश है क्योंकि उस जख्म में नोक है, छिली चमड़ी पर चुहचुहाता हरा रस जिसमें एक टीसनेवाला बहाव है, एक निर्मम चीरती चली जाती तड़प की चाकू-लहर...। यह पीड़ा अभी पकी नहीं है, उसमें जहरीली गाँठें नहीं पड़ी हैं, वह अभी ला-दबा नहीं बन पायी है यानी कि वह अभी हद से नहीं गुजरी है। इसी से विनायक रचना नहीं है, विनायक रचना की कभी न चरितार्थ होनेवाली सदाबहार सम्भावना है।

शाह इस सम्भावना को ही चुन सकते थे क्योंकि वही उनके लिए प्रकृत था, वही सहज था। एक सरल ऊर्जा से भरा उनकी रचना-सृष्टि का नायक विनायक अस्तित्व की प्रथम अनुभूति-सा निष्पाप और टटका अपने बचपन और कैशोर्य की सुरक्षित दुनिया में प्रगाढ़ कल्पना की कुलाँचें मारता है। उस दुनिया के छोटे-छोटे प्रसंग किस गहरी सम्पृक्ति से भाषा की कितनी स्वतःस्फूर्त ताजगी से जिये गये हैं।—पिता, मथुर काका, माँ, सरोज, जगन काका और बाल-साथियों की उपस्थिति से बननेवाली यह दुनिया एक लगभग आत्मनिर्भर-सी दुनिया है। इसमें संघर्ष और दैन्य की जो आहटें सुनाई पड़ती हैं, वे भी विनायक के संवेदनशील कच्चे मन में उठानेवाली यथार्थ की गूँजें हैं, स्वयं यथार्थ का तुमुल-नाद नहीं। विनायक को यह

दुनिया चार्ल्स डिकेन्स के पिप या ओलीवर या डेविड कॉपर फील्ड के बचपन की दुनिया है—काल्पनिक पर अनुभूत आत्यन्तिक पर विश्वसनीय—विविध इन्द्रधनुषी भानवीय ऊष्मा लिये, वास्तविक यथार्थ से कहीं ज्यादा यथार्थ, कहीं ज्यादा संवेद्य। इस दुनिया के अन्न-जल से पला-पूसा विनायक वास्तविक जीवन-समर में प्रवेश करते ही जटिलता की चट्टान से टकराकर बिखरने लगता है, जैसे कि पिप या ओलीवर या डेविड क्योंकि जिस मिट्टी के ये सब बने हैं वह बचपन के जादू की मिट्टी है, वयस्क जीवन की पोढ़ी मिट्टी नहीं। आगे आत्मविश्लेषण की झोंक में एक जगह विनायक कहता है : "तुम कब वयस्क होगे विनायक?" विनायक कभी वयस्क नहीं हो पाता। इस जटिल संसार से निबटने लायक सख्ती और कर्रापन वह अपनी उस आत्मनिर्भर दुनिया में कभी हासिल ही नहीं कर पाता, जो पुल उसे उस दुनिया और इस दुनिया से जोड़ सकता, वह बना ही नहीं। विनायक का अहं एक पर-निर्भर परिवेश में निर्मित अविकसित अहं है। अविकसित इसलिए कि जटिल जीवन-स्थितियों में वह स्वतन्त्र कोई निर्णय नहीं ले सकता, क्राइसिस के निर्णायक क्षणों में अपने को पूरी तरह झोंक नहीं सकता, सिर्फ उनकी आँच महसूस कर अपने को पिघला हुआ अनुभव कर सकता है और अपने इस अनुभव करने को देख सकता है। वह एक साथ अपने होने में है और अपने होने के बाहर भी, अतः वह कहीं नहीं है, उसके नीचे स्वअर्जित कोई ठोस जमीन नहीं है गोकि उसे जितनी अपनी जड़ की चिन्ता है उतनी ही अपने हिस्से के आसमान की भी, वह जो जीता है उसे उससे ज्यादह जानता है, इसीलिए उसका जीना जीवन को निविड़ निरन्तर एकाग्रता के साथ जीना नहीं है। उसके अभिभूत होने के क्षण में ही कहीं एक चौकन्नापन भी है, उसकी तन्मयता में एक सायासता, उसकी अन्तरिम डुबान में एक चिलचिलाती सतह। यह द्विविभाजित, 'डबल हेडलाइन' वाला चरित्र, क्या बीसवीं सदी के उत्तरार्द्ध का आम चेहरा नहीं है? वह जिसकी पकड़ अपने आप पर इतनी चौकस है वह रचना के क्षण में भी कैसे उस पकड़ को ढीली करे—रचना का क्षण जो कि अपने से जुड़ने, अपने को स्वायत्त करने, अपने को पाने का भी क्षण है? वह जिसे युद्ध के नाम पर सिर्फ अपनी चीरफाड़ करता आता है अपने हर आवेग, भाव, अनुभूति को पँखुरी-पँखुरी छिनगाना, वह अपने होने के न होने की ट्रेजेडी को कैसे रच सकता है?

और क्या प्रेम भी उसके लिए है? प्रेम जो पहले तो अपने से पृथक एक 'दूसरे' की स्वीकृति है और फिर उसे दे दिये जाये, इस दे दिये जाने की प्रक्रिया में दूसरे में रूपान्तरित हो जाने का जज्बा। इस रूपान्तरण के लिए क्या विनायक : बीसवीं सदी के उत्तरार्द्ध का हमारा द्विविभाजित चरित्र : तैयार है? क्या पिप या ओलीवर या डेविड की एक सफल प्रेमी के रूप में कल्पना की जा सकती है? क्या इनकी तरह ही विनायक पर भी यह प्रेम ऊपर से लाद नहीं दिया गया है। यह प्रेम

विनायक के भीतर से नहीं उपजा, तभी तो उसके प्रेम में एक असाधारण स्नायविक ऊर्जा है, जीवन की सहज स्वच्छन्द ऊर्जा नहीं। माँ, सरोज, जगन, अलूणिया बाबा और गली-मुहल्ले के संगी-साथियों की स्नेह-स्निग्ध छाया में परस्पर आत्मविनिमय के साथ बीते विनायक के उस निरुद्वेग पतली पहाड़ी नदीवत् जीवन की शान्तम के प्रेम में पड़े नसों को झनझना देनेवाले उत्तेजक और कमरा-बन्द जीवन से तुलना कीजिए तो उस सहज जीवन-नाटक के मुकाबले यह प्रेम-जीवन मेलोड्रामाई लगेगा, असहज और इकतरफा। प्रेम यहाँ अन्तर्बाह्य की समतुल्य सच्चाइयों के घोल में व्यक्ति को धीमे-धीमे पकानेवाला अनुभव नहीं, बल्कि व्यक्ति को उसके परिवेश और संवेदना से एक झटके के साथ काटकर अनिर्णायक शून्य में डाल देनेवाला आततायी अनुभव है। यह प्रेम जोड़ता नहीं, और विडम्बना यह है कि यह तोड़ता भी नहीं; क्योंकि यह रक्त में नहीं बजता, देह में नहीं पल्लवति होता, मन के भीतर के किसी मन के मन में गुँगुँआता है, सुलगता है, धुआँ फेंकता है। किन्तु विनायक इस प्रेम की तरफ भी किस कातरता से लपकता है! इस प्रेम की तरफ जिसमें सिर्फ अपने साथ एक अन्तहीन एकालाप है, कोई प्रतिदान नहीं, न संवाद, न संघर्ष। विनायक के इस प्रेम में अनिवार्य एकालाप की उदासी और मसखरापन दोनों हैं, उसकी करुणा भी और विद्रूप भी।

यह असमाप्त प्रेम, जैसे कि वह असमाप्त रचना, विनायक को मानव-नियति के अधूरे साक्षात्कार तक ही लाकर छोड़ता है। बिना युद्ध के प्रेम भी निर्वासन है, बिना कर्म के मुक्ति भी कारा। प्रेम संशय-जर्जर आत्मा का विश्रामस्थल नहीं; मुक्ति प्रेम के द्वारा नहीं, स्वयं प्रेम के बीचोबीच है। किन्तु हमारे बीसवीं सदी के उत्तरार्द्ध के नायक में न इतनी डूबान है, न इतना धीरज। यहाँ प्रेम कर्म नहीं, सिर्फ एक आत्म-अनुभूति है—अपने को असंख्य पुनरावृत्तियों में दुहराते जाने की हरकत। यहाँ जो घटित होता है वह मात्र संवेदना की चुभती हुई नोंक पर, अहसासों की चमड़ी पर। भीतर कुछ नहीं बदलता, विनायक प्रेम के पहले जो था प्रेम के बाद भी वही है : अपने खण्डित अस्तित्व की प्रत्यासन्न पारदर्शी दीवारों के बीच फँसा अपने अक्स को अपने मूल में, अपने मूल को अपने अक्स में तलाश करता और उस तलाश को चन्द असन्दर्भित संकेतों में बिम्बित-प्रतिबिम्बित करता इस समूची अस्तित्व-व्यवस्था के तर्क से मुक्त—उसमें सिर्फ व्यक्त नहीं, मुक्त—हो जाने की कामना से पीड़ित। प्रेम भी उसके लिए एक प्रयोग था, अपने साथ होने का प्रयोग, पर इस प्रयोग को सफल करने के लिए आत्मदान की कुव्वत उसमें न थी; अपने को पाने के लिए अपने को देना उसके बस में न था। रचना आत्मसंघर्ष माँगती है और प्रेम आत्मदान। प्रेम आत्मसंघर्ष का रस है और रचना आत्मदान के बाद का बचा हुआ रचना-सम्भव शून्य। बीसवीं सदी के इस उत्तरार्द्ध की कैसी यह विडम्बना है कि कोई सी रचना उस शून्य से बड़ी नहीं हो पाती और कोई भी रस

उस आत्मसंघर्ष का अतिक्रमण नहीं कर पाता। विनायक! तुममें वह शून्य भी है और वह रस भी। किन्तु उस शून्य में से जीवन की दरारों को ढँक देनेवाली कोई रचना जन्म नहीं लेगी, वह रस तुम्हारे अस्तित्व कें छूँछेपन को कभी भर न पाएगा। शून्य में तुम सिर्फ अपने से बहस करोगे, रस तुम्हें सिर्फ तेजाब की मानिन्द काटेगा। विनायक तुम क्या अस्तित्व के पर्दे में पड़ी हुई हमारे समय की तलछट हो?...

लगता है विनायक तक मेरी प्रश्नाकुलता नहीं पहुँच रही है, क्योंकि उसने अपने भीतर के शून्य से बदला लेने का एक और मौलिक उपाय ढूँढ लिया है—रचना का विरोधी तत्त्व—योग। शून्य का अतिक्रमण। अपने को महसूस करने और जानने के बीच की अलंघ्य खाई को पाटने का कौशल यदि रचना से सम्भव नहीं तो न सही, योग में द्वैत का सब दंश तिरोभूत, या कम-से-कम शिलीभूत, हो जाएगा, इस तर्क प्रेरणा से वह छलाँग लगाता है और पूरे होशोहवास के साथ योग में आ गिरता है।...

प्रेम की तरह यह योग विनायक पर आरोपित नहीं है। प्रेम में विनायक बाहर की ओर से आया था, जबकि यह योग उसके भीतर से ही निकला है। शुरू से ही विनायक जिस जीवन में साँस लेता है उसमें धर्म, अध्यात्म और तत्त्व-चिन्तन की प्रसन्न और निर्मल हवाएँ बहती हैं। उसके संस्कार और परिवेश में उपनिषद्, गीता, महाभारत, वाल्मीकि और तुसलीकृत रामायण आदि की सक्रिय उपस्थिति योग भ्रष्ट जगन काका का मोहक आदर्श है, हिमालय है, मन्दिर हैं, डीनापानी के स्वामीजी का आश्रम है। इसके अलावा रमेशचन्द्र शाह हैं जो एक प्रेम को छोड़कर उसके साथ रचना में भी रहे और इस योग में भी हैं। ...जरा रुकिए, मैंने यह नहीं कहा कि विनायक और रमेशचन्द्र शह एक हैं; मैंने कहा रमेशचन्द्र शाह, विनायक के साथ हैं। थोड़ी देर के लिए आइए, इसी पर ध्यान केन्द्रित करें।

कथा का आरम्भ, आपको याद है न, काव्य-रचना के प्रकरण से होता है और कथा का समापन योग के एक अभूतपूर्व अनुभव-स्वप्न से। दोनों में सिर्फ इतना ही रिश्ता नहीं कि कथाकार-विनायक की जन्मकुण्डली में रचना और योग दोनों की ही सिद्धि या असिद्धि का योग लिखा है। बात इससे कहीं गहरी है। रचना (कविता) से अरचना (योग) तक की यात्रा अकेले विनायक के बस की नहीं है। विनायक में कुछ अतिरिक्त है—उसके समूचे अनुभव-वृत्त से बाहर छलक आता हुआ—उस रचना में भी और इस अरचना में भी—वही मुझे उद्विग्न करता है। लगता है वही अतिरिक्त शायद असली काम का है, वह जो शब्द के बाहर है, जिसे न रचना पकड़ पाती है और न अरचना अस्वीकार कर पाती है। अपनी उद्विग्नता में मैं सान्त्वना के लिए विनायक की तरफ नहीं देखता, देखता हूँ रमेशचन्द्र शाह की तरफ। और वे व्यस्त मेरी ओर अपने वक्तव्यों, आत्मविश्लेषणों,

चिन्तन-मन्थन-वृत्तान्तों, तर्क-वितर्क-श्रृंखलाओं आदि के लम्बे खरीते बढ़ा देते हैं। ये ख़रीते हर कही हैं, इस उपन्यास में भी हैं। बड़े ओजस्वी, बड़े तेजस्वी। ये लेकिन मेरी कोई खास मदद नहीं करते। मेरी मदद करना शाह की मंशा भी नहीं। तब अपनी घबड़ाहट में मैं यह सोचकर थोड़ा राहत पा लेता हूँ कि शाह ने विनायक को सृजा कम, जिया ज्यादा है और जो सृजा गया है उसे चाहे मैं पूरी सहानुभूति न दे सकूँ, पर जो जिया गया है उससे संवाद की एक सूरत मैं हर हालत में बना ले सकता हूँ।

अब चलें उसी योग-प्रसंग पर। रचना एक सन्दर्भ में जीवन को तोड़ती, फिर जोड़ती, फिर तोड़ती है। वह सन्दर्भ अर्थ का हो सकता है, मूल्य का हो सकता है या सिर्फ अनुभूति का। इस सिलसिले में कोई अन्तिमता नहीं, कोई चरमता नहीं। इसी से रचना में कुछ भी स्थाई नहीं होता, न व्यक्ति, न सम्बन्ध, न वस्तुएँ। योग तोड़ता नहीं, वह सिर्फ जोड़ता है और उसका सन्दर्भ भी कोई नहीं होता : वह जीवन को अतिक्रान्त करके ही उदित होता है। कलाबिद्ध न होकर कालातीत होता है। उसमें कुछ घटित नहीं होता; उसमें न कुछ वास्तविक होता है न अवास्तविक, क्योंकि वास्तविकता और अवास्तविकता जीवन का गुण है, योग इससे परे है। क्योंकि योग शुद्ध अनस्तित्व है। पर इस योग को भी मनुष्य ने ही रचा है (इस रचने की एक समग्र तर्क-संहिता है) तो शायद इसीलिए कि एक अकेला अस्तित्व मनुष्य की सृजनात्मकता के लिए काफी नहीं पड़ता, उसे एक अनस्तित्व भी चाहिए जिसमें चाहे जीवन-सृष्टि का भ्रम रचती हुई वह सृजनात्मकता तक गर्क हो जाय।...

विनायक क्यों आ गिरना चाहता है इस अनस्तित्व के योग-कुण्ड में? शायद इसलिए कि एक असमाप्त रचना की बन्द राहें उस अनस्तित्व-बोध में से ही खुलती हैं। पर यहाँ भी रचना की गूँज : अनस्तित्व के अन्धकार में अस्तित्व की कूकती हुई पुकारें—"सुने जाने की आशा से परे—जंगल में फेंक दिये गये किसी नवजात शिशु के रुदन-सी निरीह और सुदूर—" उसका पीछा नहीं छोड़तीं। तभी तो उसे ब्रदर्स करमाजोव में ईवान के 'ग्राण्ड इन्क्विजिटर' का अनस्तित्व के महान उजाड़ में ईश्वर का क्रूर और निर्मम साक्षात्कार नहीं, बल्कि अनस्तित्व की तप्त भावभूमि पर छलछल मानवीयता का स्वप्न देखती मित्या की आँखें याद आती हैं। इसीलिए शायद योग भी उसके लिए नहीं—वह उसकी रचना—'रूथ' के लिए 'एलियन कार्न', विजातीय प्रदेश है—अतः वह उससे भी भागता है, उस योग में अपने अनस्तित्व के, शब्दातीत के साक्षात्कार से। पर वहाँ से लौटकर क्या उसके लिए रचना में वापसी है? क्या रूथ की वापसी सम्भव है?

यह योग भी दरअसल वह योग-वोग नहीं जो ईश्वर की विचित्र शक्ति की तरह ध्यानावस्था में विनायक के शरीर से खेलता है, जैसे कि वह रचना जो

विनायक के लिए अपने जीवन का निश्चित उद्देश्य पा लेना नहीं था। यह योग उस महाप्रश्न का एक टुकड़ा है जो शाह की जिज्ञासा और जिजीविषा का एक स्थायी भाव है। 'गोबर गणेश' में एक जगह जब विनायक स्वयं से पूछता है—"सब रोगों की जड़ मन में होती है, पर इस मन की जड़ कहाँ है?" तो इस प्रश्न में आप शाह के उस महाप्रश्न की ही गूँज सुनते हैं। जड़ की चिन्ता—आज के आध्यात्मिक भौंथरेपन और नैतिक संवेदनशीलता को उसके उत्स पर ही पकड़ना—शाह के चिन्तन का बुनियादी और महत्त्वपूर्ण सरोकार है। इस जड़ की खोज उन्हें जातीय स्मृति, इतिहास, सांस्कृतिक परम्परा, हिन्दू-धर्म, दर्शन एवं जीवन-दृष्टियों तक ले जाती है। जड़ की खोज में जो एक निर्मम ललकार है उसके प्रति शाह एक व्यक्तिगत आग्रह की तात्कालिकता से बिद्ध होकर भी सम्बोधित होते हैं और एक वृहत्तर नैतिक कर्म के दायित्व-बोध से उत्प्रेरित होकर भी। जड़ की खोज करना मानों पहले तो अपने विस्थापित 'आत्म' को अन्वेषित करना है और फिर उसे अपने समय में पुनर्स्थापित करना। 'आत्म' और 'अनात्म' के बीच जो एक बंजर अन्तराल आ गया है उसे जोतना-गोड़ना और उसमें कुछ नया बोना-पनपाना है। शाह को लगता है कि मानव-अस्तित्व की इन दो हकीकतों से बिना मुठभेड़ किये न तो उनका निस्तार है, न आज की हालात में कुछ कर गुजरने की इच्छा से पीड़ित संवेदनशील व्यक्ति का। इसीलिए जो शिखर-प्रतिभाएँ उस मुठभेड़ को सम्भव बनाती हैं—उस मुठभेड़ के लिए एक अनुकूल भूमि प्रस्तुत करती हैं—उनकी तरफ शाह का ध्यान बार-बार जाता है, चाहे वे गाँधी, अरविन्द, नेहरू, कुमारस्वामी हों या प्रसाद, निराला, अज्ञेय, येट्स, इलियट, दॉस्ताएव्स्की।

साहित्य के सवालों को शाह साहित्य में उगाकर साहित्य में ही नहीं लेते। उनके लिए ये सवाल मानव-संस्कृति के भी सवाल हैं। शाह अपने साहित्य-विमर्श में किसी रचना का तार छूते हैं और उससे उत्पन्न झंकृति मानव-नियति और मानव-अस्तित्व के दूरागत क्षितिजों-सीमान्तों तक एक सघन और सजीव स्पर्श की-सी थरथराहट लिये हुए दौड़ जाती है। उनका साहित्य-चिन्तन इतिहास, संस्कृति और परम्परा का एक भरापूरा आर्केस्ट्रा है (सामान्य भावक के लिए कभी-कभी बेहद भारी), सिर्फ साहित्य या कला की दुबली एकल तान नहीं (शाह का पाठक कभी-कभी इस तान के लिए तरस जाता है)। शाह ने अपना साहित्य-विवेक संस्कृति-मन्थन की अपेक्षाकृत गहन-जटिल किन्तु अनिवार्य प्रक्रिया में से गुजरकर अर्जित किया है। यह प्रक्रिया अभी खत्म नहीं हुई है, इसलिए उस विवेक में विचार-संवेदना की नयी-नयी क्यारियाँ निकलती जाती हैं, भाषा व्यंजना के नये-नये कल्ले फूटते जाते हैं। तथ्य को तत्त्व से पकड़ने की और तत्त्व को तथ्य में बदल लेने की उस प्रक्रिया के चलते रहने के कारण ही, अपने भूमिगत मूल से लेकर आकाश में फैले-पसरे पत्तों-फूलों-फलों तक वह विवेक एक कसावट लिये हुए है,

एक तनाव लिये हुए है। उसमें समग्र को बाँध लेने—समग्र में बँध जाने—की बेचैनी और उस बँधने से विद्रोह कर उससे मुक्त होने की कसमसाहट दोनों हैं। वह विवेक व्यक्ति-चेतना पर उभय पक्षों के दारुण सम्पीड़न में सहसा स्फुरित—उड़ने को आतुर—एक पारदर्शी क्षण है, उतना ही नश्वर और उतना ही महान जितना कि अनुभूति में प्रकाशित मनुष्य के न होने में होने की शपथ!

'रचना के बदले' शाह के 'पर्सनल एसेज' का संग्रह, 1969 में छपा, हिन्दी पाठकों के लिए लगभग अज्ञात...उसके एक निबन्ध में मैं इस वक्त उस पारदर्शी क्षण का उड़ना देख रहा हूँ। हाँ, यह उड़ान ही है, बहक नहीं। अपने बिखराव, अपने अनिश्चय, अपने अधूरेपन को जीता-महसूस करता एक आदमी अपने भीतर के केन्द्र की तरफ बढ़ने में केन्द्र से बाहर जाता हुआ किस कदर निष्कवच और वध्य (वल्नेरेवल) होता है, यह देख रहा हूँ। वह निबन्ध 'स्मृति भ्रंशात', उसका एक टुकड़ा : "...अधूरे व्यक्तित्व से किया गया हर काम झूठा है; अपने समूचे व्यक्तित्व, अपने समूचे मनुष्यत्व की एकाध प्रतिश्रुति के बिना जो कुछ सोचा, कहा, जिया, महसूसा जाता है, वह सब झूठा है। और इस 'विराट झूठ के अनन्त छन्द' में लिपटे ही चले जाने की विवशता को ढोते हुए भी उसे तद्रूप जानना, उसमें गर्क हो जाने की अश्लीलता से इन्कार करना ही बोध है जो चाहे भले ही निरन्तर और निश्चयात्मक न हो, विरल और क्षणिक ही क्यों न हो, तो भी हर प्रकार वरेण्य है, श्लाध्य है।" तो क्या अधूरेपन को जान लेना ही उसमें गर्क होने से बच जाना है? यह प्रश्न नहीं है, यह एक चीख है अपने विरुद्ध : "...तभी झटके के साथ मेरे मन में विचार उठा कि मैं अभी सही-सही प्रश्न के सम्मुख हुआ ही नहीं कि प्रश्न मेरी औकात से बड़ा है। मैं गहरे विषाद में डूब गया था। और बड़ी देर तक उसी तरह हतप्रभ, विमूढ़, अवसन्न बैठा था। किन्तु शायद उस सारे समय के बीच इकट्ठी होती मेरी बेचैनियाँ ही मेरे मस्तिष्क को धीरे-धीरे विद्युन्मय बना रही थीं...क्योंकि मैं बुरी तरह जूझ रहा था अपने-आपसे। और अपनी उस यन्त्रणा के प्रति अधिकाधिक जागरुक; उदग्र हुआ जाता था। वह कौन एक चिन्ता थी जिसमें अन्य सारी चिन्ताओं का स्रोत निहित था? वह कौन व्याकुलता थी जो मेरे चैतन्य के मूल में थी।" मैं देख रहा हूँ, उस पारदर्शी उड़ान में आकाश को चूम लेने का आत्मनिर्भर उल्लास नहीं, संवेदन-भूमि पर उग आयी सीमाओं से टकराने और अपने को लहूलुहान करने की अनिवार्यता है। 'आत्म' के घेरे में उड़ता हुआ विवेक-पीड़ित वह क्षण पहुँच पर कहीं नहीं पाता, सिर्फ उड़ने में—कहीं न टिकने के अहसासो में—वह अपने को अधिक-से-अधिक गहरा, द्रवणशील और आत्मोन्मुख करता जाता है। आत्मोन्मुख ही, आत्मलीन नहीं। क्योंकि इस—आत्मोन्मुखता में लय-गति नहीं है, संशयग्रस्त अस्तित्व की टूटी हुई, दरकी हुई, चुभती हुई चट्टानें हैं। प्रश्न हैं और उनकी गूँजती हुई प्रतिध्वनियाँ हैं, प्रश्नों

की कोई ठोस परिभाषेय भूमि नहीं। यहाँ यन्त्रणा है, पर उसकी मूर्त्त पहचान नहीं। शब्द हैं, पर वे भीतर के खूँटे से बँधे हैं। अर्थ है, पर उसमें कोई आश्वस्ति नहीं, सिर्फ एक टटोल, एक खोज, एक यात्रा। यहाँ एकालाप है...

यह एकालाप किन्तु सरल, एक प्रवाही नहीं है। इसमें संवाद की अनिवार्यता छिपी हुई है। आत्मदर्शन की सीमाओं से बार-बार टकराने का बोध इस संवाद को जन्म देता है...संवाद जैसे उस टकराहट से फूटी एक अग्नि-दिशा है जिधर चलकर शाह अपने सम्भ्रम और संशय को काट सकेंगे। शाह का समूचा वैचारिक लेखन इस संवाद को हासिल करने की एक दुर्निवार चेष्टा है। संवाद सम्प्रेषण मात्र नहीं है, क्योंकि सम्प्रेषण एकालाप में भी सम्भव है। संवाद में 'अपने' को जीने के साथ-साथ 'दूसरे' को भी जीना होता है, आत्मप्रक्षेपण नहीं, आत्मसंघर्ष... और यह संघर्ष भी सिर्फ व्यक्ति के अपने मन-पटल पर नहीं, बल्कि वस्तुबोध की तथ्यभूमि पर। शाह के लिए संवाद का माध्यम विचार है, भावना उन्हें एकालाप की तरह ले जाती है। भावना में सबकुछ असीम और अनन्त है, उसमें कोई केन्द्र नहीं, सिर्फ फिसलाऊपन है। विचार में वस्तु को पकड़ने, उसे पहचानने, उसे नये-नये रूपों में बदलने, आकार देने की सम्भावना है। विचार को जीते हुए शाह इस सम्भावना को ही पाना चाहते हैं, विचार की किसी निश्चित लक्ष्य तक पहुँची हुई रुढ़ि को नहीं। उनकी विचार यात्रा तथ्य और वस्तु से नये-नये मुकाबलों की यात्रा है। इसमें अन्वेषण का एडवेन्चर तो है ही, एक जरूरी नैतिक कर्म-प्रवाह में अपने को झोंकने का सन्तोष भी, साथ ही उसमें यानी इस मर्मन्तुद आन्तरिकता, एकान्तिकता और अतिरेक को घनीभूत क्रिस्टल करने, उसे विषयनिष्ठ बनाने का जतन भी है। विचार से हुए प्रत्येक मुकाबले में—विचार के ताप में पककर हर बार—शाह की आन्तरिकता में नयी धार और काट पैदा हुई है। विचार शाह के लिए कोई सिद्ध तर्क-मीमांसा अथवा जटिल अनुभव स्थिति को तार-तार सुलझाने, अलगाने को अति-सजग कर्म का पर्याय नहीं है। उनके वैचारिक निबन्धों में मानव-अनुभूति के विभिन्न राग-सन्दर्भ एक सरल भावार्थ में चमककर बुझ जाने की अपेक्षा मानव-स्थिति का एक जटिल, परस्पर गुम्फित अनुभूति-गम्य रूपबन्ध ही पेश करते हैं। विचार शाह के यहाँ एक भावोद्दीप्त द्वन्द्वात्मक ऊर्जा का नाम है जो जितना ही प्रकाश फैलाता है उतना ही अँधेरे को रेखांकित करता है। जितना तोड़ता है उतना ही छोड़ता है, जितना सुलझाता है उतना ही उलझाता है, इसी से शाह के संवाद-सागर में एकालाप के बड़े-बड़े जखीरे भी मिलते हैं। उनके संवाद के तटों को भिगोती एकालाप की लहर हमेशा बहती रहती है। कभी-कभी लगता है शाह अपने संवाद को एकालाप की शैली में चला रहे हैं, अपने को ही सुन और बतला रहे हैं।

और साहित्य और संस्कृति और इतिहास, परम्परा और मानव-अस्तित्व के

बीहड़ प्रश्न सब इस एकालापमुखी संवाद की तरंगों को बस रेडियो-यन्त्र की तरह ग्रहण कर रहे हैं...एकाग्र और लीन...और जो कुछ हम शाह की लिखी-छपी इबारतों में पढ़ते हैं वह...वह एक वृहत्तर मानव-पीड़ा के आवर्त्त में फँसे एक आदमी का अभिव्यक्त एकमात्र प्रतिरोध है : शब्द—कर्म की प्रतीक्षा में टकटकी लगाये शब्द—अर्थ से भरे-पूरे लेकिन उसे भुनाने-बाँटनेवाले कर्म से मोहताज शब्द।...

कर्म क्या है? — शाह पूछते हैं। इसे मैं भी नहीं जानता, शाह भी नहीं। पर शाह भी उसे महसूस करते हैं, मैं भी। अगर ऐसा न होता—शाह के लेखन में से उछलकर कोई चीज सहसा मुझमें बिंध जाती है और मैं कहता हूँ—अगर ऐसा न होता तो शाह को विचार-चर्या में वह आन्तरिक द्वन्द्व की काट न होती, वह रास्ता खोजने और कभी बाहरी और भीतरी अवरोधों से टकराने का सात्त्विक दर्प न होता, वह कठोर विवेक न होता जो विचार-चर्या और भाव-चर्या में किसी भी प्रकार के समझौते को सहन नहीं करता।

शाह की चिन्ता सिर्फ व्यक्तित्व को सिद्ध करने की नहीं, अस्तित्व को सिद्ध करने की है। उनकी जिज्ञासा का केन्द्र सिर्फ व्यक्ति-मन को चलानेवाली शक्तियाँ नहीं, समूह-मन को चलानेवाली शक्तियाँ भी हैं। वे रचना में व्यक्ति-आकांक्षा के साथ लोकमानस की आकांक्षा को भी प्रतिफलित देखना चाहते हैं। वे स्मृति और संस्कार के स्तब्ध संसार को छोड़ नहीं सकते, पर युग-परिवेश और वर्तमान की हलचल, अनगढ़ता और अराजकता को भी दरगुजर नहीं कर सकते। उन्हें आत्मा का परिष्कार भी चाहिए और आत्मा की अस्त-व्यस्तता भी। वे व्यक्तित्व से पलायन और व्यक्तित्व में पलायन दोनों की कामना करते हैं। एक तरफ व्यक्तित्व का 'पैशन' और कट्टरता और दूसरी तरफ दार्शनिक-आध्यात्मिक चिन्तन का उदार समावेशीपन, दोनों के प्रति उनकी समान संयुक्ति है। शाह के लिए बीच का कोई रास्ता नहीं है, उनके लिए तो एक रास्ता भी नहीं है, उनके लिए कोई रास्ता नहीं है। चूँकि सारे रास्ते उन्हीं में से निकलते हैं इसलिए उनके लिए कोई रास्ता नहीं है।

कर्म क्या है?—शाह फिर पूछते हैं। मैं कहता हूँ, यही, यही रास्ते की अनवरत खोज। खोज के विवेक की जलती हुई लौ। खोज के पराक्रम में हर वक्त तनी हुई, लक्ष्य पर छूटने-छूटने को सधी हुई, टूटने-टूटने के बिन्दु तक खिंची हुई दृष्टि की प्रत्यंचा, वेदन-तन्त्र का हर तार, अनुभव-प्राण की प्रत्येक शिरा।

क्या मैं कर्म की कोई अर्थ-सम्भव (सिर्फ शब्द-सम्भव नहीं) व्याख्या कर सका? शायद नहीं। शाह भी शायद इससे सन्तुष्ट न होंगे। पर वे महसूस करते हैं—जैसे कि मैं महसूस करता हूँ—कि यह सच है, कि यही सच है।

शाह के चिन्तन को उसका द्वन्द्वात्मक चरित्र और विचलित कर देनेवाले

स्वभाव सिर्फ उनके 'आत्मान्वेषण' से नहीं मिलता, बल्कि उससे मिलता है जिसे अपने एक निबन्ध (सुकवि की मुश्किल'—पूर्वग्रह-17) में उन्होंने 'तादात्म्य' की संज्ञा दी है। 'आत्मान्वेषण' आत्मसघर्ष की पूर्वपीठिका है और 'तादात्म्य' सामूहिक अवचेतन की मूलभूत वास्तविकताओं को प्रत्यक्ष करने का उपक्रम, सामान्य जन के भोगे हुए अनुभव में साझेदारी, युग-यथार्थ के साथ स्नायुविक बौद्धिक-आध्यात्मिक सम्पृक्ति। यह 'तादात्म्य' भी अपने भीतर कर्म का बीज छिपाए हुए है। "...क्या राजनीति में, क्या साहित्य में लोकचित्त ही वह माध्यम है जिस पर एकाग्र होकर आप उस परिवर्तन, उस क्रान्ति का आह्वान कर सकते हैं जो जीवन के कुण्ठित और भ्रष्ट हो गये अर्थ को, खोये हुए अर्थ को फिर से लौटा सके।" ('साहित्य में आज का गतिरोध—दिनमान : 12 अगस्त 1973)। यह है कर्म की पूर्व-प्रतिज्ञा, और कर्म? कर्म का बीज उस लोकमानस के साथ तादात्म्य में है—इस तथ्य पर हम शाह की तरह ही बार-बार उँगली रखते हैं—पर उस कर्म का अभिव्यक्ति रूप : उसका वृक्ष अपनी टहनी फूल-पत्तों के साथ : कहाँ है?—इस बार यह प्रश्न मैं अपने-आप से पूछता हूँ, एक त्रस्त पाठक से जो पिछले कई महीने से शाह-साहित्य की खुदाई में लगा रहा कि कहीं तो इस प्रश्न के उत्तर का सुराग मिले। पर हर बार जब-जब उसे लगता कि उत्तर का कोई सिरा हाथ आ गया है कि वह पाता कि वह सिरा विचार से मिली अनुभूति और अनुभूति से मिले विचार के कई-कई अन्तरालों में घूमते-घूमते फिर एक प्रश्न के बड़े-से गोले में लिपट गया है। मुझे सहसा याद आया 'गोबर गणेश' के अन्त में विनायक चीत्कार कर उठता है—"मेरा युद्धकाण्ड कहाँ है?" इस चीत्कार में नया वह भी अपने स्रष्टा से पूछना यही चाह नहीं रहा था कि मेरा कर्म कहाँ है?

यह उधेड़बुन...यह शाह के एक पाठक की उधेड़बुन...क्या इससे शाह को कोई सरोकार नहीं? साहित्यिक प्रक्रिया को सांस्कृतिक प्रक्रिया में से गुजरने की ओर सांस्कृतिक प्रक्रिया को ऐतिहासिक प्रक्रिया में से छानने की उनकी यह कभी न थकनेवाली जद्दोजहद आखिर क्यों? येट्स के 'लोनली इण्टलैक्ट' के वजन पर उनके अपने 'आत्मान्वेषण' का तीव्र बुद्धिवाद उन्हें लुभाता है। इस बुद्धिवाद के आईने में वे समूची व्यक्तित्व-विरोधी भारतीय चिन्तन सृजन-परम्परा के विरुद्ध खड़े एक साहसी अकेले के आत्मदान का महान बिम्ब देखते हैं (अज्ञेय के प्रति उनकी विशेष अनुरक्ति का यही राज है)। पर बुद्धिवाद की चरम परिणति—एकान्तिक व्यक्तिवाद और सिनिसिज़्म और उसकी प्रतिक्रिया में जन्मे सामाजिक-राजनीतिक-अर्थिक दर्शन, खासकर कम्युनिज्म—से उन्हें परहेज है। इसी तरह येट्स के ही 'इमोशन ऑफ़ द मल्टीट्यूड' को अपने 'समूह-मन', 'लोकचित्त, 'जनाधार' आदि धारणा की बुनियाद में रखते हुए भी—यह महसूस करते हुए भी कि "हमारा समूह-मन और समूह-संस्कार हमारी व्यक्तिगत संवेदनाओं से अपना पिछला

हिसाब-किताब चुकता करवाना चाहता है"—वे उसे भारतीय जीवन-प्रवाह की किसी लोकमुखी शक्ति के प्रस्फुटित तेजस्वी रूप तक ले जाने के बजाय उसे साहित्य की ट्रेजिक विडम्बना में ही विसर्जित कर देते हैं। इस प्रकार अकेले के आत्मदान (आत्मान्वेषण) को वे पूर्व की दृष्टि से भुगतते हैं और लोकधारा से तादात्म्य को पश्चिम की दृष्टि से। वे पश्चिम को पूर्व के तर्क से अपर्याप्त करार देते हैं और पूर्व को पश्चिम के तर्क से। यह भी कहा जा सकता है कि वे पश्चिम को पूर्व की शर्त पर और पूर्व को पश्चिम की शर्त पर पाना चाहते हैं। पूर्व-पश्चिम के इस द्वन्द्वात्मक सम्बन्ध को, उसके तनाव और निष्पत्ति के आदर्श को वे गाँधी जी में देखते हैं, पर क्या गाँधीजी को भी संस्कार और संवेदना के अन्तराल को सृजनात्मक कर्म से पाटने के एक महत्त्वपूर्ण उदाहरण से बढ़कर आगे प्रासंगिकता की किसी अन्य तुला पर तौलने की जरूरत नहीं? गाँधीजी के सृजनात्मक कर्म की दिशा में आज के कर्म की कौन-सी दिशा कैसे, किस बिन्दु पर, जुड़ सकती है? अगर गाँधी जी का कर्म एक आदर्श है तो उस कर्म का यथार्थ क्या है? उस कर्म के यथार्थ का वास्तविक—सिर्फ 'साहित्य' में निर्वासित नहीं—चेहरा क्या है?

कर्म के यथार्थ का एक चेहरा राजनीति में भी है, पर शाह के यहाँ यह चेहरा सिरे से गायब है। वे बार-बार गाँधी जी का स्मरण करते हुए भी गाँधीजी के मेटाफिजिक्स में ज्यादा दिलचस्पी दिखाते हैं, उनकी अत्यन्त व्यावहारिक राजनीति में नहीं—उस राजनीति में जो समूह-मन को भारतीय संस्कार की जकड़बन्दी और आध्यात्मिक कोष्ठबद्धता के बावजूद एक सचेत जन-समूह में बदल सकने की सामर्थ्य रखती थी। शाह राजनीति के मूर्त्त ब्योरों से, उसके ज्वलन्त सन्दर्भों से सीधे-सीधे टकराने से बचते हैं। शाह के तत्त्व-चिन्तन में शायद राजनीति शारीरिक किस्म की चीज है; बकौल रघुवीर सहाय राजनीति, चाहे वह कैसी भी अधूरी, टूटी, मिलावटी हो, जन-समूह के हाथ में स्थितियों को बदलने का आज एकमात्र कारगर साधन है। इधर शाह रघुवीर सहाय पर ही लिखे अपने एक लेख में यह मानकर चलते हैं कि हमारे देश में समूह-मन को जो शक्तियाँ आज तक जैसा चलाती रही हैं वे अब भी बरकरार हैं और कोई भी भूकम्प या कि सांस्कृतिक क्रान्ति उन्हें अनहुआ नहीं कर सकती। इस ध्रुव विश्वास के आगे राजनीति अगर किंचित्मात्र भी कुछ बदलने का दावा करे तो वह व्यर्थ ही है, है न? राजनीति से विराग का रंग कुछ इतना गहरा है कि शाहजी को समाजवाद में सिर्फ सर्वसत्तावाद नजर आता है, मानव-जीवन को विकसित करने, उसे किन्हीं ठोस कर्म-प्रेरणाओं में फलीभूत करने की सम्भावना नहीं। शाह की प्रश्नाकुलता और नैतिक चिन्ता जीवन-मरण, पाप (ईविल), अध्यात्म, अस्तित्व आदि के दायरे में ही घूमती रहती है, मनुष्य की स्वतन्त्रता और विकास को बाधित करनेवाली आर्थिक-सामाजिक शक्तियों और प्रतिष्ठानों का वह स्पर्श-तक नहीं करती। राजनीति के धुएँ से कड़ुवाई उनकी

आँखें उस आग को देखने से इन्कार कर देती हैं जो धुएँ में छिपी है।

इस आग के स्पर्श से वंचित शाह के चिन्तन-विधान में इसी से—क्या इसी से?—एक अपरिहार्य उदासी है : द्वैत-स्थितियों के उत्कट सम्पीड़न में वेदन-यन्त्र का सहज-भावोद्रेक...यह उदासी, जितना ही रिसती है उतना ही सघन होती जाती है, असान्त्वनीय। यह उदासी कभी जब भड़कती है तब शाह अपने जख्मों पर मजाक की धूल उड़ाने लगते हैं। व्यंग्य-विद्रूप की मुद्रा-उदासी की कुल तल्खी को गोया चन्द घूँटों में गटक जाने की नाटकीय साहसिकता है। आत्म-व्यंग्य में जीवन की विसंगतियों का दर्द किसी कदर सह्य बन जाता है। याकि कुछ और असह्य?

इस उदासी की हर अदा को मैं अपनी अनुभूतियों में पहचानता हूँ। मैं, जो दोनों हाथों से उस चट्टान को बस अपने सिर पर गिर पड़ने से बचा रहा हूँ जो मेरे समय में निरन्तर तप-तप कर आग बनी जा रही है। और शाह?

शाह ने अपनी उदासी पर एक और चेहरा लगा लिया है : प्रतीक्षा का। यहाँ रचना, प्रेम और योग की परिधि में सिमट आनेवाले अपने सम्पूर्ण अस्तित्व-संघर्ष में से बिना कहीं घातक रूप से रगड़ खाये, टूटे या बदले लगभग मुजस्सिम निकल आये 'गोबर गणेश' के विनायक के वे शब्द मुझे बेसाख्ता याद आते हैं जो वह अपनी अनुभव-यात्रा पर एक निष्कर्ष-वाक्य के रूप में जड़ता हुआ कहता है। वह कहता है—"हाँ, स्त्री की तरह मुझे उस समाज की भी प्रतीक्षा है जिससे मैं प्रेम कर सकूँ और जो मुझे अपना सके।" इसके पहले, किताब के पहले खण्ड में, देश-स्वातन्त्र्य की लड़ाई में निराश-हताश-उदास जगन भी एक जगह उस कम्युनिज्म की प्रतीक्षा करता दिखाई देता है जो खालिस भारतीय मिट्टी से पैदा हुआ हो। इस तरह प्रतीक्षा का यह सिलसिला जगन से विनायक तक—स्वतन्त्रतापूर्व की पीढ़ी से स्वतन्त्रता के बाद की पीढ़ी तक—चला आया है। किन्तु इस प्रतीक्षा में आप, शाह सा'ब, कोई सम्भावना नहीं ढूँढ रहे हैं, किसी भविष्य-दर्शन की जमीन पर कदम बढ़ाने के लिए अपने पाँवों को साध नहीं रहे हैं, बल्कि वर्तमान (हमारे समय में निरन्तर तपती जाती चट्टान) को अतिक्रान्त करने की अपने लिए एक गुंजाइश ढूँढ़ रहे हैं। आपके लिए गाँधी भी एक प्रतीक्षा हैं, एक अतिक्रमण, दॉस्ताएव्स्की भी और वाल्मीकि भी। इनमें आप चाहें तो गाँधी की जगह अरविन्द को रख सकते हैं, दॉस्ताएव्स्की की जगह येट्स को और वाल्मीकि की जगह तॉल्सतॉय को। इन सब में कहीं-न-कहीं आपकी उस उदासी को ओट मिल जाती है। गाँधी या अरविन्द आपके लिए वह सृजनात्मक विचार या मनीषा हैं जो अपने स्फुरण से भारत की अध्यात्म-चेतना को वास्तविक सामाजिक जीवन की कसौटी पर कसती है। उसे आधुनिक सन्दर्भ में आज के लिए मौलिक ढंग से परिभाषित करती है। दॉस्ताएव्स्की और येट्स उस सृजनात्मक भावना के प्रतीक हैं जिसमें आपको एक द्वन्द्वग्रस्त आत्मा के विराट अकेलेपन का साक्षात्कार होता है, अस्ति का नास्ति के खतरनाक

बिन्दु तक ले जाकर अपनी आत्मा को अनावृत्त करने की दुर्दमनीय आकांक्षा के ट्रेजिक लैण्डस्केप मिलते हैं। वाल्मीकि या टॉल्सटॉय जीवन और जगत् के द्वन्द्वात्मक प्रवाह को कला की उदात्त ऊँचाई तक पहुँचानेवाली सृजनात्मक कल्पना के प्रतिमान हैं जो आपको अपनी तरफ खींचते हैं, उनके सृजनात्मक कर्म की ऋजुता का ग्रेजर आपको मुग्ध करता है। इनमें से हर किसी के साथ कहीं जुड़कर, कहीं कटकर, कहीं उगकर, कहीं टूटकर आप, शाह सा'ब, जितना कुछ पाते हैं उससे ज्यादह क्या कुछ खोते नहीं? आप जो पाते हैं उससे आपका इतिहास-बोध, स्मृति और संस्कार पुष्ट होते हैं, पर जो आप खोते हैं वह क्या वही वास्तविक-सामाजिक जीवन को उसके नितान्त बेबाक नंगेपन और असातत्य में जीने का निद्यब कर्म नहीं है? ठहरिए...आपके उस पाने में इस खोने की चुभन भी कहीं है, यह मैं जानता हूँ, और आपके इस खोने में पाने की सान्त्वना भी कहीं है ही आपको थामे हुए। पर शाह साहब आपके उस पाने में से इस खोने को अगर घटाएँ तो बाकी क्या वह उदासी ही नहीं बच रहती?

उस उदासी को मैं अपनी अनुभूतियों में जानता हूँ और प्रतीक्षा भी मुझमें है—कि मेरे समय में निरन्तर तप-तपकर आग बनी जा रही वर्तमान की चट्टान मेरे हाथों से छूटकर मेरी उदासी को चूर-चूर कर दे—मैं इतिहास और स्मृति के मेघच्छाय शिखरों से दूर क्षण-क्षण के जलते मैदानी वर्तमान में पोर-पोर तपूँ, जलूँ—रचना के बाहर—आत्म के बाहर—तथ्य की धूल में।...

इधर शाह एक नये अतिक्रमण की तैयारी में हैं। तथ्य उनकी मजबूरी है, पर उसके साथ रहना उन्हें ज्यादह देर तक रास नहीं आता। खबर है कि इन दिनों वाल्मीकि को लेकर उनके पंख जोरों से फड़फड़ाने लगे हैं और शीघ्र ही वे वाल्मीकि को लिये-दिये रचनाकाश में एक खूब ऊँची उड़ान पर निकल पड़नेवाले हैं।...

मिथ में बदलता आदमी

आजमगढ़ में टौंस नदी का किनारा। उस पार के खेतों में गेहूँ पक गया था। सफ़ेदीपन लिये हुए पीले डण्ठल और लगभग कत्थई पड़ चली बालियाँ झुकी पड़ रही थीं। हवा थी। नदी के दोनों किनारों में खूब घनी बनघासें उगी थीं और पानी के नीचे मोटा काई की हरी-नीली चादर के ऊपर छोटी-छोटी मछलियों की लहर इधर-से-उधर आ-जा रही थी। घाट की सीढ़ियों के पत्थर जगह-जगह से खिसक गये थे।...

घाट से लगे हुए कबीरपन्थियों के बहुत पुराने मठ और उपासनाघर। निर्जन। मठ को चारों ओर से घेरे हुए ऊँचे सघन पेड़ थे जो उस पूरे इलाके को एक छोटे-मोटे वन की हैसियत प्रदान करते थे। चिड़ियों की आवाजें आ रही थीं। उन आवाजों के अन्तराल को हवा कभी सूखे पत्ते खड़काकर तो कभी नदी में मछलियों की एक दुबली-पतली छप् उठाकर भर रही थी। आसमान में सूरज डूबने के पहले की रंगारंग हलचल...

इन सबको छोड़कर आगे बढ़ो तो एक चटियल मैदान था अपनी रौंदी हुई धूल में चारों खाने चित्त। उसके बाद से ही शहर का पिछड़ापन शुरू होता था, अपने मक्खी-मच्छर, धुएँ, शोर, स्कूल, कचहरी, हलवाई की दुकानों, अखबार के स्टालों, रण्डी और शराब के अड्डों के साथ। इस पिछड़ेपन को शहर के तमाम सारे मुहल्लों में से एक नाम दे दिया गया था। प्रकृति इस पिछड़ेपन के पहले तक थी और जहाँ जाकर हम उस पिछड़ेपन में शामिल हो गये थे वहाँ वह हमसे छूट गयी थी। और जहाँ ज्यादातर समय पिछड़ेपन के बीच ही रहना हो वहाँ प्रकृति उत्तेजित-प्रेरित नहीं करती।

धूल में लस्त-पस्त उस मैदान में खड़े-खड़े—जिसके पीछे थी प्रकृति और आगे था पिछड़ापन—मुझे रामचन्द्र शुक्ल की याद आयी। पिछले कई महीनों से मैं शुक्लजी की 'रस-मीमांसा' पढ़ता रहा था। उससे उलझता, जूझता, उस पर मुग्ध होता, खीजता, झुँझलाता, चकित होता रहा था। इस समय जबकि मैं उस मैदान में खड़ा था मुझे याद आयी 'रस-मीमांसा' की वे पक्तियाँ जिनमें आलोचक रामचन्द्र

शुक्ल की कटी-छँटी घनी मूँछ, पतली कमानी का चश्मा, गोल टोपी और मोटी गर्दन से बननेवाली रोबदार मुखाकृति के बावजूद एक सरस, निश्छल और भावुक हृदय के भाव-सत्य हैं। वे भाव-सत्य शुक्लजी के प्रकृति ने मार्मिक तथ्यों को बीनकर उन पर अपनी कल्पना का रंग चढ़ाकर रचे हैं। और इस रचने के कर्म से मानो उनकी कटी-छँटी सघन मूँछें मुस्करा उठी हों, पतली कमानी के चश्मे के नीचे सोच में डूबी आँखें अपने चारों ओर का सौन्दर्य-प्रसार देख एकाएक चमकने लगी हों, मोटी गर्दन प्रकृति के रूप-छन्द की ताल पर हौले-हौले हिलने लगी हो। मुझे याद आयी वे पंक्तियाँ जिनमें समीक्षा के स्वेद-रक्त-धूल से सने मैदान का अर्थ प्रकृति के स्पर्श से पंखयुक्त हो उठा है, नये-नये अंकुर फेंकने लगा है। यह पंखयुत अर्थ किसी कविता की परिभाषा के लिए नहीं रचा गया, किसी गूढ़ साहित्य-तत्त्व के शास्त्रीय विवेचन के लिए नहीं अँकुराया गया। यह पंखयुक्त अर्थ दरअसल उस सामान्य मनुष्य के लिए है जो अपने समय के पिछड़ेपन में घिरा है। शुक्लजी बार-बार उस मनुष्य को गुहारते हैं कि सदा अपने भीतर ही न धँसे रहो, बाहर आओ और देखो, देखो और महसूस करो।

मैंने कहा—आचार्यप्रवर, मैं तो पहले ही बाहर हूँ। मैं आपका बतलाया हुआ वह भावयोग कैसे साधूँ कि मेरे सामने का यह पिछड़ापन अपने तमाम मक्खी-मच्छर, धुएँ, शोर, स्कूल, कचहरी, हलवाई की दुकानों, अख़बार के स्टालों, रण्डी और शराब के अड्डों के साथ सरासर तथ्य न रहकर सत्य में बदल जाय। पिछड़ेपन में घिरे हुए सब मनुष्य एक हो जाएँ; एक और अपने से बाहर—किसके रू-ब-रू? किसके ख़िलाफ? किसके प्रति समर्पित?

मैं हिन्दी का एक छोटा-सा कवि सोचने लगा कि क्या मुझे इस प्रश्न के उत्तर की अपेक्षा शुक्लजी से करनी चाहिए? शुक्लजी के शब्द याद आये : "सत्य सबकी सामान्य सम्पत्ति होता है; झूठ हर एक का अलग-अलग होता है।" पर वह सत्य कहाँ है? क्या उस प्रकृति में, जिसकी तरफ मेरी पीठ है और जिससे गुजरकर मैं इस चटियल मैदान तक पहुँचा हूँ? या उस पिछड़ेपन की धमनी में रूँधे, सड़ते, कुलबुलाते मानव-सम्भावनाओं के रूपहीन, नामहीन समूह में जो इस मैदान के आगे है और जहाँ जाकर मुझे—आसमान में घिरते जाते अँधेरे के साथ—मिल जाना है?

शुक्लजी ने कई गर्मियाँ आजमगढ़ में बिताई थीं। उनके बड़े लड़के आजमगढ़ में वकील थे और शुक्लजी बनारस हिन्दू विश्वविद्यालय की अपनी प्राध्यापकी के दौरान ग्रीष्मावकाश में वहाँ जाया करते थे। घुमक्कड़ स्वभाव के शुक्लजी ने टौंस का वह किनारा देखा होगा, वह कबीरपन्थी मठ, वह घाट, वे लहरें, बनघासें, वृक्ष-वितान, सब...शहर का रूप तब शायद कुछ और रहा होगा, मुहल्लों के नाम भी शायद दूसरे रहे हों। पर यह पिछड़ापन? बेशक इसमें वह तेजाबीपन तब न रहा होगा जो कि आज है। टौंस के पानी को बाँधनेवाली हरी-नीली काई की वे जंजीरें भी तब न रही होंगी जो कि आज हैं। पर वे जोंकें तो होंगी ही जो समाज

के रूँधे हुए जल में पनपती हैं। वह धुआँ तो होगा ही जो हर भूखे खपड़ैल से उठता है और जीवन के कुल आकाश-अर्थों को चर जाता है। और मनुष्य? वह जो अपने अन्देशे से भी दुबला नहीं होता और वह जिसकी ठटरियों पर जरा माँस नहीं, वह जो अपनी पक्की हवेली में बैठकर हलवा-पूरी खाता है और वह जो झोंपड़ी में बैठा सूखे चने चबाता है, वह जिसके लड़के दुशाला ओढ़कर निकलें और वह जिसके बच्चे ठण्ड से काँपते रहें—यह वर्ग-भेद तब भी रहा होगा, शायद उतना नंगा और बेबाक और विस्फोटक नहीं जितना कि आज है। शुक्लजी ने वह वर्ग-भेद देखा होगा। देखा और महसूस किया होगा। वे उसकी जड़ तक नहीं गये, क्योंकि उनके समय में प्रकृति और मनुष्य के पिछड़ेपन के बीच वह मैदान न था, वह तपता, धूल-धूसरित, मूल्य-बंजर मैदान।...उस मैदान में खड़े-खड़े मुझे याद आयी वे पंक्तियाँ जिनमें अपने परिवेश की चिनगारियों से झुलसता हुआ भी रामचन्द्र शुक्ल का सामान्य मनुष्य कुछ आस्तिक मूल्यों को दृढ़ता से पकड़े हुए चलता चला जा रहा है।

शुक्लजी के कई रूप हैं। एक रूप वह जिसने हिन्दी साहित्य का इतिहास लिखा और गोया हमें वह झरोखा दिया जिसमें बैठकर न सिर्फ साहित्य के इतिवृत्त का बल्कि उसे सम्भव बनानेवाले हवा-पानी-मिट्टी का भी जायजा लिया जा सके। एक रूप वह जिसने छायावाद से लोहा लिया। एक वह जो 'हृदय का मधुभार' हल्का करने के लिए स्मृतिजीवी कवि बना। एक वह जिसने हिन्दी की विचार-शक्ति को देसी साँचे में ढालकर समालोचना के नये औजार गढ़े। एक ओर जिसने पूर्व और पश्चिम के द्वन्द्व में अपनी जमीन का विवेक नहीं खोया और उससे बड़ी बात यह कि अपनी भाव-संवेदना के कपाट सदा खुले रखे। पर एक रूप जिसमें शुक्लजी के सभी रूप समाहित हैं, याकि सभी रूप इस एक रूप से निकले हैं, वह है उनका विशिष्ट और विलक्षण के विरुद्ध सामान्य और सर्वानुभूत का पक्षधर रूप। शास्त्रीय खण्डन-मण्डन के तमाम घटाटोप के बावजूद शुक्लजी के व्यक्तित्व का यह मूल रूप छिप नहीं सका है। आश्चर्य है, उनके इस तेजस्वी रूप पर अब तक विश्वविद्यालयों के शोध-पत्रों की गर्द ही झड़ती रही, नये लेखकों ने अपनी जन-प्रतिबद्धता की साख कायम करने के नाम पर भी उसका स्मरण नहीं किया।

धरती शुक्लजी के सामान्य मनुष्य का संस्कार है, आकाश उसका कर्म। अपने संस्कारों से वह धरती की ही तरह ठोस है, अपनी संवेदना में मूर्त्त और वस्तून्मूखी। अपने कर्म से वह उड़ता है, आदर्श के पक्ष में हाथ उठाता है। उसके कर्म की उड़ान उसे धरती के गोचर रूपाकारों से परे नहीं ले जाती, बल्कि उसकी सूक्ष्म रसवत्ता से बाँधे रहती है। उसकी धरती का संस्कार उसे जड़, अतीतोन्मुख, गतिहीन नहीं बनाता, बल्कि भाव-क्षेत्र में चीजों को मजबूती से पकड़ने और उन्हें उनके सही नामों से पुकारने की ऊर्जा देता है। धरती के सन्दर्भ में जो कुछ

इन्द्रियातीत और अमूर्त्त है उसे वह सन्दिग्ध मानता है। आकाश के सन्दर्भ में जो कुछ ज्ञानातीत और अलौकिक है उसे वह शक की निगाह से देखता है। प्रत्यक्ष यथार्थ से अलग अध्यात्म उसके लिए एक फरेब है, जैसे दूर कहीं धरती और आकाश का मिलन जो जब नजर आता है तब धुँधलके में ही। यह धुँधलका ही वह छायावाद-रहस्यवाद है जिसके खिलाफ शुक्लजी ने अपनी लड़ाई लड़ी।

शुक्लजी की इस लड़ाई का हीरो उनका वही सामान्य मनुष्य है। इस सामान्य मनुष्य को अपने साहित्य-दर्शन के केन्द्र में स्थापित करने के पहले शुक्लजी ने उसकी अच्छी तरह जाँच-पड़ताल कर ली है, उसे अन्दर-बाहर से खूब ठोक-बजाकर देख और दिखला लिया है। यह काम उन्होंने 1912 से 1918 के दौरान लिखे गये अपने मनोविकार सम्बन्धी लेखों में किया। इसके पहले का शुक्लजी का कृतित्व एक तरह से उनका एप्रेन्टिसशिप-काल है, उनकी असली साहित्य-यात्रा इन लेखों से ही शुरू होती है। इन लेखों को पता नहीं क्यों आलोचक और विद्वान मनोवैज्ञानिक लेख कहते आये हैं जबकि इनमें कोई मनोवैज्ञानिक गुत्थी नहीं सुलझाई गयी। ये लेख दरअसल मानव-राग-विराग का वह ईंट-गारा-लोहा-लक्कड़ हैं जिनसे साहित्य की इमारत का निर्माण होता है। इनमें शुक्लजी ने मानव-अस्तित्व के आधारभूत साँचों को पकड़ा है और उनसे साहित्य-रचना के विविध उपकरण और औजार गढ़े हैं। इन लेखों में शुक्लजी मानों यह बतलाना चाहते हैं कि साहित्य के भीतर का मनुष्य और मनुष्य के भीतर का साहित्य दोनों का मूल एक है : भाव। यह भाव महज एक रागात्मक वृत्ति नहीं, सिर्फ सेन्टीमेण्ट नहीं, शुक्लजी का 'तथ्य' है, जिससे वे मनुष्य और साहित्य तथा इनके परस्पर सम्बन्धों का ब्यौरेवार ग्राफ तैयार करते हैं। इसीलिए वे भाव को एकान्त अनुभव की थरथराती उँगलियों से नहीं, विचार की माँसल दृढ़ता से पकड़ते हैं। इस भाव को वे हमेशा लोक-व्यवहार और नैतिक संवेदन की तुला पर तोलते रहते हैं। इससे एक तो भाव को आत्यन्तिक हो जाने की छूट नहीं मिल पाती, दूसरे उसमें अराजकता के प्रवेश का डर नहीं रहता।

आत्यन्तिकता और अराजकता एक ही सिक्के के दो पहलू हैं और सामान्य मनुष्य के लिए सबसे बड़ा खतरा इन्हीं से है। इसलिए शुक्लजी जहाँ भावदशा की बात करते हैं वहाँ उसे ज्ञानदशा के साथ-साथ रखते हैं, बल्कि इससे भी एक कदम आगे जाकर दोनों को मिलाकर एक नया सर्जनात्मक घोल तैयार करते हैं और उसे रसदशा का नाम देते हैं।

शुक्लजी के इस रसवाद पर दुर्भाग्य से शास्त्रीयता की इतनी मोटी पर्त्त चढ़ चुकी है कि उसके भीतर छिपे सामान्य मनुष्य के चेहरे को टटोलना एक दुस्साहसिक कार्य ही माना जाएगा। यह एक विचित्र संयोग है कि रसवाद के प्रबल समर्थक और रसवाद के प्रबल विरोधी दोनों ने ही उस चेहरे की पहचान को धुँधला बनाया है। पर हकीकत यह है कि शास्त्रीयता की इस मोटी पर्त्त को हटाकर शुक्लजी के

रसवाद को जरा उलटिए-पलटिए तो उसमें व्यक्ति और समाज अन्तर्जगत और बाह्य जगत, रूप और वस्तु, अनुभूति और विचार जैसी मानव-जीवन की हमारी परिचित द्वन्द्वात्मक इकाइयों को ही एक नये समीकरण में कसने की सर्जनात्मक उठान दिखाई देगी। शुक्लजी के इस समीकरण में एक ओर यदि भारतीय क्लासिक परम्परा से प्राप्त सामग्री है तो दूसरी ओर अपने समय का वह सामाजिक-सांस्कृतिक परिदृश्य भी है जिसमें परिवर्तन और उथल-पुथल की गूँजें सुनाई पड़ने लगी थीं। यह स्मृति और घटित का युग्म शुक्लजी के दृश्यपटल के आगे बराबर रहा है। यदि उनका संवेदन स्मृति से रस खींचता है तो उनका विवेक घटित से उस रस को पकानेवाला ताप। इस समीकरण में परम्परा की स्मृति और यथार्थ का घटित चाहे बराबर के जोड़ीदार न हों, एक दूसरे को आमने-सामने खुलकर चुनौती न देते हों, पर वे एक दूसरे को दरगुजर भी नहीं करते, उनमें एक संवाद लगातार बना रहता है। यह संवाद जिसे सम्बोधित है, वह है वही सामान्य मनुष्य।

इस सामान्य आदमी की जड़ गाँव है, वृन्त शहर। यही नक्शा स्वयं शुक्लजी का भी है। भावुकता, प्रकृति-प्रेम, लोकधर्म का मूल्यादर्श, भाषा में ठेठ हिन्दी का ठाठ—यह है गाँव। भाव-वस्तु-सम्बन्ध का सिर्फ अनुभावन नहीं विश्लेषण, खण्डन-मण्डन, तर्क, कटाक्ष और तेवर—यह है शहर। गाँव में चीजें, प्रतीतियाँ और सत्य परस्पर भिने हुए हैं, अचल और शान्त और हृद्य। शहर में संवेदना की नाड़ी तेज चलती है, वहाँ तुर्शी और टकराव और विचलन है। शुक्लजी का शहर उनके गाँव पर रोपा हुआ नहीं है, उससे कल्ले की तरह फूटा हुआ है। जो राग गाँव में बहता है वही शहर में विचार बनकर फैलता और फूलता है। शुक्लजी में राग और विचार के मेल से आदमी की जो रंगत उभरती है वह सामान्य का आदर्श है। इसीलिए वह आदमी पास का होता हुआ भी दूर का लगता है, सगा होते हुए भी सौतेला, सच होते हुए भी मिथ। राम में शुक्लजी ने तुलसीदास के सच को नहीं, अपने सामान्य आदमी के उसी मिथ को साकार किया है। इस सामान्य आदमी का एक चित्र 'चिन्तामणि भाग-1' में संकलित 'लोभ और प्रीति' नामक निबन्ध में यों है : "मेरे देखने में तो वही रामभक्त-सा लगता है जो अपने पुत्र-कलत्र, भाई-बहिन, माता-पिता से स्नेह का व्यवहार करता है, रास्ते की चीटियाँ बचाता चलता है, किसी प्राणी का दुख देख आँसू बहाता हुआ रुक जाता है, किसी दीन पर निष्ठुर अत्याचार होते देख क्रोध से तिलमिलाता हुआ अत्याचारी का हाथ थामने के लिए कूद पड़ता है, बालकों की क्रीड़ा देख विनोद से पूर्ण हो जाता है, लहलहाती हुई हरियाली देख लहलहा उठता है और खिले हुए फूलों को देख खिल जाता है।" एक जमाने में ड्राईंग मास्टर रह चुके समालोचक शुक्लजी राम के जिस लोकरक्षक और लोकरंजक अथवा सौन्दर्य, शक्ति और शील के समन्वित भव्य रूप का बखान करते नहीं थकते यह चित्र मानों उसी का रफ़ है। जरा गौर से देखिए तो रामभक्त और राम एक ही धातु के बने नजर आएँगे। जो साधारण और

सर्वानुभूत है वही विशिष्ट और समग्र। इसके बरक्स जो निरा विशिष्ट है वह खण्डित और अपूर्ण। राम दरअसल सामान्य आदमी का ही महाकाव्यरूप हैं, जीवन के समग्र पक्षों का प्रबन्धात्मक शरीर। इस महाप्रबन्ध में सब जनों के सब भाव हैं। इस महाधारा से जो अलग हैं वह खण्ड-भाव की एक गीति-लहर है, विशिष्ट और सीमित। शुक्लजी अपनी सहानुभूति में उस महाप्रबन्ध की सर्वलौकिकता के साथ हैं, इस लघु लोल लहर की ऐकान्तिक विशिष्ट छवि के साथ नहीं। यहाँ शुक्लजी मात्र एक समालोचक नहीं रह गये हैं, वे स्रष्टा हो गये हैं, क्योंकि वे सच को मिथ में बदल रहे हैं।

और सच क्या है? शायद वह रामभक्त भी शुक्लजी का असली सामान्य आदमी नहीं है। शायद वह रामभक्त भी सामान्य आदमी का रफ़ मात्र है। तो इस रफ़ का मूल क्या है? क्या वह शुक्लजी के वर्तमान में कहीं था? अखण्ड और सम्पूर्ण, या कि खण्डित और छिन्न? क्या शुक्लजी ने उसे देखा था? देखा और महसूस किया था? शायद हाँ। शायद नहीं। हाँ, इसलिए कि उन्होंने सामान्य आदमी का अखण्डित वर्तमान देखा था। नहीं, इसलिए कि उन्होंने सामान्य आदमी का खण्डित भविष्य नहीं देखा था—

—बनारस में अस्सी से गुजरते हुए काशीनाथ सिंह ने सड़क की दूसरी तरफ़ हाथ से इशारा किया। मैंने देखा, बोसीदा कपड़ों में मुख्तसर-सा एक आदमी बैसाखियों पर खड़ा भीख माँग रहा था। वह—विक्षिप्त-सा—आदमी आचार्य रामचन्द्र शुक्ल का नाती था। उस वक्त मैंने उस आदमी के चेहरे पर क्या कुछ देखा था? करुणा? या व्यंग्य? या आक्रोश? क्या वही शुक्लजी के सामान्य आदमी का रफ था? खण्डित और छिन्नमूल—

ऐसा क्यों होता है कि साहित्य तक आते-आते आदमी मिथ में बदल जाता है? ऐसा क्यों होता है कि मिथ में बन्द एक सचमुच के खण्डित आदमी की तस्वीर एक झूठमूठ के सम्पूर्ण आदमी की तस्वीर बन जाती है? क्या इस अन्तर्विरोध की नोकें शुक्लजी को भी चुभती थीं?

कोई-कोई रचना अन्तर्विरोधों को बढ़ाने में होती है। शुक्लजी का समय उस रचना का समय नहीं था। तब द्विवेदीकाल के निदाघ में तपे कविता के सूखे उपवन में मानों सशरीर कामदेव की तरह छायावाद अपनी लाक्षणिक बहारें दिखा रहा था, भाषा-विहग को नव-स्वर नव-पर दे रहा था। जो कि खड़ा-खड़ा सिकुड़ रहा था, एक जगह वह सहसा फैलने लगा था, उड़ने लगा था। इतनी शिद्दत थी उस उड़ने में कि जो कुछ बाहर था वह भी उड़ान थी, जो कुछ भीतर था वह भी उड़ान थी। ठोस धरती-सा पुष्पों और पंखों के तले दबा हुआ वह जिसकी चमड़ी कड़ी धूप में दरक गयी थी—वह ढहते महाजनी अर्थतन्त्र में कसा-बसा किन्हीं स्थिर मूल्यों को हताश थामे हर परिवर्तन को अपनी आशंका में झेलता सामान्य मनुष्य—इस नये व्यक्तिवादी भाव-प्रसार में कहीं न था। था महज उसका बिम्ब—कमनीयता में

ओझल, कर्म से असम्पृक्त, सूक्ष्म चित्र-सज्जा में जड़ित। छायावाद उस अन्तर्विरोध से निरपेक्ष था जिसका बीज—एक ओर ढहते महाजनी तन्त्र तो दूसरी ओर पूँजीवाद-व्यक्तिवाद से फूटती ऊर्जा से प्रभावित—मनुष्य में पड़ चुका था। छायावाद ने उस बीज को उगने, पनपने, बढ़ने देने के योग्य खाद-पानी-मिट्टी का वस्तुवादी आधार देने के बजाय उसे अपने भावोत्तेजित राग में घुला-मिला लिया। इससे जब मनुष्य के सीने से आह फूटती थी तो लामुहाला गान बनकर ही, आग बनकर नहीं। इस रागात्मक घुलावट में क्रमशः वस्तु-व्यापार का अवमूल्यन होता गया। अप्रस्तुत प्रस्तुत पर छाता गया। फिर वह समय भी आया जब कविगण अनुभूति के अगम अगोचर संसार में निर्बन्ध डूबने-उतराने लगे। ऐसे में जो साफ-साफ दिख रही हो, निकट की हो वह भी दूर-दूर, रहस्यमय और सांकेतिक नजर आने लगे तो क्या आश्चर्य! काव्य में जब अव्यक्त और अनिर्वचनीय की धूम हो तब अनुभूति की सही-सही पैमाइश और पड़ताल, उसके तथ्य और ब्यौरों का चुनाव और संघटन, उसकी मार्मिकता का अनुसन्धान और नियोजन क्योंकर जरूरी हो! इस पृष्ठभूमि में जबकि सच्चे काव्य और काव्यस्फीति के बीच फर्क करना मुश्किल था और सबकुछ हृदयमय हो रहा था, शुक्लजी का काव्य में बुद्धि-तत्त्व पर जोर देना लगभग एक क्रान्तिकारी बात थी।

बुद्धि का काम वस्तु को प्रत्यक्ष करना है। अनुभववाद की अतल गहराई में डूबी काव्यार्थ की धरती को महावराह की तरह मूर्त्त दृश्य-फलक पर सामने लाना है। बुद्धि-प्रसार से ही भाव-प्रसार सम्भव है, क्योंकि बुद्धि ही बाहर का गतिमय एक पूरा संसार प्रस्तुत करती है, भावोत्तेजन के लिए 'तथ्य' जुटाती है। जो लोग यह मानते हैं कि कविता कवि-मन के भीतरी परकोटे में ही निवास करती है उनके कानों में शुक्लजी जब-तब तुलसी का अपना यह प्रिय पद ठूँस देते हैं—

> **अन्तर्जामिहु तें बड़ बाहिरजामी हैं राम, जो नाम लिये तें।**
> **पैज परे प्रहलादहु को प्रगटे प्रभु पाहन तें, न हिये तें।**

जो भीतर है, वहाँ केवल डुबाना है, भुलभुलैया है, अराजकता है। जो बाहर है असली पुरुषार्थ वहीं है, क्योंकि अपनी अनुभूति की सच्चाई को मूर्त्त और प्रत्यक्ष और वास्तविक वहीं किया जा सकता है। बाहर का हाड़-माँसमय वस्तु-संसार आगे, भीतर का तरल अनुभूति-रागमय संसार उसके पीछे। इस बात के मर्म पर उँगली रखते हुए शुक्लजी कहते हैं : "यदि कवि ने ऐसी वस्तुओं और व्यापारों को अपने शब्द-चित्र द्वारा सामने उपस्थित कर दिया जिससे श्रोता या पाठक के भाव जाग्रत होते हैं, तो वह एक प्रकार से अपना काम कर चुका।" क्या यह बात बोलेगी हम नहीं वाली बात ही नहीं है? पर सोचिए यह बात शुक्लजी ने तब कही थी जब अनुभूति की साखी स्वयं अनुभूति थी। भाव और शब्द भीतर से उमड़ते थे और बाहर दो-चार पल अपनी चमक और रंगीनी दिखाकर भीतर-ही-भीतर खो जाते थे।

शुक्लजी ने भीतर की इस अतर्क्य तानाशाही को चुनौती दी, क्योंकि उन्होंने देखा कि यह भीतरवाद अन्ततः रहस्यवाद और कलावाद की ओर ही ले जाता है।

पर लगता है, उस भीतरवाद के विरोध की झोंक में शुक्लजी कुछ ज्यादा ही दूर तक निकल गये। 1935 में हिन्दी साहित्य सम्मेलन के इन्दौर अधिवेशन में साहित्य-परिषद् के सभापति-पद से उन्होंने एक भाषण दिया था। उसमें रहस्यवाद-छायावाद की तार-तार बखिया उधेड़ने के सिलसिले में उनके मुँह से न जाने कैसे एक विस्फोटक वाक्य निकल गया। उस वाक्य का सार यह है कि वाच्यार्थ ही काव्य है, व्यंग्यार्थ नहीं। वाच्यार्थ याने अभिधा, व्यंग्यार्थ याने व्यंजना। इस वाक्य को जब मैंने पढ़ा तो चकराया। चकराया इसलिए नहीं कि शुक्लजी जैसे भाववादी आलोचक के मुँह से यह वाक्य कैसे फूट पड़ा। चकराया इसलिए कि लगभग इसी आशय को व्यक्त करनेवाली बात उसके तीन दहाई बाद 'ताजी कविता' के प्रथम नागरिक ने प्रयोगवाद—नयी कविता की तार-तार बखिया उधेड़ने के सिलसिले में कही। मुझे 'क ख ग' (इलाहाबाद से प्रकाशित त्रैमासिक) में छपे लक्ष्मीकान्त वर्मा के 'ताजी कविता : कुछ जोड़ बाकी' शीर्षक निबन्ध की वे पंक्तियाँ याद आयीं जिसमें उन्होंने छायावाद की भाव-रँगी व्यंजना-पगी काव्यभाषा और प्रयोगवाद—नयी कविता की 'चार्ज्ड भाषा' के मुकाबले मैथिलीशरण गुप्त की ठण्डी सड़क-छाप भाषा को आदर्श भाषा माना है—सड़क-छाप इसलिए कि उसमें कवि के भाव और शब्द सड़क के बीचोंबीच आगे-पीछे चलते हैं, सड़क की दो अलग-अलग पटरियों पर बीच में फासला रखते हुए नहीं। मतलब कि वह भाषा भाव को उतने ही तोला-माशा-रत्ती अर्थ के साथ व्यक्त करती है जितना कि कवि चाहता है कि वह करे। मजा यह है कि शुक्लजी ने भी 'अभिधा में ही काव्य है' यह दिखाने के लिए मैथिलीशरण गुप्त को ही याद किया। गुप्तजी की बस एक पंक्ति 'जी कर हाय पतंग मरे क्या' में उन्होंने क्या-क्या नहीं देख लिया! शायद छायावाद की अन्तर्मुखी लाक्षणिक व्यंजनावाली लतपथ काव्य-भाषा से मुक्त एक सीधी-सादी भाषा के अपने आदर्श का जीता-जागता विकल्प। हमारे अपने समय में भी डॉ. नामवर सिंह की अगुवाई में युवा कविता के अलमबरदारों ने कभी सपाटबयानी के बारे में सह-चिन्तन किया था तो शायद इसीलिए कि ये लोग भी बिम्बों-प्रतीकों के घटाटोप जंगल में घिरी कविता के वास्ते अपने जाने-पहचाने यथार्थ अर्थ की एक पगडण्डी तलाश कर रहे थे। तो क्या शुक्लजी का वाच्यार्थ, लक्ष्मीकान्त की ठण्डी, नंगी भाषा और नये कवियों-आलोचकों की सपाटबयानी कहीं किसी बिन्दु पर मिलते हैं? या इनका नाता सिर्फ दूर की कौड़ियों का ही नाता है?

इसकी तफसील में हम नहीं जाएँगे। एक बात लेकिन तय है कि शुक्लजी उस तरह सरासर अभिधावादी नहीं हैं जैसा समझकर उनके विरोधी आलोचक कुपित और

उनके प्रिय शिष्य तथा 'रस-मीमांसा' के सम्पादक पण्डित विश्वनाथप्रसाद मिश्र खिन्न हुए थे। अपने उसी इन्दौरवाले भाषण में एक जगह पर शुक्लजी कहते हैं : "...काव्य में योग्य अर्थ होना अवश्य चाहिए—योग्यता चाहे खुली हो या छिपी हो; अत्यन्त अयोग्य और असम्बद्ध प्रलाप के भीतर भी कभी-कभी काव्य के प्रयोजन-भर की योग्यता छिपी रहती है...।" इस वाक्य में 'प्रलाप' शब्द पर ध्यान पहले अटकता है, फिर हम यह भी पाते हैं कि 'योग्य' के साथ 'अयोग्य' और 'खुली' के बगल में 'छिपी' भी है। याने अर्थ-प्रस्फुटन की सम्भावना शुक्लजी न सिर्फ उसमें देखते हैं, जो सामने हो और पकड़ में हो, बल्कि उसमें भी जो ठीक-ठीक पकड़ में न आता हुआ भी कहीं हो। इसे देखते हुए यह कह सकना आसान नहीं लगता कि शुक्लजी कविता की नाक पकड़कर उसे खुल्लमखुल्ला अभिधा की सपाट ठण्डी सड़क पर चलाना चाहते थे। वे दरअसल कविता में अनुभूति, अप्रस्तुत, अमूर्त्त इत्यादि की बेरोक-टोक इकतरफा कार्रवाई को समाप्त कर भाव और विचार, अन्तर्जगत और वस्तु जगत, व्यक्ति और परिवेश की परस्पर निर्भर और अपेक्षाकृत जटिल एक अधिक उत्तरदायित्वपूर्ण नैतिक कार्रवाई की माँग कर रहे थे।

कविता से इस तरह की माँग उस वक्त के मुलायमपन्थी रुख को देखते हुए एक सख्त और अक्खड़ माँग थी। पर इस माँग में जो चुनौती थी उसे लगता है शुक्लजी भविष्य की—आज की—कविता के सामने फेंक रहे थे। कविता में वे मूलतः भाव को ही प्रधान मानते थे, पर उनका यह भाव छायावादियों का सिर्फ सेन्टीमेण्ट अथवा अनुभूति की सरल एकायामी अवस्था नहीं था। 'रस-मीमांसा' में एक स्थान पर वे कहते हैं : "भाव का अभिप्राय साहित्य में तात्पर्य-बोध मात्र नहीं, बल्कि वह वेगयुक्त और जटिल अवस्था विशेष है जिसमें शरीर-वृत्ति और मनोवृत्ति दोनों का योग रहता है।" शुक्लजी के एक कथन ('वाच्यार्थ ही काव्य है, व्यंग्यार्थ नहीं') के आधार पर ही जो लोग यह निष्कर्ष निकाल बैठे कि शुक्लजी अभिधावादी हैं, उपर्युक्त उद्धरण को देखते हुए निश्चय ही वे उनके प्रति अन्याय कर रहे थे। हकीकत यह है कि साहित्य के भावन को मात्र तात्पर्य-बोध तक ही सीमित न रखकर जहाँ शुक्लजी यह बतलाना चाहते थे कि रचना में 'बाहर' की सपाटबयानी ही सर्वोपरि नहीं है, वहाँ यह भी कहना चाहते थे कि भाव की बहुआयामी जटिलता अपने को सम्पूर्णतः 'भीतर' के अन्तःप्रवाह के हवाले करके नहीं हासिल की जा सकती। सच्चे काव्य की सिद्धि वे शरीर-वृत्ति और मनोवृत्ति के योग में देखते थे, जो और कुछ नहीं वस्तु की भौतिक सत्ता ('बाहर') और वस्तु की भावसत्ता ('भीतर') के ही पर्याय हैं। छायावाद में ये तीनों सत्ताएँ एक दूसरे को परस्पर ओढ़ती थीं, एक दूसरे को ओट प्रदान करती थीं और इस तरह एक दूसरे को अपने लिए प्रयोजनीय बनाती थीं। इधर शुक्लजी कविता के जिस रूप के रसिक थे उसमें इन सत्ताओं का अपने-अपने तेज-बल के साथ परस्पर एक नये समवाय में मिल जाना अनिवार्य था। इन दो सत्ताओं के बीच

टकराव और सतत तनाव की कल्पना शुक्लजी उस समय न कर सकते थे। पर उस समवाय में जिस किस्म की कविता की छवि को उभरते वे देखना और दिखलाना चाहते थे उसमें सिर्फ घुलावट की समरसता न थी, बल्कि सम्भावना की बेचैन गतिशीलता थी। वे वस्तु और भाव के योग में एक नये रचना-क्रम को सुगबुगाहट देखते थे, दोनों का एक दूसरे में तिरोभाव नहीं।

शुक्लजी ने अपने वस्तुबोध और भाव-संवेदना दोनों को खूब कसा होगा, एक दृष्टिबिन्दु पर उन्हें एकाग्र साधा होगा और तभी वह रचनात्मक संक्रमण घटित हुआ होगा जिसमें विचार अपने को तर्क की गुम्फित प्रखरता में नहीं, अनुभूति की पारदर्शी तरलता में व्यक्त करता है। ऐसे क्षणों में सहसा उनके रचना-विवेक का पथ अपने समय से आगे बहुत दूर तक झलक उठता है। किसी ऐसे ही पारदर्शी क्षण में शुक्लजी ने ये पंक्तियाँ लिखी होंगी : "बहुत-सी कविता अनुभूति-दशा में नहीं होती, स्मृति-दशा में होती है। जो यह कहे कि जो कुछ हमारे भीतर था सब हमारी कविता में आ गया है, उसमें काव्यानुभूति का अभाव समझना चाहिए और उसकी कविता को कवियों की वाणी का अनुकरण मात्र।" यह घनीभूत पीड़ा के मस्तक में स्मृति-सी छा जानेवाली बात नहीं है, क्योंकि यहाँ कविता के आँसू बनकर अभिव्यक्त हो जाने की सहूलियत नहीं। यहाँ तो कविता शब्द के ही नहीं अनुभूति के भी परे उस स्मृति में है जहाँ अनुभूति है और शब्द है और कवि नहीं है। कवि अभिव्यक्ति के क्षण में ही है, न उसके पहले न उसके बाद। अगर है तो एक प्रकार का मूक कवि—अनुभूतियों को जीता हुआ, शब्द से मोहताज। अनुभूति और शब्द के बीच कहीं कोई चीज हमेशा छूट जाती है। उस छुटी हुई चीज की तलाश के लिए कविता बार-बार अनुभूति और शब्द का नया सिलसिला जोड़ती है और पाने में कुछ छूट जाने की सम्भावना को पुनः-पुनः जन्म देती रहती है। यह काव्यानुभूति को पूरा-का-पूरा भाषा में निचोड़ न सकना क्या यह साबित नहीं करता कि कविता भाषा के बाहर भी है?

भाषा के भीतर जो अनुभूति है, भाषा के बाहर वही कर्म है। कविता इन दोनों की सन्धि पर है। कविता सच्ची बनती है भाषा के भीतर की अनुभूति से और बड़ी बनती है भाषा के बाहर के कर्म से। बौने जीवन से बड़ी कविता नहीं पैदा होती। पर जीवन बौना कर्म की असिद्धि से नहीं, कर्म-क्षेत्र की विविधता का अनुसन्धान न करने से बनता है। कर्म-विस्तार का हर रेशा एक नयी सम्पृक्ति से जीवन के राग को वस्तु से बाँधता है, जो सिर्फ एक बिम्ब है उसे सत्य, जो महज एक चमकता अहसास है उसे प्रखर किरणोंवाला सूर्य बनाता है। कविता सीधा-साधा कर्म नहीं, पर हमने जीवन में कर्म की जो दिशाएँ खोजी हैं उनका वह फलक है। कविता की नब्ज को छूकर हम महसूस कर सकते हैं कि उसमें हमारा कितना रक्त कितने ताप और दबाव और प्रवाह के साथ दौड़ रहा है।

कर्म की दिशाएँ...दिशाहीन कर्म नहीं...अनुभूति में से ही वे दिशाएँ अपने साथ कर्म को लेकर फूटें, फूटें और अनुभूति की सीमाओं को खोल दें ताकि वह जो स्मृति में बन्द है पिघले, पिघले और बहकर यथार्थ की धरती को चूमे...धरती के अनेक रंग कोमल और कठोर, भीषण और सरस, मृदु और प्रचण्ड, कटु और मधुर अनुभूति-जल में प्रतिबिम्बि हों, घुलें, प्रवाहित हों; जीवन के राग-खण्ड आपस में टकराएँ, छिलें, टूटें, बनें, ढलें। इस अनवरत सिलसिले में जो कविता बनेगी उसकी घड़न में टूटन के भी खुरदरे निशान होंगे, उसकी कोमलता के पीछे एक उतना ही कठोर चेहरा सदा रहेगा, उसकी प्रचण्डता एक मृदुता को ओट लिये हुए होगी। इस कविता का सौन्दर्य कर्मभूमि का सौन्दर्य होगा। उसमें सिर्फ दीप्ति न होगी, दाह भी होगा, केवल शान्ति ही नहीं कोलाहल भी होगा, प्रबोध ही नहीं, ललकार भी, गूँज ही नहीं गर्जन भी। वह सौन्दर्य गन्तव्य पर पहुँची हुई कला का सौन्दर्य नहीं, रास्ते के पत्थरों के खिलाफ अपने पाँवों की आजमाइश का सौन्दर्य होगा; अपनी कमाई हुई पूँजी के उपभोग का नहीं, उसे नयी प्रेरणाओं में डालने के प्रयत्न का। यह कविता बड़ी होगी महज अनुभूति की चरितार्थता से नहीं, बल्कि अनुभूति की सम्भावना से। एक तरफ कविता की वह कर्मभूमि जिसमें आदमी मानों दो पहाड़ों को अपनी कुहनियों से ठेलता आगे बढ़ता चला जाता है और दूसरी तरफ कविता की भोग-भूमि जिसमें आदमी अपनी अन्तःरागिनी के वैभव में ठिठका, द्वन्द्व से स्थगित है। एक में वह स्मृति को घटित में बदलता है; दूसरे में घटित को स्मृति में। एक में फैलाव है, उमगन और स्फुरण; दूसरे में संकोच और घिराव और केन्द्र का एकान्त सेवन।...

मैं अपने आसपास निगाह दौड़ाता हूँ—क्या मैं वहाँ खड़ा हूँ जहाँ सौन्दर्य एक जिजीविषा है? या वहाँ जहाँ सौन्दर्य कला का सिर्फ एक आयाम? मैं अपने आसपास देखता हूँ और गोया अपने को समझाते हुए कहता हूँ, उपभोग की कविता का बीजभाव 'व्यक्ति' है और संघर्ष की कविता का 'जन'। पर मेरे आसपास फिलहाल एक शब्दों का शोर और गर्द है जो इन दोनों पर पर्दे की तरह टँगा हुआ है और जिसमें इनकी अलग-अलग पहचान धूमिल पड़ गयी है। कभी-कभी लगता है जैसे जनसंघर्ष के तेवरवाली कविता की तनी हुई मुट्ठियाँ लूट में अपने हिस्से की माँग के लिए हैं और व्यक्तिराग के ऐश्वर्य में आकण्ठ डूबी हुई कविता जन-क्रान्ति के मंच से तीन सौ तीन बार नारे लगवा रही है। दोनों ही शब्दों का भोग लगा रहे हैं। अघाई हुई शब्द-चेतना कविता में बहुत बारीक, बहुत नफ़ीस कात रही है। समय की मार से लहूलुहान आत्मा पर शब्दों की पट्टियाँ लगी हैं...नहीं, सजी हैं।

शुक्लजी को कविता में सजावट से सख्त चिढ़ थी। सजावट को वे भोग-सौन्दर्य की ही चित्रसृष्टि मानते थे जिसे कविता के बैठकखाने में टाँगकर कवि अपनी असामान्य रुचि का परिचय देता है। सजावट याने विशिष्ट का भोग। चमक-दमक,

शोभा, लालित्य। इनसे घर का वह पिछवाड़ा छिपा रहता है जहाँ ऊबड़खाबड़पन है, असमानता है, अन्तर्विरोध है। खून-पसीना बहाकर कुछ अर्जित करने के बजाय जैसे अनायास बिना हाथ-पाँव डुलाये कुछ हासिल हो गया हो और कविता में कलँगी सँवारकर और पंख फुलाकर बैठ गया हो। जो कुछ मिला उसके पीछे न कोई टूटन, न छीजन, न तड़प। बस एक निठल्ले ऐश्वर्य की बपौती। सजावट है तभी तो शब्द की जड़ें अर्थ के खूब भीतर खामोश उस हाहाकार तक नहीं पहुँच पातीं जो सामान्य जन में है। शब्द शब्द तक ही रह जाता है। शब्द शब्द को ही चुनता है, उसे ही बजाता है। यह शब्द-बाजा कब तक बजेगा? क्या यह मैं पूछता हूँ—एक कवि? या वह अर्थ जो जन-जन में है, सबका है, सामान्य है?

मैं अपने आसपास देखता हूँ। अखबार की एक कतरन पर मेरी निगाह थम जाती है। उसमें छपा है : "पहले के मुकाबले शायद अब ऐसे नागरिक अधिक हैं जिनके लिए उनका समय सिर्फ़ राजनैतिक गतिविधियों, राजनेताओं और आर्थिक उथल-पुथल का नहीं है, बल्कि वह ऐसा है जिसमें कुमार गन्धर्व गाते हैं, उस्ताद अली अकबर सरोद बजाते हैं, यामिनी कृष्णमूर्ति 'अन्तरिक्ष को संक्षिप्त अनन्त में ढालते हुए' नाचती हैं, सत्यदेव दुबे या हबीब तनवीर नाट्य करते हैं, डी.जे. जोशी और रुद्र हांजी कलाकृतियाँ बनाते हैं और शमशेर, त्रिलोचन और श्रीकान्त वर्मा कविताएँ करते हैं..." तो क्या हम सचमुच ही राजनैतिक रगड़ा-रगड़ी और आर्थिक हाय-हाय के समय को पारकर (या उसे ओटकर?) कलाओं के स्वर्णयुग में प्रवेश कर चुके हैं? शहर-शहर में मुनादी की तरह फिरती हुई इस खबर में कलाओं का स्वाद लेने की जो शैली जिस भाषा में बयान की गयी है वह क्या मसनद से उठँग कर आँख मूँदकर कला से आनन्दित होने की, या अपने को आनन्दित होने देने की, शैली नहीं है? क्या फुर्सत की कला से अपने जीने को समृद्ध करने के पहले हम जीवन-संघर्ष की आग में पूरा-पूरा दह चुककर, तप चुककर बचे हुए निकले हैं? मैंने सोचा—क्या उस आग में दहने की कविता ही 'जन' की कविता नहीं है? क्योंकि यह दहना ही तो आज के सामान्य आदमी की नियति और शक्ति है, यही खटना और छीजना और इसमें अपनी आदमियत को बचा रख सकनेवाली जिजीविषा के कण ढूँढ़ना और पाना। हाँ, हाँ संघर्ष का भी रस होता है, तरलता और लय, चित्र और संगीत। संघर्ष सिर्फ़ उद्विग्न ही नहीं करता, तल्लीन भी करता है गो उस उद्विग्नता में महज धुआँ ही नहीं और उस तल्लीनता में भी सिर्फ़ विस्मरण नहीं। आज की रस-मीमांसा कविता की पंक्तियों में लिखी जा रही संघर्ष-मीमांसा है और इसमें सिर्फ कवि ही शामिल नहीं, वह 'जन' भी है जिसकी एकमात्र पूँजी उसके बेरोजगार हाथों का जाँगर है। कवि! यदि कुछ कर सकते हो तो कृपया इन बेरोज़गार हाथों को सिर्फ़ अपने शब्दों से न थामो।

❑❑